臺灣歷史與文化 研究輯刊

十九編

第 5 冊

走向「同盟」：臺美接近中的分歧與衝突
（1949～1958）（上）

馮 琳 著

花木蘭文化事業有限公司

國家圖書館出版品預行編目資料

走向「同盟」：臺美接近中的分歧與衝突（1949～1958）（上）
／馮琳 著 -- 初版 -- 新北市：花木蘭文化事業有限公司，
2021〔民110〕
目 4+186 面；19×26 公分
（臺灣歷史與文化研究輯刊十九編；第 5 冊）
ISBN 978-986-518-453-7（精裝）
1. 臺美關係 2. 臺灣史
733.08   110000670

ISBN-978-986-518-453-7

臺灣歷史與文化研究輯刊
十九編 第 五 冊
ISBN：978-986-518-453-7

走向「同盟」：臺美接近中的分歧與衝突
（1949～1958）（上）

作　　者　馮琳
總 編 輯　杜潔祥
副總編輯　楊嘉樂
編　　輯　許郁翎、張雅淋　美術編輯　陳逸婷
出　　版　花木蘭文化事業有限公司
發 行 人　高小娟
聯絡地址　235　新北市中和區中安街七二號十三樓
　　　　　電話：02-2923-1455／傳真：02-2923-1452
網　　址　http://www.huamulan.tw 信箱 service@huamulans.com
印　　刷　普羅文化出版廣告事業
初　　版　2021 年 3 月
全書字數　409688 字
定　　價　十九編 23 冊（精裝）台幣 60,000 元

走向「同盟」：臺美接近中的分歧與衝突
（1949～1958）（上）

馮琳 著

作者簡介

馮琳，1977 年生，籍貫河南，中國社會科學院近代史研究所副研究員，美國斯坦福大學胡佛研究所訪問學者，從事臺美關係史、國民黨史研究。曾獲中國社會科學院近代史研究所科研成果優秀獎、臺灣研究優秀成果獎暨年度優秀論文獎等獎項。著有：《中國國民黨在臺改造研究（1950～1952）》（鳳凰出版社 2013 年 10 月版），合著：《臺灣史稿》（鳳凰出版社 2012 年版）等，合編：《臺灣光復史料彙編》（重慶出版社 2017 年版）等。在《近代史研究》、《當代中國史研究》、《史學月刊》等核心刊物發表論文幾十篇。完成國家社科基金重點項目「關鍵期的臺美分歧研究（1949～1958）」等項目。

提　　要

　　1949 年在國共內戰大局已定情勢之下，美國欲與國民黨撇清關係，拋出美中關係白皮書。但時局在變化之中，朝鮮戰爭發生，第七艦隊開進臺灣海峽。臺灣接受美國庇護和援助亦付出了代價，諸多事務的決策均有美國介入。1954 年臺美簽訂條約，建立軍事安全同盟，但臺美安全並未真正「連為一體」。軍事上，1955 年美國壓迫臺灣放棄大陳；1958 年臺海炮火下美國明為臺灣依靠，實有臺美矛盾暗中發酵。內政上，從政治部的廢設到毛邦初事件，從吳國楨案、孫立人案到「劃峽而治」、「兩個中國」說，臺美分歧頗多；外交上，從對臺「託管」言論到對日和約談判，從奄美群島予日到美國運作臺灣海峽停火案，臺美衝突不斷。隨著中國內戰和冷戰局勢發展，1949 到 1958 年是臺美關係不穩定的磨合期。1957 年臺北爆發的群眾性反美事件——五二四事件即為臺美關係不穩定發展的突出表現。1949～1958，不但美國對臺政策處在摸索與調整之中，中國大陸對臺政策也在摸索與調整之中。經兩次臺海危機及中美大使級會談的接觸與試探，中共中央調整「解放臺灣」的具體對策，此後，美、臺、大陸在處理臺海關係的問題上進入相對穩定的時期。本書以專題形式，論述了 1949～1958 年間臺灣當局與美國之間在各主要問題上的分歧與矛盾發展以及最終如何解決，兩者如何建立起不牢靠的「同盟」關係，並對後來的遠東局勢產生影響。

國家社科基金重點項目：
「關鍵期的臺美分歧研究（1949～1958）」
（17AZS015）

目

次

緒　論

選題旨趣與寫作方法

　　1949～1958 年正是中國與遠東局勢大變動的時期，也是國民黨當局退臺後，以不同於以前的身份與美國建立所謂同盟關係的時期。這個時期建立起來的臺美關係延續至今。當前美國仍是臺灣重要的同盟者，是中國解決臺灣問題的一個障礙。若欲正確認識和判斷當前臺美間的關係，必離不開對其歷史，特別是這個同盟關係奠基與形成時期的歷史的考察。筆者對 1949～1958 年臺美關係產生興趣的出發點正是基於以上考慮。

　　以 1950 年代兩次臺海危機為中心的研究，西方學界主要側重美蘇對抗背景下的美中（中華人民共和國）互動、兩岸對抗、美國決策模式及軍事衝突情況。如 Shu Guang Zhang, *Deterrent and Strategic Culture: Chinese-American Confrontations, 1949～1958* (Ithaca: Cornell University Press, 1993); Thomas E. Stolper, *China, Taiwan, and the offshore islands: Together with an Implication for Outer Mongolia and Sino-Soviet Relations* (Armonk, NY: M. E. Sharpe, 1985); J. H. Kalicki, *The Pattern of Sino-American Crisis: Political-Military Confrontations in the1950s* (London: Cambridge University Press, 1975)。西方的中文著作以美國斯坦福大學胡佛研究所的林孝庭所出專書為代表，如《意外的國度——蔣介石、美國、與近代臺灣的形塑》（黃中憲譯，遠足文化 2017 年版），《困守與反攻　冷戰中的臺灣選擇》（九州出版社 2017 年版），《臺海‧冷戰‧蔣介石：解密檔案中消失的臺灣史 1949～1988》（聯經 2015 年版）。1990 年代以來，中研院近史所的張淑雅寫了數篇相關論文，如《安理會停火案：美國應

付第一次臺海危機策略之一》（《中央研究院近代史研究所集刊》第 22 期下，1993 年）、《中美共同防禦條約的簽訂：一九五〇年代中美結盟過程的探討》（《歐美研究》第 24 卷第 2 期，1994 年）等。2014 年，李洪波經世界知識出版社出版《美臺矛盾研究 1949～2008》，該書著眼於臺美分歧，但未能在各時段充分展開，資料運用有限。其他相關著述，如 2003 年社會文獻出版社出版了戴超武的《敵對與危機的年代──1954～1958 年的中美關係》，是圍繞兩次臺海危機展開的中美關係史專題著作。2011 年徐焰經遼寧人民出版社出版了《金門之戰：1949～1959》，從軍事角度論述了金門戰況和進程。隨著近年來新史料更大程度的開放，在傳統的軍事、外交研究基礎上，學界也陸續出現一些新鮮的角度與議題。如，沈志華、唐啟華主編了論文集：《金門：內戰與冷戰》，2010 年由九州出版社出版，彙集了兩岸學界關於這一階段臺美關係的部分新成果。如此等等，恕不一一列舉。

在學術研究不斷深化與多元化的同時，臺美關係史的研究始終有一個令人遺憾的方面。西方研究往往是宏大的冷戰史，並不會以臺灣方面為主體，即便被提及也是以附屬的角色出現。臺灣及大陸學界有關臺美關係或中美關係方面的著作，同樣缺少對臺灣方面的態度、外交努力及因應措施的考察，缺少對臺灣與其盟友美國之間的分歧點的揭示和分析。如此會掩蓋許多歷史真相，無法對臺美關係給出準確定位。泛泛考察之下，一般觀點認為 1950 年代的臺美關係是親密的，除了美國反對臺灣「反攻」、不願協防金、馬等「外島」之外，似乎沒有什麼分歧和矛盾。其實並不盡然。本人近年來在研究中深感美國對臺灣干預之多、蔣介石對美國不滿之甚，漸在一些具體問題上有些想法，寫成專文。考慮到目前海內外研究在臺美分歧與互動方面，並無系統而深入的成果，遂擬嘗試擴展成書。而關注重點自然在以往研究不足的各事件與問題之上。為發現被粉飾的歷史背後的真相，本書以 1949～1958 這一關鍵時期臺美關係的分歧點為研究對象。這一時期之所以「關鍵」，是因為它實際上是東亞局勢大變動的時期，是臺灣問題「成為問題」的重要時期，是臺灣當局與美國特殊關係的奠基期，是中美臺三方關係的磨合與試探的時期。

1949 年夏在國共內戰大局已定情勢之下，美國欲使聯合國「託管」臺灣，同時極力與國民黨撇清關係，拋出美中關係白皮書。但情勢的變化已在發展之中，朝鮮戰爭發生，美國第七艦隊開進臺灣海峽。在美國的庇護與軍

經援助之下，蔣介石為首的臺灣當局站穩腳跟，並續圖發展。臺灣接受美國庇護和援助亦付出了代價，諸多事務的決策均有美國介入，軍政、外交等大事均受美國干預。雖然 1954 年臺美簽訂條約，建立了軍事安全同盟，但臺美安全並沒有真正「連為一體」。軍事上，1955 年美國不顧臺灣感受，勸其放棄大陳；1958 年臺海危機時美國明為臺灣依靠，實則卻有臺美矛盾的暗中發酵。內政上，從政治部的廢設到毛邦初事件，從吳國楨案、孫立人案到「劃峽而治」、「兩個中國」說；外交上，從對臺「託管」言論到對日和約談判，從原屬琉球的奄美群島予日到美國策動新西蘭向聯合國提出臺灣海峽停火案……可以說，隨著中國內戰和冷戰局勢發展，1949 到 1958 年是臺美關係的一個不穩定的磨合期。1957 年臺北爆發的群眾性反美事件——五二四事件即為臺美關係不穩定發展的一個突出表現。1949～1958，不但美國對臺政策的許多方面處在摸索與調整之中，新中國對臺政策也在摸索與調整之中。經兩次臺海危機及中美大使級會談的接觸與試探，1958 年，中共中央調整「解放臺灣」的具體對策，不再急求收回金、馬，而是讓其留在蔣介石手中，保留兩岸對話的渠道、打消西方世界「兩個中國」陰謀。此後，美、臺、大陸在處理臺海關係的問題上進入相對穩定的時期。而經歷了幾年的磨合，經歷了在毛邦初、吳國楨、孫立人、劉自然等事件的臺美高層較量和試探，雙方在內政外交多個方面也進入了較為適應和瞭解的時期。當然，因根本利益的差異，臺美間總會有這樣那樣的分歧出現，1959 年之後也不會有矛盾消弭的完全太平，此為後話。

　　就學術價值而言，本書以美國外交檔案、哥倫比亞大學所藏顧維鈞檔案、臺灣「國史館」檔案、中研院所藏外交檔案及蔣介石日記等新開放史料為基礎，還原此間臺美交涉及因應互動，分析臺美考慮問題出發點之不同，以期形成一部大歷史背景下的微觀史，通過對歷史細節的還原，深層剖析磨合期的臺美關係。這一嘗試具有一定學術意義。已有研究缺少對這一時期臺美分歧的細緻而系統的研究，對一些重大事件與問題缺乏深入考察。如毛邦初事件，因檔案史料細碎繁多，且牽涉美、墨等國，目前學界並無全面細緻的研究。但該事件不僅僅是國民黨退臺後一件簡單的高層貪腐案，更有複雜的人事糾紛和隱情，有複雜的國內外政治利益糾葛和外交阻礙，需要認真加以還原和分析。又如 1953 年美國將本為琉球群島之一部分的奄美群島行政權「歸還」日本，這一舉動的主要依據是杜勒斯炮製出的「剩餘主權」說，此說也是

1972 年美國將包括釣魚島在內的琉球諸島及大東諸島的施政權交予日本的依據。作為琉球予日開端的奄美群島予日事件此前未受到學界充分關注。再如 1955 年美國借新西蘭之口向聯合國提出的臺灣海峽停火案，該事件名為新西蘭提案，實則是美國在背後運作，並有英國參與協調。該事件發生於第一次臺海危機之中、國民黨自大陳撤退之前，其發生有著複雜的背景，其過程有著複雜的臺美矛盾糾葛。美國為新西蘭停火案之事與臺交涉，美臺條約成為美國手中籌碼。而臺灣方面「將計就計」、為開始條約談判事向美施壓。臺灣當局成功加速推進臺美條約的簽訂進程，但未能在反對停火案一事上表現出足夠的強烈情緒，終於在情勢危急之中迎來停火案的提出。該事件在已有研究中亦為空白。

就現實意義而言，美國對當今臺灣社會仍有舉足輕重的影響，部分臺灣人對美國保持著片面的認識與不理性的好感，這也是「臺獨」勢力不絕的原因之一。特朗普當選總統後，與臺灣地區領導人蔡英文打破中美關係正常化 37 年來的慣例進行越洋通話，曾引起海內外關注和熱議。有學者指出「特朗普的當選不是一次一般的政黨輪替。這是這一波美國政治動盪的標誌，而不是結束」。本課題對 1949 年國民黨退臺前到 1958 年臺海危機後這個重要時期貌似鐵板一塊的臺美關係依據一手資料進行更為細緻的分析，應亦有利於臺灣島內現實。例如，通過對對日和約問題上的臺美分歧進行研究，本人認為美國對日和約的寬大原則與國民黨的寬大主張並不一樣。美國只是從自身利益出發，促成日臺和約，將日、臺納入遠東戰略體系，使蔣介石挽回一些面子。但具體權益方面並不曾顧及臺灣方面的利益和感受。蔣介石的因應決策雖使臺灣當局最終達到在多邊和約生效前訂立日臺和約的目的，但其代價是沉重的。又如，通過對奄美群島予日事件的研究，本人認為在奄美大島予日的問題上，臺灣方面沒有強硬反對，對美乃因多有依仗而不願得罪過甚。此外還有不願失去日本好感的顧慮。此時，「反共」是蔣介石心中最重之癡念，蔣希望向日本表示善意，使日本斷絕與新中國的關係而與自己結盟，進而實現亞洲反共聯盟的設想。因需依仗或是籠絡，臺灣當局對美日的交易採取了溫和態度。豈料，交易一旦開始，便難以終止。歷史對現實具有啟迪作用，而 1950 年代歷史更與當代歷史具有千絲萬縷的聯繫。本人試圖以彼時臺美分歧背景、原因、發展等方面的論述或多或少啟發世人。

　　為避免因面面俱到、泛泛考察而使研究落入俗套，陷入炒冷飯的漩渦，本書採取專題研究方法，選取臺美間存在分歧的較為重要的各個問題，並兼顧兩個原則：一是是否有新意。有的問題為以往研究所忽略，因而有書寫的必要；有的問題以往雖有研究，但或存在錯誤、模糊之處，或有「挖出新寶」的空間，因而再次書寫。二是是否體現全面性。臺美間的矛盾分歧所在有幾個方面：臺灣內部問題、兩者關係問題和國際關係問題。臺灣內部問題如毛邦初事件、政工問題、李彌撤軍問題、放棄大陳問題、吳國楨案與孫立人案等等，臺美關係問題如「共同防禦條約」問題、「外島」協防問題、「五二四事件」等等，國際關係問題如「託管臺灣」問題、出兵援韓問題、對日和約問題、奄美群島予日問題、「神喻行動」、中美大使級會談等等。當然，這只是籠統的劃分，許多問題所體現的多個層面交織的情況。這一寫作方法在問題的深度上實現了突破，能夠展示出在各個問題上臺灣當局與美國的利害衝突及思維角度，但不可否認，它也帶來了問題：各章節之間的連貫性難以得到很好的兼顧，各個事件的始末經過在敘事方面有所欠缺。惟有期待更多更好的作品出現，以慰吾心。

　　1949～1958 年的臺美關係史錯綜複雜，關鍵環節的細捋深挖有助於看清不同利益集團的政策導向和分歧所在，有助於對外交關係進行人性化的分析，但過度的和非關鍵環節的「碎片化」無疑會干擾視線，而敘述陷於「碎片化」則會失去此項研究在冷戰大背景中的意義。為儘量釐清脈絡，筆者對許多史料進行了篩選、濃縮，去除枝蔓，盡可能做到：進行微觀研究，但不深陷其中；在探尋細節的基礎上提升論述的高度，避免堆砌史料。因而各章節字數並不多。本書所求，是既踐行實證研究下的客觀求真，又避免敘述上的「碎片化」。當然，此為筆者追求目標，能做到幾分還取決於學術水準。此時的遺憾當在日後的孜孜以求中彌補。

　　為瞭解現有研究狀況，以便避免無謂的重複，並在前人基礎上修正認識的偏差、糾正觀點的謬誤，將研究向前推進，本書盡可能地搜集和批判性學習了已有成果。臺灣地區和日、美等海外研究不但在立場上有許多問題，在對臺灣當局政治人物、部門機構、條約文件等等的稱謂方面也並未遵循「一個中國」原則。本書在觀點的表述中盡可能地採用中國新聞出版的要求，但在少數無法迴避的情況下對書名、文章名、檔案名或文件中的用語保留了原有字樣。對原題名和少量文件引文的保留使用僅為表述需要，特此說明。

關於研究路徑的思考

1949 年國民黨敗退臺灣，1950 年美國將第七艦隊開至臺灣海峽，1954 年臺美簽署共同防禦條約。軍事上，臺灣之所以能夠在大半個世紀內避免被「解放」，得益於美國背後的支持；政治外交上，臺灣在聯合國的席位之所以在 1970 年代才被中華人民共和國所取代，全託美國之福；經濟上，臺灣的穩定發展和經濟起飛，離不開美援作用。大半個世紀以來，美國被視為臺灣最重要的盟友。在人們印象中，臺美關係幾乎是同位一體的。在學界的研究中，臺美關係也僅被賦予普遍性論述，一般的認識是臺美關係親密、美國是臺灣背後的靠山。其實，這個印象是有極大問題的，不能科學嚴謹地體現真正的歷史和現實。撇開這個印象，大量翻閱一手檔案，特別是臺灣方面的一手檔案後，我們會發現，許多歷史史實是需要被重寫的。

這種重寫不能是以往忽視臺灣因素的冷戰史或大國關係史研究，也不能是宏觀上的泛泛而論，而應是以臺灣為主體方的、基於宏觀背景下的微觀史的研究。原因有四：

一、1949 年以來的臺美關係有被粉飾的傾向。1949 年以後，臺灣當局在美國幫助下與中華人民共和國對峙，美國要使兩岸分離，以便使其為己所用，不致落入共產黨之手。當然，這一目的的取得要儘量以非武力方式，才最符合美國利益。對外界塑造臺美親密同盟形象不但能對中國人民解放軍造成「投鼠忌器」的心理，而且能使臺灣民眾、美國國內的親臺者安心。對臺灣當局而言，塑造臺美親密同盟的意義更毋庸多言。因而，不論是美國總統、國務卿等人的公眾言論還是臺灣當局的宣傳媒體，對臺美同盟關係的粉飾是一個共同的傾向。然而，進行歷史研究不但要看歷史人物「說了什麼」，更要看其「做了什麼」或者是「漂亮言辭」背後還有什麼「不漂亮的話」。需知，粉飾的背後往往是嚴峻的矛盾顯露，而其前因往往是不利言論的流出。這也是為何在外界高唱臺美和諧的時候，深知內幕的蔣介石卻常常在日記中傾吐對美之失望與悲怨的原因。

二、史料的選擇不能以實力或影響力為出發點。以往臺美關係的研究，多以美方決策過程為主體進行討論，或大寫特寫冷戰背景、大國間的縱橫捭闔，而忽視臺灣方面的感受、看法以及如何向美方交涉。誠然，臺灣之於美國，發言權確實有限，發言後也不一定會有效果。但臺灣方面的史料更能體現臺美矛盾之處，更能看清臺海地區幾方力量的關係及其演變。即便僅研究

美國對臺政策，若只靠美方史料有時也很難看清楚。比如，儘管美政府一度對即將舉行的中美大使級會談是否涉及臺海停火問題迴避不談，或向媒體示以「朋友不在場時不宜討論有關朋友之事」的大義，〔註1〕但在臺灣方面私下裏的打探中，從美方得知：因為美國希望「中共聲明對臺灣問題放棄用武力以謀解決」，即便中共不先提及臺海問題，美國也會提。〔註2〕

　　三、一手史料真實，但也並非完全真實，有時它給人的是假象和錯誤的信息。學界公認美國史料的公開程度是很高的。美國外交文件業經出版並可網上查閱。宏觀考察之下，一般的臺美關係史研究可能會僅根據某些引用度頗高的關鍵性文件進行論證和分析。然而，需要警惕的是，美國的史料也是會被「動手腳」的。長期從事中美關係史研究的齊錫生教授也曾提出相似看法。他曾指出美國國務院的材料摘要會避重就輕，忽略某些重要的東西。除了齊先生提到的問題外，筆者在研究中發現，美國出版的外交文件的選擇是有傾向性的。美國曾在遠東有過一些秘密行動，有些秘密行動是不能拿上檯面的，譬如對緬北孤軍走私毒品的某種參與或協助。若只從部分出版的外交文件看，很容易會得出國務院不知情、查而無果、沒人參與的印象，但多方取證後，可發現被掩蓋的一鱗半爪，發現此事另有端倪。當然，這種選擇性公開史料的傾向在其他國家和地區也會有。這就要求我們多看史料，判斷真偽，微觀考察。筆者以為，不厭其煩地在細節中求真的做法在涉及重大問題的外交關係史的考察，特別是在關涉認同感與歷史定位的臺美關係史的考察中十分重要。

　　四、唯有宏觀背景下的微觀史考察方能看出問題的全面。以往大陸學界的研究在微觀史方面頗有欠缺。隨著史料的開放，大陸史學已經開始在微觀史學方面有所進步。自然，這個微觀史不能陷於歷史的瑣細而無法自拔，在宏觀的背景下、基於宏大立意的考察是需要的。政治外交本無小事，宏觀的背景、宏大的立意不難實現，在其基礎上對微觀的精進是目前應為之事。需要注意的是，政治外交的微觀史研究同樣需要站在一定高度，研究者需要具有對史料的掌控能力，避免陷於細節、堆砌史料。以一定高度對關鍵細節的

〔註1〕The President's News Conference of August 4, 1955, *Public Papers of The Presidents of the United States*, United States Government Printing Office, Washington, 1960, p185.
〔註2〕顧維鈞電「外交部」（1955年7月28日），「顧維鈞檔案」，檔號：Koo_0150_B117_0053。

梳理、提取和對比能夠發現以往宏觀研究所忽視的方面和歷史脈絡，修正宏觀研究下簡單概括、一以化之的不準確論述，使對歷史的認識更為科學全面。比如，在美國對中華人民共和國尚不承認的年代，在隱含承認之意的舉動之後，美國總要發個聲明說不包含外交承認意味。1955 年，儘管臺灣當局在美發起各種運動以示抵制，並多次提醒美方人員警惕，後來中美就遣返平民事發表的宣言中所提華人還是未專提留美學生，其範圍涉及到了全體中國僑民。此點如何迴避美國對中華人民共和國「僑民保護權」的承認之意？可見，美國所謂不承認的聲明無異於掩耳盜鈴之舉。

對 1949 年以來的臺美關係做微觀研究，須以唯物史觀為指導、以細密的思辨能力對待史料。1949 年以後美國在遠東與臺交好的同時，又要周旋於中、蘇、英、印、日、菲、韓等不同力量之間，各種關係有歷史上的淵源和現實的利益，在局勢的發展中，美國在一些問題上態度並不明確，有時還有翻雲覆雨或是出爾反爾。在一些時候，美國要人的言論並不足信，其政府聲明也可能只是用以示人的假面。在唯物史觀指導下、以細密的思辨能力撥開迷霧，探尋本質，是找到最貼近真實的歷史的唯一途徑。

第一章　美國對「託管臺灣」態度的演變

　　從太平洋戰爭爆發到國民黨失敗於大陸，到朝鮮半島戰火燃起，上世紀四五十年代是遠東局勢瞬息萬變的時期。大洋彼岸有關託管臺灣的言論不絕於耳，但美政府對臺灣託管的態度並非一成不變。四五十年代，特別是 1949 年前後，在每個關鍵的節點，美國對臺政策都在發生著改變。對於臺灣是否由國際共管一點，雖然僅是短短數年，美國卻有著多次態度的變化。與之密切相關的是臺灣地位問題，原本毫無疑義的臺灣屬於中國一點，在美國的操作中變成所謂的「懸念」。本章試圖對這些變化和過程加以解析。〔註1〕此間，蔣介石雖有短暫下野，但整體而言未曾失去對國民黨中樞的影響力。蔣對此類言論的應

〔註 1〕有關美國對臺政策演變的研究有很多，代表者如李世安：《1945 年至 1954 年間美國對臺灣政策的變化》（《中國社會科學》1994 年第 5 期）。這些研究均從大的方面全面論述美國對臺問題，缺乏對美國在託管臺灣方面的具體考慮及其變化的系統觀察，亦缺乏對蔣介石或國民黨當局應對態度或策略的論述。在具體問題方面，有關「國際共管」臺灣言論的研究如左雙文：《抗戰後期中國反對「臺灣國際共管論」的一場嚴正鬥爭》（《中共黨史研究》1996 年第 2 期）；另外，對「臺灣地位未定論」的提出過程和批駁較多，代表者如王建朗：《臺灣法律地位的扭曲——英國有關政策的演變及與美國的分歧（1949～1951）》（近代史研究》2001 年第 1 期）。臺灣方面，蘇瑤崇的《葛超智（George H. Kerr）、託管論與二二八事件之關係》（《國史館學術集刊》2004 年第 4 期）圍繞「二二八事件」對託管說有相應的論述。美國對臺政策並非一言堂，不但美國內部不同部門之間在同一時期對臺主張有分歧，就是同一部門甚至同一個體在不同時期或不同場合對臺主張也會有一定變化。筆者未求納入所有言論，所側重者為對蔣介石或國民黨當局產生影響或發生互動的部分主張和政策。

對影響著國民黨當局的決策，影響著中美以及臺灣當局與美國的關係大局。

一、國際共管言論及蔣介石的應對

　　1942 年正當國人熱議光復臺灣失地之時，美國方面流出「國際共管臺灣」的政策建議，中國輿論譁然、舉國反對。至 1943 年開羅會議前後，蔣介石採取了若干措施抵制這一言論，防止該項建議成為美國政府對華主導政策。彼時，中國國力尚且有限，國際地位仍處於為廢除不平等條約而努力的階段。二戰後期雖為戰爭需要中國被推上四強地位，實際上實力與威望並不能與之相稱。就對日作戰大局而言，美國是盟國，需要聯合，因而對其不合理的建議，蔣並未採取直接反擊的強硬態度。另一方面，也應看到在「攘外」與「安內」認識上，蔣介石存在不當的認識偏差，其若干政治與外交措施也是帶有某些利己的目的。但在狹隘性與侷限性之外，似亦應看到其對收復臺灣失地的貢獻，更應看到他反對「共管」或「託管」臺灣的態度。〔註2〕

　　日本侵略東三省後，先後任國民政府委員會主席、國民政府軍事委員會委員長的蔣介石將收復臺灣的問題列上日程，曾定下於 1942 年中秋節「恢復東三省，解放朝鮮，收回臺灣、琉球」的目標。〔註3〕盧溝橋事變後，隨著中日之間進入全面對抗狀態，收復臺灣等失地成為國民政府公開宣講的目標，復臺立場逐漸確定。太平洋戰爭發生後，美日衝突升級，中國政府對日宣戰。在標誌著世界反對軸心國的盟國陣線正式形成的 26 國《聯合國家宣言》中，中國作為第四大國領銜簽署，這是中國作為「四強」之一的開端。1 月 6 日《中央日報》評論：「這的確是歷史上空前未有的大事」，「我們的國際地位從未有達到這樣高峰」。〔註4〕在此情況下，國人民族意識空前覺醒，朝野掀起光復國土的宣傳熱潮。臺灣革命同盟會等革命團體紛紛開展活動，召開臺灣光復運動宣傳大會，國民政府立法院院長孫科、中國國民黨中央黨部秘書長吳鐵城等人均有參加。

　　美國也在關注戰後新秩序的建立問題，並接受到中國傳遞的信息，明白中國希望恢復 1894 年中日戰爭之前的全部失土，這些失土當然包括臺灣在

〔註2〕2017 年臺北「國史館」一份有關 1949 年蔣介石認為臺灣為「託管之地」的檔案曾引各界輿論關注。該節的列出一則為較為完整地論述美國對「託管臺灣」態度演變，一則亦為對美國政策之下蔣介石態度究竟如何給出歷史上的說明。

〔註3〕《蔣介石日記》手稿，1932 年 9 月 13 日。

〔註4〕《華府偉大的決定》，《中央日報》，1942 年 1 月 6 日。

內。〔註5〕1942 年 4 月 3 日，美國前亞洲艦隊總司令顏露爾（Harry Yarnell）發表《告中國人民書》，謂同盟國家急應獲得東方各民族的熱切支持，「榨取殖民地之時代，已成過去，而東方和平之基石，則應為中國建有強固而自由之政府」，主張完全取消領事裁判權等所有特權，廢棄過去與此有關之條約。4 月 6 日《大公報》刊出社評，表示贊同大西洋憲章關於國家獨立、民族平等的精神，贊同顏露爾的主張。要使日本統治下的殖民地，如朝鮮琉球臺灣等得到解放。〔註6〕這一年的《馬關條約》簽訂紀念日，也就是臺灣淪陷紀念日，蔣介石在日記中寫下：「四十七年前之今日……割我臺灣與讓與倭寇之日……是年為我八歲，而國恥大難即蒙於此童昏之時矣」。〔註7〕

　　然而，美國又有另一種聲音，主張臺灣由國際共管。這是國際託管制度在 1945 年由《聯合國憲章》確立之前的一種替代說法。日本空軍利用臺灣基地進攻菲律賓的美軍，美軍損失嚴重，美軍高層體會到臺灣重要的戰略價值，欲將其納入美國的軍事鏈條。美國幸福、生活、時代三大雜誌社組織「關於戰後和平方案問題研究委員會」。1942 年 8 月，印發名為《太平洋關係》的小冊子，提議戰後臺灣劃歸國際共管，臺灣居民不得投票要求歸還中國。11 月 4 日至 13 日，重慶《中央日報》對《太平洋關係》進行了連載。〔註8〕此文一經披露，中國輿論譁然，皆以為此項提議有失合理公平，紛紛撰文反駁。例如 1943 年，徐家駒在《南洋研究》發表長達 50 多頁的論文，檢討臺灣問題，論證「臺灣是中華民族的一部分……在歷史上，地理上，臺灣和中國都有著不可分的關係」。〔註9〕

　　在美國加入到對日作戰的幾個月裏，在戰略上，美國依然執行的是「重歐輕亞」政策，加上傳統的孤立主義政策影響，美國不想過多地被牽涉到中國戰區。此時美國雖需要中國積極抗日，以使日本陷於在華戰爭，卻未將中國戰區放在重要的位置。且因距離、戰爭而導致的運輸困難，美國也沒有在

〔註5〕The Ambassador in China (Gauss) to the Secretary of State, United States Department of State, Aug.3, 1942, *Foreign relations of the United States: diplomatic papers (FRUS), 1942. China*, Washington, D.C.: U.S. Government Printing Office, 1956, p735.

〔註6〕《贊同太平洋憲章的提議》，《大公報》1942 年 4 月 6 日，第 2 版。

〔註7〕《蔣介石日記》手稿，1942 年 4 月 17 日。

〔註8〕《太平洋關係》，重慶《中央日報》1942 年 11 月 4 日～13 日，第 3 版。

〔註9〕徐家駒：《臺灣問題之檢討》，《南洋研究》1943 年第 11 卷第 1 期，第 55～108頁。

中國積極執行租借法案，分配給中國的數額往往少於需求，而實際交付的物資又會再打折扣或是拖延。1942 年 8 月，在華執行租借事宜的白宮經濟顧問居里（Lauchlin Currie）表示每月三千五百噸租借案之運輸再延長一月。蔣介石認為「中國對倭抗戰為求解放與平等，故不計任何利害，且能犧牲一切」，要求美方每月確保最低限度的物資運輸，不能對中國歧視與欺凌過甚。但最終居里準備交於羅斯福（Franklin Delano Roosevelt）總統的報告書，並未反映蔣之本意。〔註 10〕

「改變美國戰略」、極力吸引美國對於中國戰區的關注是 1942 年蔣介石著力謀求的一個目標。6 月，日本擾襲中途島與阿留申島，蔣認為是個提醒美國注意戰略問題的機會，希望美國先將注意力轉到日本戰局，以免兩面作戰、腹背受敵。7 月，蔣介石再次表示：「改變美國戰略，先解決太平洋倭寇之運動，非僅自救，亦為救世也，應積極進行，此為我國最要之政策」。〔註 11〕一旦有向美方代表表達對太平洋局勢意見的機會，蔣常會提出「美國實應對太平洋東西兩岸同等重視」的類似看法。〔註 12〕

同時，蔣介石努力促成中美結盟，極盡所能與美周旋。1942 年，蔣已確定依靠美國，以中美俄結盟打敗日本的方略。他分析美英差別，認為「美國對華之傳統政策，固為扶持與解放，而非英國自私與壓迫剝削為主者可比」。因此，儘管當下美國對華亦有無視之態，仍要堅持爭取美國的既定政策。9 月羅斯福的第 17 次爐邊談話，依然沒有提到中國戰區。面對美國的不良態度，蔣介石猜想或許是因為外交人員表現不當，故而考慮以魏道明替換宋子文擔任駐美大使。〔註 13〕10 月初，美國總統派出特使威爾基（Wendell Lewis Willkie）來到重慶，與蔣會晤。《中央日報》將此事賦予頗高的意義，認為是「象徵美國全力支持作戰」，「以中國為最大之盟邦」，倡議要使美國對中國的抗戰有更多的認識。〔註 14〕威爾基來華是確定中美關係基調的重要契機。蔣介石表達了對中美同盟的期望，得到威氏的積極回應。

〔註 10〕《蔣介石日記》手稿，1942 年 8 月 3～6 日。
〔註 11〕《蔣介石日記》手稿，1942 年 6 月 12 日，7 月 4 日。
〔註 12〕如「蔣中正與威爾基談話紀錄」1942 年 10 月 7 日，「蔣中正總統文物」，典藏號：002-020300-00036-021。
〔註 13〕《蔣介石日記》手稿，1942 年 9 月 12 日，9 月 11 日、9 月 12 日上星期反省錄。
〔註 14〕《威爾基東來使命》、《威氏友華讜論》、《中國抗戰美人尚少認識》，《中央日報》1942 年 10 月 2 日，第 2 版。

　　在情勢依然不太樂觀的情況下，蔣介石盡力影響美國戰略，使其早日與中國結盟，與中國並肩對抗日本。這一切是將日本從臺澎趕走的保障。同時，蔣介石在廢除不平等條約一事上爭取美國同情，爭取美國對於中國在戰後收復東北與臺灣、澎湖的認同。

　　1942 年夏，美國內部不但有主張臺灣於戰後歸國際共管的聲音，連東北都有如此主張。8 月蔣介石從居里那裡得知，美國對東北尚有主張國際共管者。聞此，蔣「恍如青天霹靂」，認為「國際誠無公道是非可言，實足寒心」。〔註15〕東北、臺灣都為中國固有領土，蔣皆欲收回，但在優先級上，他選擇了被占時間短、最有把握收回的東北。獲悉美國在討論領土處置時竟還有將東北劃歸國際共管的主張，蔣介石提出嚴正抗議，申明必須將東北收回的立場。9 月 18 日，美國政府特別聲明對東三省的政策，承認東三省為中國領土。〔註16〕但尚未對臺灣的戰後處置正式表態。對於如何確保臺灣光復，蔣介石多有思慮。在美國對東亞的政策仍重孤立主義情況下，蔣採取較為迂迴的政策，呼籲其重視廢除中國不平等條約事，並考慮提出中美共同使用臺灣的建議，以使美國對臺灣的解放更趨積極。

　　廢除不平等條約，是中國民眾多年來的心願。取消中國不平等條約亦自然包括取消割讓臺灣、澎湖的《馬關條約》之意。對美英兩國的廢約運動雖不涉及臺灣，卻也是廢除一切不平等條約的有力支撐。太平洋戰爭後，中國的抗戰有了更多國際支持，蔣介石自問：「廢除不平等條約之宣言與交涉之時機，已可開始否？」1942 年 7 月，他表明：「在大戰其中必須相機要求美英對我不平等條約無條件的自動宣告廢除」。威爾基來華前，蔣確定與之談話要旨，「取消中國不平等條約」為其重要一項。〔註17〕接著，蔣介石考慮發動民間呼籲美國取消不平等條約的運動。〔註18〕10 月 7 日，在美國交涉的宋子文來電，表示美方同意從速取消不平等條約，準備回國後面陳。蔣介石當即批覆，「如美政府能提前討論取消不平等條約，則我方應即與之開始交涉」，不必等到回國後。〔註19〕由於蔣的推動，廢約之事進展很快。得到反饋後，蔣就得

〔註15〕《蔣介石日記》手稿，1942 年 8 月 3 日。

〔註16〕《蔣介石日記》手稿，1942 年 9 月 18 日。

〔註17〕《蔣介石日記》手稿，1942 年 10 月 5 日，1 月 11 日，7 月 4 日，9 月 30 日。

〔註18〕《蔣介石日記》手稿，1942 年 10 月 4 日。

〔註19〕宋子文與蔣中正來往電函，1942 年 10 月 7 日，「蔣中正總統文物」，典藏號：002-020300-00046-006。

以在幾天後的國慶紀念大會上宣布美英自動放棄在華各種不平等條約特權。

10 月 7 日，蔣介石向威爾基表明中國立場，指出戰後東北四省，包括沿海要塞，如旅順、大連、臺灣失地在內，均須歸還中國。而為使美國積極支持，表示歡迎美國參加在該各要塞建築海軍根據地事務，軍港由中美共同維護、使用。這一提議獲得威爾基讚賞。〔註 20〕在中國收回臺灣、中美共建共用臺灣港的想法得到美方首肯之後，蔣介石開始明確將臺灣交還中國作為中美交涉的主要內容之一，並設想將中美共同使用臺灣港海空軍基地的期限定為三十年。〔註 21〕

上述蔣介石的種種外交努力，是在中國舉國反對美國推出的「臺灣國際共管論」背景下展開的，包括中國共產黨在內的中國各方力量均對此項主張進行了批判和駁斥。〔註 22〕作為直接與美方決策層接觸的中國領袖，在認定要以美國為首要依靠對象的認知前提下，蔣介石採取了務實的做法：吸引美國關注中國戰區、推動中美結盟、推動廢約運動，這一切貌似與收復臺灣、抵制「國際共管論」無關，實則卻是收復臺灣的基本保障，是抵制「臺灣國際共管論」的有效行動。在此基礎上，蔣介石爭取美國對中國收回東北、臺灣失地的認可和支持。此時由於蔣所設想的中美俄結盟並未實現，戰爭的勝利前景尚不明朗，臺灣的光復也有懸念，蔣介石以一定期限內中美共同使用臺灣作為條件來爭取美國的積極態度，確保臺灣光復祖國是其最終目的。1943 年，美國對遠東戰場更趨積極，蔣介石反思是不是 1942 年關於中美共同使用臺灣的表示為時過早。但轉念又想，如不先表示此意，徒添美國懷疑，若美繼續與英俄預謀共管臺灣，則後果更堪憂慮。〔註 23〕這一想法反映出蔣謹慎的處事風格，是否會如此發展已難驗證。蔣以中美共用臺灣作為過渡來換取美國對臺灣於戰後歸還中國的肯定表示，這一做法為「臺灣國際共管論」所引起，亦是從實際行動上對該論調的抵制。

抗戰時期，作為執政者，蔣介石需要爭取最大國際支持，引領中國取得戰爭的最後勝利。蔣介石爭取大國對中國戰區的重視與參與，推動不平等條約的廢除，以一定期限內中美共同使用臺灣為交換條件，爭取美國對臺灣光

〔註 20〕「蔣中正與威爾基談話紀錄」，1942 年 10 月 7 日，「蔣中正總統文物」，典藏號：002-020300-00036-021。

〔註 21〕《蔣介石日記》手稿，1942 年 11 月 9 日。

〔註 22〕參見左雙文《抗戰後期中國反對「臺灣國際共管論」的一場嚴正鬥爭》，《中共黨史研究》1996 年第 2 期，第 47～52 頁。

〔註 23〕《蔣介石日記》手稿，1943 年 8 月 25 日。

復的充分同情與積極支持。他對待東北與臺灣失地的態度是有分別的，對於東北於戰後交還中國一事，態度直接、明朗，且提出較早；對於臺灣光復祖國一事，則顯得遲疑、小心，提出稍晚。這並不意味著蔣介石只重東北不重臺灣。在錯綜複雜、瞬息即變的國際局勢中，在中國因尚不具備大國實力而未獲盟國充分尊重與重視的情況下，蔣盡力應對周旋，光復國土是其隱忍堅持的一個動力。他曾言：「此時我國只求於實際無損，戰後能恢復臺灣，東三省與外蒙，則其他外來虛榮，皆可不以為意也」。〔註24〕臺灣在近半世紀以前因中日不平等條約而被割讓，它的光復需要徹底打敗日本、廢除同日本的不平等條約，也需要盟國在臺灣的成功登陸或是其他辦法促使日本交還臺灣。光復臺灣在蔣介石心中是至關重要的目標，只是因為這一目標的實現較東北的回歸而言有更多的不確定因素，蔣只得對美試探觀察、採以迂迴之策。

在爭取大國支持方面，蔣介石可謂不遺餘力，對於抗戰勝利、臺灣回歸的貢獻不言自明。只是對國內的抗日力量，蔣氏並未有良好的整合和利用。蔣對於中國共產黨始終懷著戒心，即便在面臨外敵侵略民族危機之下，這份戒心亦從未放下。這種依靠外力而忽視內部力量的統一與運用的做法，勢必會導致一些問題。限於實力差距，美蘇英等大國並未對中國表現出足夠真誠。直到二戰結束前，美國並未明確是否要在臺灣登陸，也沒有向中國明確是否要在臺灣先建立軍政府以及中國政府在此類政府中的地位如何。對於臺灣脫離日本後施政形式的不確定性，為中國政府的復臺準備造成若干阻力和困難，使接收工作呈現出被動與不盡人意之處。

二、欲將臺灣剝離的密謀與試探

1945 年 10 月 25 日，臺灣省行政長官陳儀代表中國戰區最高統帥接受日本駐臺總督兼第十方面軍司令官安藤利吉的投降。臺灣光復，中國恢復對臺灣的統治。同一年，國際託管制度也經《聯合國憲章》正式確立。〔註25〕

1948 年 11 月，遼瀋戰役結束，國共力量對比發生逆轉。此後至 1949 年

〔註24〕《蔣介石日記》手稿，1943 年 1 月 29 日。

〔註25〕1945 年 5 月，美蘇英法中五國會商包括託管制度在內的聯合國憲章相關事宜。託管制度專門委員會提出「託管制度」不適用於克復之地方，經付表決通過。（〈舊金山聯合國會議有關電文〉，《國民政府檔案》，檔號：0631.30／4480.02-02，微卷號：403。）6 月 26 日，50 個國家的代表在舊金山簽署《聯合國憲章》，第十二章規定了國際託管相關原則。《聯合國憲章》於 10 月生效，意味著國際託管制度的正式出臺。

國民黨退臺，關於臺灣託管的言論風起再達高潮。〔註26〕此次託管論的高潮主要是以國民黨在大陸的失敗前景為背景，以美英等國的共同推波助瀾為動力。〔註27〕在託管制度已在聯合國確立的條件之下，這個高潮更為直白易見。

1948年的後兩個月，美國決策層對臺灣的戰略意義以及倘若落入「不友善政府」控制的後果進行了評估。美國參謀長聯席會議（JCS）給國防部長福萊斯特（James V. Forrestal）一份備忘錄指出，臺灣可供為戰時基地，控制鄰近航路，對美國具有潛在價值；倘若臺灣不保，敵方可掌握日本至馬來亞海路，甚至將勢力延伸到琉球與菲律賓；一旦停止向日本提供糧食及其他物資，對日本也有莫大影響。〔註28〕戰後負責對日軍事佔領和重建工作的駐日盟軍最高司令麥克阿瑟（Douglas MacArthur）還認為，因為沖繩尚未開發，若臺灣落入敵手，沖繩亦將難以防守。〔註29〕

11月14、15日，美國有報紙電臺報導稱，中共有佔領華中之危，國民政府擬將臺灣島申請由聯合國接受，改為託治區域，由美擔任代治，全力保護。駐美大使顧維鈞電詢外交部，政府是否真有此議，經確定此係謠傳。〔註30〕應該說，此種謠言或是妄加他人的言論早就有之。美國部分人覬覦臺灣，不但在國內以政策建議渠道發表言論，而且會以各種非常規渠道出之。有研究指出，曾在戰後任美國駐臺副領事的「臺灣通」柯喬治（George H. Kerr）為使臺灣脫離中國，在領事館電文、報告中上下其手、製造假消息，並透過少數臺籍人士提出託管主張。〔註31〕姑且不說美國人的議論如何，就連所謂

〔註26〕在此之前，「託管臺灣」的主張亦未停止。特別是1947年「二二八事件」後，美日別有用心者曾鼓吹「臺灣託管」。

〔註27〕託管臺灣將有助於英國保有香港。1949年英國助長了國際上「託管臺灣論」的泛起和美國相關主張的高漲。關於英國對託管臺灣的主張參見王建朗《臺灣法律地位的扭曲——英國有關政策的演變及與美國的分歧（1949～1951）》，《近代史研究》2001年第1期，第3～6頁。

〔註28〕國家安全會議執行秘書（索爾思）致國安會，1948年12月1日，王曉波編《臺灣命運機密檔案》，海峽學術出版社2014年版，第102頁。

〔註29〕美國駐菲律賓大使館參軍的談話紀錄，1948年12月7日，王曉波編《臺灣命運機密檔案》，海峽學術出版社2014年版，第104頁。

〔註30〕顧維鈞電王世杰（1948年11月15日），「顧維鈞檔案」，檔號：Koo_0145_B13_1g_0058，哥倫比亞大學珍本手稿圖書館藏；王世杰電顧維鈞（1948年11月17日），「顧維鈞檔案」，Koo_0145_B13_1g_0057。

〔註31〕朱浤源、黃文範：《葛超智在二二八事件中的角色》，許雪姬編：《二二八事件六十週年紀念論文集》，臺北市文化局等，2008，第423～462頁。

「臺灣人的觀點」也是頗有人為製造的成份。只是，在 1947 年時，國共內戰結局尚不分明，此種謠言沒有引起國民黨足夠緊張與警惕。在 1948 年冬至 1949 年，國民黨面臨失敗而考慮以臺灣為最後落腳點的時候，臺灣的地位問題自然成為至關重要之事。

在謠言風起時，美國駐華大使館也給國務院送去了一封信，表明了主張臺灣託管的看法。1948 年 11 月 17 日，美駐華大使司徒雷登（John Leighton Stuart）建議，將臺灣置於聯合國與美國託管之下，直到與日本的和平條約獲得批准。他認為臺灣與美國安全與戰略計劃直接相關，應保持現有臺灣人對美國的好感，避免給人協助國民黨遷臺的印象。當然，美國沒有辦法停止國民黨向臺灣遷移的趨勢，而且會時不時地被要求給予協助，那麼，美國就應盡可能透過駐華機構行動，對外界減少和掩蓋美國協助的印象。〔註 32〕

1949 年 4 月，國共和談破裂，中國人民解放軍攻克南京。蔣介石離開溪口，至上海佈防，而後經舟山群島、澎湖，前往高雄，繼而前往臺北，著手重建黨政關係。6 月 16 日，美國中情局對中國形勢進行了評估，認為共產黨已擁有能夠摧毀國民政府的軍事力量，並將於 1949 年底以前組建中央政府，而美國「不可能顛覆或有力阻止這一進程，中國共產黨倒向蘇聯的狀況在近期內也不會有任何變化」。國共爭奪臺灣，事關美國在臺戰略利益，這是美國亟需應對之事。中共利用沿海港口和船隻的作戰，加上滲入島內的策反活動，將有利於其控制臺灣。美國若僅提供援助而無軍事干涉，不可能對國民黨有實質性幫助，並且，若美國打算承認共產黨即將建立的政權的話，此種援助會起到壞作用。〔註 33〕在美國準備為承認中共政權可能性留一退路情況下，美國認為只有將臺灣置於自己的實際控制下，才能有效阻止臺灣落入中共和蘇共之手，從而確保美國南太平洋防線不致出現缺口。

此情形下，美國駐日的盟軍總部對臺灣狀況甚為憂慮，在與國民黨高層私人談話時，非正式提及為免中共進據，是否可以考慮在和約簽訂前，將臺灣移交盟國暫管。同時，美國對臺灣獨立運動似有鼓動之意，這一傾向亦在

〔註 32〕 The Ambassador in China (Stuart) to the Secretary of State, Dce.17, 1948, *FRUS, 1948. The Far East: China*, Volume VII, Washington, D.C.: U.S. Government Printing Office, 1973, p662.

〔註 33〕 CIA Research Reports China，Reel-1-0277，pp.27～48，轉見楊奎松編《美國對華情報解密檔案 1948～1976》，中國內戰篇，下冊，臺北：海峽學術出版社，2014，第 147～180 頁。

為臺灣移歸聯合國託管作一伏案。〔註34〕蔣介石得知美國意圖後，對盟總的提議給予堅決回絕，並擬對美作「必死守臺灣」的堅決表示，以「確保領土」，若美國願意提助共同防衛的協助，則表示歡迎。蔣介石料想在如此表示之下，美國絕不會強力索取臺灣。〔註35〕

在盟總對蔣介石進行試探之時，美國國務院政策計劃處主任凱南（George Frost Kennan）向國務院提出《臺灣意見》，提出將臺灣從國民黨手中剝離的一攬子辦法。他認為當前局勢下，須先以聯合國或美國的管理排除國民黨對臺灣的控制，使臺灣與大陸絕緣。達到此種目的的障礙有二：一為島上30萬軍隊的抵抗，一為中國政府已經或多或少在臺灣行使主權。除軍事單位需應對第一項障礙外，美國國務院應在政治外交方面做些工作，包括：私下與菲律賓、澳大利亞、印度等國探詢改換臺灣政權的意見；在白皮書加上國民黨治臺失政一章；持續散播少量關於「臺灣再解放同盟」的資料作為背景等。意見指出，基於開羅宣言，美國允許中國在臺灣建立政權，但因國民政府在臺失政並將內戰引至臺灣，美國不得不暫管臺灣，以待對日和約和全民公決。同時，意見準備邀請孫立人參加新政權，而蔣介石如願留在臺灣，將以「政治避難者」身份相待。〔註36〕

對於美國的密謀，在國民政府給以外交上的密切關注〔註37〕之外，蔣介石以實際行動做堅決地抵抗。七、八月間，蔣介石在做一系列軍政部署外，醞釀推動著國民黨的黨務改造，積極聯繫菲律賓總統季里諾（Elpidio Quirino）、韓國總統李承晚，欲發起組織遠東反共聯盟。他公開對美國記者表示「個人之地位，決不在於政治上職權與名義之有無，而對於領導國民革命之責任，則始終不容放棄」。〔註38〕在日記中，他更明確表明絕不接受「在臺

〔註34〕何應欽電蔣介石（1949年6月12日）「革命文獻──對日議和（一）」，「蔣中正總統文物」，臺北「國史館」藏，典藏號：002-020400-00053-016。

〔註35〕《蔣介石日記》手稿，1949年6月18日。

〔註36〕Memorandum by the Director of the Policy Planning Staff, United States Department of State, *FRUS, 1949. The Far East: China*, Volume IX, Washington, D.C.: U.S. Government Printing Office, 1974, pp.356～364.

〔註37〕顧維鈞電外交部（1949年8月1日），「顧維鈞檔案」，檔號：Koo_0145_B13_1g_0056。

〔註38〕《亞洲如淪入鐵幕將引起另一次世界大戰》，秦孝儀：《先總統蔣公思想言論總集》，卷38，臺北：中國國民黨中央委員會黨史委員會，1984，第241頁。

而不預聞軍政」的安排。〔註39〕

　　美國對於能否在不付出巨大代價情況下將臺灣與國民黨剝離之事進行了討論和評估，如美軍佔領臺灣時可能遇到的抵抗等等。美國參謀長聯席會議認為臺灣之重要性「尚未至美國必須出兵之程度」。美國在全世界許多地區「負有責任」，不宜與大陸攻臺之解放軍或在臺灣之國民黨軍發生軍事行動，以免陷入後無法脫身。臺灣問題應被視為亞洲問題的一部分，進行通盤考慮。〔註40〕儘管在 11 月時，副國務卿韋伯（James E. Webb）、國務院遠東司長白德華（William W. Butterworth）、「駐華大使」司徒雷登等人仍在建議發動聯合國託管臺灣，但司徒雷登也認為此事難行，因倘在聯合國託管臺灣，勢難拒絕蘇聯參加，且國民黨當局不能遷臺，「而總裁居住與軍事基地等均無法解決」。〔註41〕因此，在 12 月國民黨當局決定遷臺後的記者會上，杜魯門（Harry S. Truman）總統被問到臺灣地位時，他指出臺灣不是一個自由國家，它是中國的一部分。〔註42〕稍後，美國務院對臺灣政策備忘錄也指出，儘管「從技術上說，該島的地位仍然有待對日和約來確定，但是《開羅宣言》和《波茨坦公告》以及 1945 年 9 月 2 日的日本投降書都表明該島歸還中國」。〔註43〕獲悉杜魯門在記者會的表態後，蔣介石認為「此語使臺灣倡議獨立自治或託管之邪說者可以熄滅矣」。〔註44〕

　　對於將黨政中央遷臺之事，始終有不少人反對或主張慎重，因恐美國干涉或不承認臺灣為中國領土。及至 1949 年年末，還有人認為美國或將以武力占臺。蔣介石頂住壓力，心志堅決，認為唯恐美國干涉或不承認之人是「自卑自棄不明事理之談」。蔣始終認為，國民黨行政機關遷臺，「美英決不敢有異議」。倘若彼真以武力干涉或侵略臺灣，則自己「寧為玉碎不為瓦全」，必

〔註39〕《蔣介石日記》手稿，1949 年 8 月 13 日。
〔註40〕國家安全會議37／7 號，1949 年 8 月 7 日，王曉波編《臺灣命運機密檔案》，海峽學術出版社，2014，第 135～136 頁。
〔註41〕鄭介民電周宏濤轉王世杰（1949 年 11 月 15 日），「對美關係（五）」，「蔣中正總統文物」，「國史館」藏，典藏號：002-090103-00006-236。
〔註42〕因意識形態的偏向，原話說的是 "Nationalist China"。（見 The President's News Conference of December 22, 1949, *Public Papers of The Presidents of the United States*, United States Government Printing Office, Washington, 1964, pp585～586.）
〔註43〕《美國務院對臺灣政策備忘錄》（1949 年 12 月 23 日），梅孜主編《臺美關係重要資料選編》，時事出版社，1996，第 66 頁。
〔註44〕《蔣介石日記》手稿，1949 年 12 月反省錄。

然以武力抵抗。因「背盟違理」者為英美，「曲在彼而直在我」。〔註45〕

三、從短暫放手到力求臺灣「中立」

美國在 1949 年 12 月對外公開表態，肯定臺灣是中國一部分，此後大約半年的時間內，美政府基本執行了對臺「撇清關係」的政策。

國民黨當局遷臺前後，在各種觀點的爭論中，美國決定從中國抽身，將原本屬於中國的臺灣「留給」中國。1950 年 1 月 5 日杜魯門聲明表示，依據過去的多個文件，臺灣交給了「蔣介石委員長」。「過去四年來，美國及其他盟國亦承認中國對該島行使主權……美國無意在臺灣獲取特別權力或建立軍事基地，美國亦不擬使用武裝部隊干預其現在的局勢……也不擬對在臺灣的中國軍隊提供軍事上的援助或提供意見」。〔註46〕當天，美國務卿艾奇遜（Dean Acheson）對杜魯門的聲明進行了詳細解釋，歷數自開羅宣言到波茨坦公告，再到日本投降，將臺灣交還中國的歷史，指出「中國人已經治理臺灣四年，美國或其他任何國家都沒有對這個政權及其佔領產生過懷疑。當臺灣成為中國的一個省，沒有人提出過法律上的質疑」。〔註47〕美國「親臺幫」的代表諾蘭（William F. Knowland）與 H. A.史密斯（Howard Alexander Smith）對這一聲明有不解表示。這一天，艾奇遜專門同二人進行一個半小時的談話，說服他們支持國務院的政策。在談話中，艾奇遜表示「臺灣本質上是中國人的領土」，其控制權被日本人中斷了大約 40 年，開羅和波茨坦的聲明都承認了中國對臺灣島所有權這一固有權力。他指出，「從戰略的角度來看，臺灣不是至關重要的，如果採取任何軍事行動，或採取軍事援助政策，美國會失去更多的利益」，況且，「這個島嶼可能會在未來某個時候被共產黨佔領，我們必須承認這種可能性」。〔註48〕

1950 年上半年，美政府並不想被國民黨拖陷於臺灣。由於國民黨在大陸的糟糕表現，美國認為臺灣必將被國民黨之惡劣風紀敗壞，若無外力支

〔註45〕《蔣介石日記》手稿，1949 年 12 月反省錄。

〔註46〕國務院臺灣事務辦公室研究局編：《臺灣問題文獻資料選編》，人民出版社，1994，第 858～859 頁。

〔註47〕United States Policy Toward Formosa (January 5, 1950), *Department of State Bulletin*, vol.22 (Jan.～June 1950), p.80.

〔註48〕日據臺灣實際上是 50 年，自 1895 到 1945。Memorandum of Conversation, by the Secretary of State, January 5, 1950, *FRUS, 1950. East Asia and the Pacific*, Volume VI, Washington, D.C.: U.S. Government Printing Office, 1976, pp258～263.

持，臺灣勢將不保，而這個時間亦不會很久。為免自取其辱，美國應從臺灣撤出。〔註49〕

　　但是，自二戰後期，美國從不缺少熱衷於臺灣議題的人士，他們一直希望臺灣這個遠東的寶島能夠為美國所用。美國政府在不同時期對臺政策的搖擺，其實是在各種主張之間尋找平衡，是當政者對不同局勢研判下為美國利益最大化所採取的某種靠攏。1950年的上半年，在美國維持著1949年冬形成的從臺灣脫身的政策的同時，另一種對臺政策正在悄然形成。1950年1月底，杜魯門收到國家安全會議（NSC）關於在充分評估蘇聯軍事能力前提下重新考慮美國戰略計劃的建議。4月國家安全會議對第68號文件進行討論，提出為應對蘇聯的擴張趨勢，美國必須以更積極的行動支持與組織「自由世界」。〔註50〕因某些方面存在分歧，有關這一文件的討論一度擱淺，但不久又重新開始，並最後定型。在這個過程中，美國正在將歐洲對蘇遏制的戰線擴大到整個歐亞大陸，臺灣之重要日益凸顯。6月朝鮮戰爭的發生是促使美國迅速彌合NSC68號文件分歧並將其付諸實施的重要事件。美國認為失去南韓足以危及日本以至美國的遠東防線，姑息可能帶來重蹈二戰覆轍，引發第三次世界大戰。其積極行動表現在臺灣地區，就是修改了幾個月前關於遠東防線的範圍劃定，〔註51〕將臺灣劃入其中。此時，臺灣不但在美國太平洋防線的中部關鍵位置，且擁有控制大陸門戶的地理優勢，其重要性自不待言。

　　於是，美國放棄了半年前明確的對臺不干預原則。6月27日，杜魯門發表聲明，稱共產黨佔領臺灣將直接威脅太平洋和該地區美國部隊安全，因此美國派第七艦隊進入臺灣海峽，而臺灣未來地位必須「等待太平洋安全的

〔註49〕1950年5月，美國助理國務卿致駐臺北領事，指出儘管美國政府也在堅守到最後一刻或是及時、有序地撤退之間猶豫，但為免在臺美國人被解放軍「俘虜」，美國認為還是應該及時安排撤退。（The Acting Secretary of State to the Embassy in China, May 26, 1950, *FRUS, 1950. East Asia and the Pacific*, Volume VI, Washington, D.C.: U.S. Government Printing Office, 1976, pp. 344～346.）
〔註50〕A Report to the National Security Council by the Executive Secretary (Lay), April 14, 1950, *FRUS, 1950. National security affairs; foreign economic policy*, Volume I, Washington, D.C.: U.S. Government Printing Office, 1977, pp. 234～292.
〔註51〕1950年初，艾奇遜將美軍的東亞防區定位在由阿留申群島、日本、琉球與菲律賓群島所連接的弧線，未包括臺灣與南韓。（Crisis in Asia-An Examination of U.S. Policy (January 12, 1950), *Department of State Bulletin*, Vol. 22 (Jan.～June 1950), pp.111～117.）

恢復，對日和約的締結，或聯合國的考慮」。〔註52〕以往雖有少數人否認開羅宣言的法律效力，但美國官方並沒有對 1945 年 10 月臺灣的光復產生質疑；此前作為美國重要盟國的英國已經多次發表臺灣「尚不屬於中國」的言論，而美國似更為謹慎；但 1950 年夏以後，美政府官方言論改口，聲稱臺灣地位暫時不能確定。

　　杜魯門在 1950 年 6 月的聲明無疑是「臺灣地位未定論」出現的一個重要標誌，學界通常的論述亦是自然地將「臺灣地位未定論」的出現與朝鮮戰爭的爆發關聯在一起，給人留下此論乃因朝鮮戰爭發生而驟然出現的印象。事實上，如上所述，美國對臺政策的轉變在 1950 年上半年已在討論之中，而其開始醞釀的時間可能更早。1949 年 8 月，從外圍遏制蘇聯影響力的計劃已有提出，在不少軍方人士看來，臺灣是這個圍堵遏制計劃中重要的一環。〔註53〕1950 年 4 月對 NSC68 號文件的討論更是美國將「全面地遏制」蘇聯作為戰略計劃固定下來的重要時間節點。有研究認為，儘管該文件的最後成型是在朝鮮戰爭爆發之後，但基本原則和理念在其提出之初就已得到總統、軍方和國務院多數人的認可，對美國改變對臺政策產生了決定性影響。〔註54〕NSC68 號文件意味著美國針對蘇聯陣營的「圍堵」（policy of containment）政策的形成。在這一政策之下，美國放棄與臺灣撇清關係的態度是早晚的事。

　　1950 年 6 月以後，美國開始以巡遊在臺灣海峽的艦隊來確保「臺灣的中立」，阻止兩岸間的軍事行動，並以物資、人員的援助等方式更多地介入臺灣事務。與此同時，英國反對美國全力支持國民黨當局，而是在遠東給予美國一定支持的同時，要求美國人承諾其對臺方針會朝著某種形式的託管方向努力，而這種託管「不排除當遠東局勢正常化時最終將臺灣還給中國

〔註52〕梅孜：《臺美關係重要資料選編（1948.11～1996.4）》，時事出版社，1997，第72 頁。

〔註53〕The Acting Political Adviser in Japan (Sebald) to the Secretary of State, Aug.20, 1949, *FRUS, 1949. The Far East and Australasia (in two parts)*, Volume VII, Part 2, Washington, D.C.: U.S. Government Printing Office, 1976, p835; The Acting Political Adviser in Japan (Sebald) to the Secretary of State, Sept.9, 1949, *FRUS, 1949. The Far East and Australasia (in two parts)*, Volume VII, Part 2, Washington, D.C.: U.S. Government Printing Office, 1976, p857.

〔註54〕沈志華等著《冷戰時期美國重大外交政策案例研究》，經濟科學出版社，2014，第 93 頁。

的可能性」。〔註55〕英國從旁慫恿，希望美國使聯合國宣布託管臺灣，防止中共在蘇聯鼓動下攻臺的消息傳出時，蔣介石自信地認為美國不會受到蠱惑。〔註56〕後來的事實證明，蔣介石雖然猜對了結果，但就過程而言似過於樂觀。

　　8月下旬，為應對中華人民共和國向聯合國提出的控訴美國侵略案以及麥克阿瑟關於變更杜魯門「阻止臺灣對大陸軍事行動」的聲明，杜魯門指示美國駐聯合國代表奧斯汀（Warren Robinson Austin）向聯合國秘書長賴伊（Trygve Halvdan Lie）說明美國對臺灣所持政策。奧斯汀的說明主要為美國干涉臺海局勢辯解，並表示支持聯合國調查此事。若臺灣問題在聯合國被討論和調查，勢必涉及臺灣法律地位等問題，因此臺灣當局極力與美交涉，設法阻止此事發生。〔註57〕但臺灣問題在聯合國的討論未能避免，此點與美國態度有關。美國不但希望臺灣問題在安理會範圍內討論，還希望在聯合國大會上討論。作為杜魯門外交顧問的杜勒斯（John Foster Dulles）在一份備忘錄中表明了美國要借助聯合國介入以期達到幾個目的：第一，「現在中國大陸上的中國政府並不是開羅和波茨坦會議時的中國政府」，聯合國應查明，臺灣人民是否願意服從該政府；第二，如果臺灣在政治上屬於中國，那麼可以在聯合國討論在臺灣實行某種「自治」的可能；第三，維持日臺聯繫，至少是在相當一段時間內維持臺灣與日本之間的自由貿易；第四，「聯合國應認真考慮以某種方式使臺灣永久中立的可能性，雖然這樣做不利於具體的政治解決方案，但可以保證臺灣不會惡化大國緊張關係或直接引發戰爭」。〔註58〕

　　事實上，「託管臺灣」的可能及後果屢屢被美國決策層討論著，杜勒斯本人也表示，如果今天有一個選擇，他會覺得「臺灣獨立託管是最好的解決

〔註55〕參見王建朗《臺灣法律地位的扭曲——英國有關政策的演變及與美國的分歧（1949～1951）》，《近代史研究》2001年第1期，第12頁。英美當時雖為盟國，但在對待新中國政權等問題上存在差異，此點研究甚多。英國所主張託管後不排除交還中國的可能性，這個中國是指中華人民共和國。這也是與美國主張的差異之處。

〔註56〕《蔣介石日記》手稿，1950年8月13日。

〔註57〕交涉情形參見侯中軍《新中國控訴美國侵臺背景下的臺灣地位問題再探》，《中共黨史研究》2011年第11期，第59～69頁。

〔註58〕Memorandum of Conversation, by Mr. John M Allison, Adviser to the United States Delegation to the United Nations General Assembly, Oct.23, 1950, *FRUS, 1950. East Asia and the Pacific*, Volume VI, Washington, D.C.: U.S. Government Printing Office, 1976, pp534～536.

方案」。〔註 59〕但是，在上述備忘錄中，杜勒斯沒有明言「託管」一詞，只是謹慎地、粗線條地給出幾個努力的方向。此舉是因為他對託管一途的結果有所擔心。聯合國成立委員會進行託管，將難以阻止蘇聯參與其中。若蘇聯插手，則會把「中國共產黨政權統一臺灣作為可能提出的方案之一」，其後果勢必增強蘇聯在遠東的軍事地位。〔註 60〕因為託管的決議「在某些方面會被解釋為試圖將臺灣歸還」中國大陸，所以在這個階段「還不能肯定地承諾解決方案」。〔註 61〕這是美國的一個顧慮，也是其最終沒有「受英國蠱惑」的一個原因。

美國的盟友們為避免局勢激化進而引發大戰，也反對美國軍事介入臺海。它們在臺海地區的主張是防範蘇聯、避免激怒中國，對於臺灣的處置，最好是使其「中立化」。在英國之外，澳大利亞也持此主張。9 月 8 日，外長斯彭德（Percy Spender）向總理孟席斯（Robert Gordon Menzies）提出「臺灣政治中立化方案」，即將臺灣交聯合國託管，儘量避免中國同西方國家發生衝突，通過公投決定臺灣未來政治地位。隨後這一意見被傳達給美國。對此，美國遠東事務助理國務卿臘斯克（Dean Rusk）告訴斯彭德，美國觀點「和澳大利亞大體一致，不希望受《開羅宣言》制約」。〔註 62〕美國意見與澳方也有不同，那就是不主張拋棄國民黨。原因是美國認為蔣介石手裏握有五十萬大軍，且對美方友善。〔註 63〕美國在對臺灣的政策上，並未能使盟友與自己的意見完全統一，但要使臺灣「中立化」、甚至是永久地「中立化」是美國未曾掩飾的

〔註 59〕 Minutes of the 40th Meeting of the United States Delegation to the United Nations General Assembly, Nov.15, 1950, *FRUS, 1950. East Asia and the Pacific*, Volume VI, Washington, D.C.: U.S. Government Printing Office, 1976, p570.

〔註 60〕 Memorandum by the Joint Chiefs of Staff to the Secretary of Defense, Sept.8, 1950, *FRUS, 1950. East Asia and the Pacific*, Volume VI, Washington, D.C.: U.S. Government Printing Office, 1976, pp491～492.

〔註 61〕 Minutes of the 40th Meeting of the United States Delegation to the United Nations General Assembly, Nov.15, 1950, *FRUS, 1950. East Asia and the Pacific*, Volume VI, Washington, D.C.: U.S. Government Printing Office, 1976, p570.

〔註 62〕 25 Cablegram from Spender to Watt, Cablegram, Ottawa, 3 November 1950, Australian Government *Department of Foreign Affairs and Trade*. http://dfat.gov.au/about-us/publications/historical-documents/Pages/volume-21/25-cablegram-from-spender-to-watt.aspx.

〔註 63〕 Stuart Doran &David Lee Memorandum by the Joint Chiefs of Staff to the Secretary of Defense, *Documents on Australian Foreign Policy*, P.35. 轉見胡德坤、胡博林《澳大利亞對臺政策論析（1950～1955）》，《武漢大學學報（人文科學版）》，2015 年第 2 期，第 83 頁。

目的，這一點與英聯邦的意見是相同的。

　　擱置爭議、等待時機是美國對臺灣問題的一個傾向。9 月間，美方「欲以臺灣問題交由聯合國處理，並以臺灣與韓國問題相提並論，同時解決」的意圖已為蔣介石所感知。〔註 64〕12 月初，在杜魯門與英國首相艾德禮（Clement Richard Attlee）的談話中，艾奇遜建議，要讓中共到聯合國談論臺灣問題，然後再討論韓國問題。艾奇遜認為討論要以韓國為中心，在他看來中蘇違反了開羅宣言對韓國的承諾，故而會在臺灣問題上「理虧」。〔註 65〕在複雜局勢下，暫時凍結臺灣地位、擱置臺灣問題，等待有利時機解決，成為美國的選擇。

　　「在此國際局勢動盪期內，美不願使此複雜困難重要問題在目前非即解決不可」，這亦是顧維鈞從美國外交人員那裡得到的印象。一方面，美輿論認為美國負擔太重，臺灣應歸聯合國共同負責保障；另一方面，兩岸均認為「臺灣為中國領土，彼此間之爭端乃是內爭」，但國際方面「既不願因此擾及遠東和平，又對臺各抱不同意見，故與其在此時亟謀解決致呈分裂，不如維持現狀待諸將來」。〔註 66〕相對於澳大利亞等國主張的「臺灣政治中立」而言，美國更傾向於暫謀軍事上的「中立」、而後在解決朝韓問題時同時解決臺灣問題。英、澳等盟友雖在某些方面支持美國，但就臺灣問題交換意見的過程中，美國也意識到諸國事實存在的意見差異。因此，美國決定向臺灣提供一定援助，尤其是幫助臺灣實現「防衛」目的的援助，在此「國際局面混沌期內」將臺灣地位問題「暫為凍結」，以免造成自身同盟分裂，徒增困擾。〔註 67〕

　　為使對開羅宣言的違背顯得冠冕堂皇，「此中國並非彼中國」的說法也慢慢出現在美方的公開言論中。在美國駐聯合國代表團的第 39 次會議中，參與戰後遠東事務的艾利森（John Moore Allison）解釋了美國國務院對臺灣的態度：

〔註 64〕《蔣介石日記》手稿，1950 年 9 月 8 日、9 日。

〔註 65〕United States Minutes, Truman-Attlee Conversations, Second Meeting, The Presidential Yacht "Williamsburg", Washington, December 5, 1950, *FRUS, 1950. Western Europe*, Volume III, Washington, D.C.: U.S. Government Printing Office, 1977, p1730、1737.

〔註 66〕顧維鈞電葉公超（1950 年 9 月 19 日），「顧維鈞檔案」，檔號：Koo_0145_B13_1a_0013。

〔註 67〕顧維鈞電葉公超（1950 年 9 月 20 日），「顧維鈞檔案」，檔號：Koo_0145_B13_1a_0015；顧維鈞電葉公超（1950 年 9 月 22 日），「顧維鈞檔案」，檔號：Koo_0145_B13_1a_0014。

希望臺灣保持中立；不應試圖以武力改變臺灣的地位。美方以島上 750 萬居民的利益為由，認為不應繼續以臺灣作為進攻性基地。在這裡，艾利森也特別強調，開羅會議討論將臺灣歸還中國，但這個中國不是中華人民共和國。〔註68〕這一說法倒是與美國歷來態度一致，在 1949 年 12 月杜魯門的發言中，就特別提到臺灣屬於 "Nationalist China"，為美國後來的狡辯埋下伏筆。因為已有一些國家承認中共政權代表中國，而「此中國並非彼中國」，故臺灣地位需要被「凍結」。這是 1950 年代美國對於為何凍結臺灣地位的一個說辭，雖為狡辯，卻頗能令一些人產生混亂概念。

聯合國大會對臺灣問題的討論沒有完全按照美國的意圖發展。1950 年 11 月中旬，美國覺察到若任由聯合國大會討論決定臺灣問題，就有可能將該島交還中共，於是緊急決定中止聯大的討論。16 日，美政府決定對臺採取這樣的對策：使臺灣議題從聯合國大會消失，以若干原則的聲明取代具體的行動，使臺灣問題緩議。這些原則是：

　　1. 美國作為太平洋戰爭的主要勝利者和日本唯一的佔領國，對臺灣的處置負有重大責任；

　　2. 除了相對短暫的日本統治時期，數世紀以來臺灣一直是中國的一部分。該島的歷史和人口的民族特徵要求最終恢復中國對它的主權。

　　3. 只要臺灣存在成為太平洋新的侵略基地和血腥內戰鬥爭的對象的可能性，就不能恢復中國對它的主權。

　　4. 臺灣人民在中國主權下必須得到適當的自主和自治；臺灣與中國的關係最終須基於臺灣人民和中國人民的同意。

　　5. 考慮到臺灣和日本經濟體的互補性，應長期確保臺日之間密切貿易關係的持續。

　　6. 臺灣應該非軍事化。〔註69〕

〔註68〕Minutes of the 39th Meeting of the United States Delegation to the United Nations General Assembly, Nov.14, 1950, *FRUS, 1950. East Asia and the Pacific*, Volume VI, Washington, D.C.: U.S. Government Printing Office, 1976, p557.

〔註69〕Memorandum of Conversation, by Mr. Eric Stein of the Office of United Nations Political and Security Affairs, Nov.16, 1950, *FRUS, 1950. East Asia and the Pacific*, Volume VI, Washington, D.C.: U.S. Government Printing Office, 1976, pp.574～575.

相對於 10 月間杜勒斯在備忘錄中提出的幾條目的而言，此時提出的原則更強調了美國對臺灣的「責任」，也就是說儘管在聯合國受到中蘇等國的指責，美國也應該繼續介入臺灣事務，而不是撤出。在這裡，雖然杜勒斯沒有在「此中國非彼中國」的說法上狡辯，但仍然表示只要臺灣還是「內戰鬥爭」對象，就不能恢復中國對它的主權。也就是說只要中國需要統一，美國就會干涉下去。

對於國際上有關臺灣的言論，特別是美國的言論蔣介石小心地保持著警惕，並竭力分析其背後意圖和各種發展的可能性。1950 年 9 月 8 日，蔣介石寫道「美正計臺灣由聯合國共同防衛（即為共管之變相），以避免俄共之覬覦，其利害得失如何」？蔣認為美國有意使聯合國防衛臺灣，正是過去「共管」政策的另一種表現。使臺灣免落蘇聯之手，在這一點上臺美是一致的。但將臺灣交由聯合國協防，會有怎樣的後果？利害得失盤旋在蔣介石心頭。9 日，蔣又記道，美國正式口頭通告，臺灣問題必須「由國際多邊式解決」，而美國國務院對外宣布，韓、臺問題的解決，「必須亞洲有關各國參加」。蔣猜測「多邊」與「亞洲各國」，莫非是指北平政權？〔註70〕盡力避免兩岸同時出現在國際舞臺之上，是 1950 年代蔣介石的一個外交原則。這也是臺美經常出現分歧的一點。美國介意的是在臺海地區出現軍事衝突，因為這會使美國面臨戰爭漩渦，為使中共「坐下來談」而不是「站起來打」，美國並不介意國際舞臺上出現兩個代表中國的政權。實力不對等之下，蔣介石並沒有多少與美國抗衡的本錢，因此，他常有「寧為玉碎」的表示，即：如果不能將中華人民共和國代表排斥在聯合國之外，那麼自己寧可不要虛名，自行退出。在 1950 年的這場外交戰中，蔣介石就產生過這種想法。〔註71〕

在具體策略方面，蔣介石一方面考慮重新提出控蘇案，以應對中華人民共和國提出的控美案；一方面考慮在聯合國安理會運用否決權，以避免聯合國調查臺灣。國民黨政府原本在 1949 年的四屆聯大上，向聯合國提出過控蘇案，當時美國僅給予原則上支持。1950 年時因國際局勢又發生變化，蔣介石以新控蘇案配合美國，這一策略「於美國的全球戰略更加契合」，於是美國改為傾力支持。〔註72〕運用否決權的問題，蔣介石考慮到蘇聯或許認為中共對臺灣勢在必

〔註70〕《蔣介石日記》手稿，1950 年 9 月 8 日、9 日。
〔註71〕《蔣介石日記》手稿，1950 年 10 月 1 日，雜記 10 月 14 日。
〔註72〕有關論述參見侯中軍《顧維鈞與「控蘇案」》，《軍事歷史研究》2016 年第 1
　　　　期，第 75～85 頁。

得，也不願聯合國去調查臺灣，或許臺灣不必親自出面反對。因此，指示駐聯合國代表在美國侵臺案的投票中不用否決權，「以澄清內外空氣」。〔註73〕

對於美國所主張的由聯合國向臺灣提供軍事協防保障一項，經過權衡，蔣介石傾向於接受，同意在對日和約訂立之前，臺灣當局「有權要求聯合國或其臺灣有密切共同關係之會員國協助防衛臺灣」。但蔣介石同時主張「中國收復臺灣主權與領土，必依據其合法權利，遵守聯合國憲章」，如有違反憲章與損害中國對臺灣之主權、領土與行政之完整時，則我「當保留其自主之行動，不能受任何非法之干涉」。〔註74〕

四、政策層面的否定與議論的繼續

在 1950 年下半年美國拋出「臺灣地位待對日和約後確定」一說後，接下來對日和約的擬定就是關鍵的一環了。1950 年 10 月時，美國原擬在和約中規定「臺灣、澎湖、南庫頁島及千島群島之地位由中美英蘇會商決定，倘於對日和約生效後一年內，未獲協議，則由聯合國大會決定之」。〔註75〕但經數日觀察，美國改變了想法。在關於臺灣處置條款的措辭上，美國不但同臺灣當局產生了分歧，也同英、蘇等國的看法有出入，這使美國放棄了由遠東四巨頭共同商討臺灣歸屬的想法。同時，美國也不打算在和約中規定聯合國大會對臺灣的處置權，因為在 1950 年 11 月時，美國就發現聯合國大會有將臺灣交給中共的某種主張和傾向，如果此時規定臺灣交由聯合國大會處置，仍然不能排除此種傾向的存在。於是，美國關於臺灣的考慮是僅言日本放棄，不言歸還中國，亦不言由遠東大國會商方案或由聯合國大會討論決定。1951 年 2 月，杜勒斯團隊擬定的對日和約草案寫道：「日本將放棄對韓國、臺灣和澎湖的權利和所有權」。〔註76〕對於此說，蔣介石原本頗覺氣憤，但經臺灣當局與美多次交涉，蔣知美國對臺灣地位的考慮並無改變可能，只好被迫接受。〔註77〕

〔註73〕《蔣介石日記》手稿，1950 年 9 月 10、12 日。

〔註74〕《蔣介石日記》手稿，1950 年 10 月 28 日。

〔註75〕《關於對日和約案辦理經過節要》，「外交部檔案」，檔號：012.6／0106，影像號：11-EAP-01199。

〔註76〕Memorandum Prepared by the Dulles Mission, Feb.3, 1951, *FRUS, 1951. Asia and the Pacific (in two parts)*, Volume VI, Part 1, Washington, D.C.: U.S. Government Printing Office, 1977, p850.

〔註77〕參見馮琳《對日和約問題上的蔣美分歧及蔣之因應》，《抗日戰爭研究》2016 年第 1 期，第 139～141 頁。

在關於對日和約的交涉中，美國政府深刻意識到各相關國家在臺灣處置問題上的巨大差異。這個差異甚至在相當程度上促成印度拒絕簽署舊金山和約。〔註78〕因此，美國決定繼續推遲解決臺灣地位問題。1951年11月，在為第六屆聯合國大會準備的立場性文件中，美國指出對臺灣的目標是：「否認臺灣屬於由蘇聯控制或與蘇同盟的任何政權，加速增強臺灣的防禦能力」。目前，主要有關政府似乎不可能在如何永久性處置臺灣問題上達成共識，因此，美國的直接目標是儘量推遲解決這個問題，盡可能制定一個可被更多國家特別是亞洲國家支持的解決辦法。此時，美國的態度是：在不能獲得更多國家認可的情況下儘量推延，避免臺灣問題被聯合國大會討論，從而杜絕臺灣為社會主義陣營控制。此前，艾奇遜等人曾有將朝鮮問題與臺灣問題捆綁的想法，但此時美國決定儘量不使二者捆綁，以免影響朝鮮問題的解決。美國認為在朝鮮問題上已經得到重要多數的支持，沒有被完全孤立的可能性，這使朝鮮問題的解決比臺灣問題要容易得多。在朝鮮半島有望停戰的局勢下，應避免聯合國大會將臺灣問題與朝鮮問題連接在一起，避免在朝鮮問題得到政治性解決之前召開任何有關遠東問題（包括臺灣問題在內）的會議。同時，美政府也準備好備用方案。倘若大多數國家堅持以某種形式解決臺灣問題，那麼美國就要儘量引導大會組織一個特別委員會收集事實，聽取包括臺灣居民在內的有關各方意見，探討一切可能的解決辦法，並在完成後向大會報告。〔註79〕

美國分析解決臺灣問題的各種方案：首先是臺灣屬於中國，雖然這是開羅宣言的承諾，但因國際社會對於何方代表中國有爭議，此種方案不能完全排斥蘇聯勢力，故應排除。其次是託管或聯合國其他形式的行政管轄和監管，大陸和臺灣政權很有可能都反對此種方案。況且，它是否能有效抵擋共產主義的顛覆和侵入，這一點得到了嚴重的懷疑。無論如何，目前國民黨在臺灣的統治排除了這一方案。再次是獨立的臺灣，這一點是必然遭到中國人反對

〔註78〕印度高度關注臺灣地位問題，認為儘管歸還時間和方式可以再單獨談判，但至少應在對日和約中規定臺灣屬中國。（The Indian Chargé (Kirpalani) to the Consultant to the Secretary of State, Aug. 23, 1951, *FRUS, 1951. Asia and the Pacific (in two parts)*, Volume VI, Part 1, Washington, D.C.: U.S. Government Printing Office, 1977, p1290.）

〔註79〕The Secretary of State to the Secretary of Defense (Lovett), Dec.7, 1951, *FRUS, 1951. Korea and China (in two parts)*, Volume VII, Part 2, Washington, D.C.: U.S. Government Printing Office, 1983, pp.1859～1861.

的，無論是共產黨還是國民黨。並且，如果實現獨立，可能會對軍事和經濟援助有無期限的需求。再次是由日本統治，對日和約已否定了這一點。再次是由臺灣國民投票決定歸屬，這一點因為有國民黨的反對及其軍隊的存在，在目前來說也是不可能的。因此，美政府認為當下並沒有一個可行性方案來解決臺灣問題，而這一切會隨著時間流逝、情勢發展而得到解決。〔註80〕

　　基於第五屆聯大和對日和約的經驗，美國又否定了此前的某些設想。在第六屆聯大召開之時，美國逐一否定了解決臺灣問題的各種可能，決定採取盡可能拖延的政策，等待一些不確定因素（比如中國的最終控制權）落定，等待遠東若干變數（比如新的戰爭）的發生。這一政策在搖搖擺擺中持續著，基本貫穿了1950年代。

　　作為冷戰格局中一環的臺灣問題時而會成為美國遠東政策的棋子。1953年2月，針對中共拒絕在朝鮮半島的談判上妥協的立場，新上任的美國總統艾森豪威爾（Dwight David Eisenhower）曾一度拋出解除臺灣「中立化」的政策，不再以第七艦隊阻止臺灣當局攻擊大陸。但這種「解除」基本上是一種姿態，美國並未有放棄干涉的打算。2月5日，美國軍援顧問團團長蔡斯（Williams C. Chase）致函要求臺灣當局封鎖汕頭致大陳海岸，並增加突擊大陸次數、加強海面及空中偵察以獲取情報，但是他又強調對大陸作重要攻擊時應事先與其洽商。經臺灣方面詢問，蔡斯表示，所謂「重要」即指五百或以上人員參與的突擊，或者由營、團、師或更大單位擔任之突擊行動。且因擔心臺灣空軍力量不足，蔡斯並不主張臺灣方面進行有可能挑釁大陸報復行動的空襲。4月20日，美國駐臺「大使」藍欽（Karl L. Rankin）〔註81〕前往臺「外交部」面遞備忘錄，要求臺灣當局正式承認「不從事足以損害美利堅合眾國最高利益之任何進攻性之軍事行動」。〔註82〕可見，美國在特定環境下，雖有解除臺灣「中立化」的表示，但並未放鬆對臺當局的束縛，其意圖實際上仍在維持臺灣「中立化」狀態。

　　美國對臺灣地位的懸置，成為蔣介石等人不斷疑懼擔心的心病。1953年

〔註80〕The Secretary of State to the Secretary of Defense (Lovett), Dec.7, 1951, *FRUS, 1951. Korea and China (in two parts)*, Volume VII, Part 2, Washington, D.C.: U.S. Government Printing Office, 1983, pp.1860～1861.

〔註81〕1953年2月藍欽被升格為駐臺「大使」，4月正式就任。

〔註82〕「解除臺灣中立化後反攻大陸計劃」，「外交部檔案」，館藏號：11-07-02-07-01-127，影像號：11-NAA-02226。

3、4 月間，外傳美國不惜以託管臺灣為條件謀求朝鮮半島停戰，而時任國務卿的杜勒斯正是推動臺灣託管者之一。蔣介石向藍欽表達了憂慮，指出「臺灣託管事為中國人十年以來所擔心者」，請其轉告杜勒斯務必以實際行動打消民眾疑慮。〔註83〕

　　1950 年代臺灣海峽發生了兩次臺海危機，在兩次危機期間，託管臺灣的可能尤為蔣介石所懼。在臺海局勢緊張的時刻，美國對於如何解決「外島」軍事衝突並沒有好的對策。美國遠東軍事力量有限，其國會、輿論及各盟友均反對美國為金門馬祖等「外島」而捲入戰爭，美國只能盡力謀求停火。在此情勢之下，有關託管臺灣、讓出「外島」、「兩個中國」等建議紛紛流出。蔣介石將聯合國託管視為美國「出賣」臺灣當局的一個步驟，多次向美表示抗議，並以結束託管流言為由向美提出要求。1954 年 9 月，第一次臺海危機發生後，杜勒斯訪臺，蔣介石趁機要求臺美盡快簽署共同防禦條約，以此結束有關聯合國中華人民共和國席位的爭議以及有關臺灣託管可能性的議論。〔註84〕美國內部在激烈討論之後，打算以第三國向聯合國提出臺海停火建議的方式來解決臺灣危機，於是在 10 月中旬派助理國務卿饒伯森（Walter S. Robertson）、中國事務辦公室主任馬康衛（Walter P. McConaughy）赴臺勸說蔣介石接受美國的方案。蔣介石對於此種建議頗為反對，指出美國打算實施出賣臺灣的幾個步驟：「外島」停火和中立、臺灣島停火、聯合國託管、中共加入聯合國、中共接管臺灣。〔註85〕當然，蔣介石如此說法只是種策略，他以略帶極端與誇張的措辭表達著不滿，敦促美國盡快採取同臺灣訂約等方式來挽救臺灣的士氣民心。很快，臺美共同防禦條約被簽署，蔣成功地將臺灣命運繫在美國艦艇之上。然而，有關臺灣託管的言論並未終結。

　　1950 年代美國輿論界出現過幾個議論臺灣前途的高潮，譬如 1954 年下

〔註83〕蔣介石與藍欽會談紀錄（1953 年 4 月 15 日），「外交——蔣中正接見美方代表談話紀錄（十七）」，「蔣經國總統文物」，「國史館」藏，典藏號：005-010205-00079-006。

〔註84〕The Ambassador in the Republic of China (Rankin) to the Department of State, Sept.9, 1954, *FRUS, 1952～1954. China and Japan (in two parts)*, Volume XIV, Part 1, Washington, D.C.: U.S. Government Printing Office, 1985, p582.

〔註85〕Memorandum of Conversation, by the Director of the Office of Chinese Affairs (McConaughy), Oct.13, 1954, *FRUS, 1952～1954. China and Japan (in two parts)*, Volume XIV, Part 1, Washington, D.C.: U.S. Government Printing Office, 1985, p732.

半年到 1955 年上半年因臺海危機而生的高潮，譬如 1957 年因臺北發生攻擊美國「大使館」的「五二四事件」而生的高潮，又如 1958 年因第二次臺海危機而生高潮。雖然 1951 年 12 月時，美國已形成放棄聯合國託管臺灣的基本立場，此後數年並無大的改變，但是在「臺灣地位未定」的基本條件下，有關託管的議論並未斷絕，且在因勢起伏，時而高漲。蔣介石密切關注著此類消息，並時常表現出情緒化的衝動。1955 年 2 月，在同饒伯森等人的談話中，「外交部長」葉公超曾有對蔣因臺灣託管等類言論而起的情緒化的表現進行的繪聲繪色的描述。「中央通訊社」人員每天勤奮地從大洋彼岸的報紙中發掘此類消息，每天早晨向蔣介石大聲朗讀。蔣認為這些專欄作者必與一些要人有著接觸，這些言論不會是完全沒有基礎的。〔註86〕

蔣介石對於託管論的強烈態度使一些局外政要也有著相當的感知，挪威的外交部長曾向美方詢問，蔣去世後以聯合國託管方式使臺灣人向政治成熟的方向發展是否可行。在這場挪威外長、大使與美國國務卿杜勒斯關於將「外島」與臺灣分離的對話中，杜勒斯亦透露出這樣的考慮：臺灣人目前缺乏政治組織和政治的成熟度，美國無法將其帶入現行政權，但隨著越來越多臺灣人加入到國民黨的軍隊當中，這支軍隊會更加效忠於臺灣島而不是中國大陸。〔註87〕由此可見，1958 年時，以杜勒斯為代表的政要已在美國對臺灣地位的拖延政策中看到了希望。在軍隊心理所向悄然改變的過程中，美國政府所希望的臺灣長久中立化似乎正在實現。

五、結語

太平洋戰爭發生後，美國部分人士提出中國沒有足夠的行政和技術人員掌理臺灣，為免臺灣遭受四大家族、軍隊和國民黨派閥剝削，戰後臺灣應由國際管制。在開羅宣言、波茨坦公告等文件約束下，在中國內戰結局尚未分明的情況下，這個階段的議論和主張並未被美國決策層普遍重視。1948 年冬，國民黨的敗局逐漸成為必然趨勢，美國越來越擔心臺灣落入敵手，試圖將臺灣剝離中國。但對有限度介入情況下實行分離臺灣政策的可行性進行充分評

〔註86〕Memorandum of a Conversation, Department of State, Washington, February 10, 1955, *FRUS, 1955～1957. China*, Volume II, Washington, D.C.: U.S. Government Printing Office, 1986, p256.

〔註87〕Memorandum of Conversation, Sept.29, 1958, *FRUS, 1958～1960. China*, Volume XIX, Washington, D.C.: U.S. Government Printing Office, 1996, p298.

估後，美國放棄這一主張。從 1949 年 12 月下旬，美國國務院對開羅宣言等文件法律效力的肯定，和總統杜魯門對「臺灣屬於中國」的公開承認，到 1950 年 5、6 月間，美國認為臺灣即將不保，準備從臺灣撤僑，這是美國在權衡利害之後對臺灣有意疏離和短暫放棄的一個階段。然而，遠東局勢的緊張使他們很快否定前說，否定此前美國曾參與簽署的歷次文件，拋出「臺灣地位未定論」。而後，為應對中蘇對美國侵臺的指控，美國曾希望借聯合國大會解決臺灣問題。但美國很快發現，聯大的討論可能會將臺灣問題引向另一個不利於美國的方向。在與各國就對日和約事的接觸中，美國又否定了由遠東四國商討解決這一路徑。在一時找不到多數盟友都能支持的方案情況下，僅以原則聲明取代具體方案的辦法成為美國的選擇。「中立化」原則是其中的重要一項，儘管後來在同臺灣當局的交涉中美國會否認此項意圖，但其實際的做法卻始終在進行使臺灣「中立」的操作，這一操作的結果就是維持了兩岸的分離狀態。

上世紀四五十年代，無論國際還是中國國內都不是個平靜的時期，局勢的動盪與不確定致使此間美國對臺政策多次發生或大或小的轉向或調整。美國對臺政策的演變大致可分為幾個階段：第一個階段是 1942 至 1948 年冬，第二個階段是 1948 年 11 月至 1949 年 11 月，第三個階段是 1949 年底到 1950 年 6 月，第四個階段是 1950 年夏到 1951 年底，第五個階段是 1951 年底以後。[註88] 在這幾個階段中，美國並非都在主張「臺灣託管」。從政府決策角度來看，較為明白地主張託管臺灣的時期其實只有 1948 年 11 月至 1949 年 11 月一年的時間。1942 至 1948 年冬部分人共管或託管的建議並未上升到決策層面，1949 年底到 1950 年 6 月美國有意從臺灣抽身，1950 年夏到 1951 年底美國在試探包括託管在內各種方案的可行性，1951 年底從決策層面否定了託管臺灣這一路徑。1951 年底以後，雖然美政府不以託管臺灣作為遠東政策的一部分，但由於美國將臺灣地位人為地懸置，包括託管在內的各種言論並未止息。

朝鮮戰爭爆發後，美國並沒有很快地制定出對臺灣的具體對策。1950 年下半年，美國對臺灣託管之說相對於英聯邦來說，有猶豫不決的表現。這是因為美國考慮重點及處境與英聯邦有不同。英聯邦最為擔心的是引火燒身，

〔註88〕通常情況下，政策的調整都會經歷一個醞釀的過程，此處階段的劃分是選取
　　　　有顯著變化或有標誌性事件的時間節點，為一大致性描述。

想要平息局勢；而美國要考慮到整個遠東的局勢，要杜絕增強蘇聯力量的可能。應該指出的是，美國難以決斷的只是如何處置臺灣的措施和行動，在是否應該介入臺海事務的問題上美國十分肯定。美國認為自己理應對臺灣的處置負有重要責任，因此，在接下來的對日和約問題上，美國為確保臺灣做了大量工作。在美國操控下，舊金山和約僅規定臺灣由日本「放棄」，而未言其他。從與中蘇共同聲明臺灣戰後歸還中國，到主張臺灣地位待對日和約確定，再到對日和約的模糊措辭，美國一步步地將「臺灣地位未定」狀態坐實。

作為此時國民黨及其政權的主要領導者，蔣介石對於臺灣的處置有著不同的態度。在開羅會議之前，臺灣是否能在戰後回歸祖國是個不確定的事。為充分調動美國的積極性，蔣曾有戰後中美共同使用臺灣的想法。但在臺灣光復之後，蔣介石始終警惕並抵制著臺灣問題的國際化。美國的決策說到底是基於對自身實力和利益的權衡，但蔣對託管臺灣的堅決抵制和不配合多少打消或阻滯了美國將臺灣交聯合國的想法。自然大陸方面的反對亦是不可忽視的因素，在這一點上兩岸是一致的。聯合國的託管不但為中國人民所反對，還可能會使共產主義勢力成功介入，同時，在託管後的處置上美國並不能與盟友達成一致看法，因此託管臺灣一事除在特定時期被美國高層積極地試圖推進過，其他時候只是作為水面下的暗潮存在。

這種暗潮給中國帶來巨大傷害。部分美方人士暗中「有節制地」縱容「臺獨」，以所謂「臺灣人的呼聲」作為「託管論」的背景音；美國對臺灣地位的模糊化處理，也為分裂勢力提供了發揮的空間。1950 年代，託管成為「臺獨」者的普遍主張。美國在 1950 年代定下的對臺政策的基調延續多年。中美建交後，美國雖不再發表有關「臺灣地位未定」的聲明，但仍強調對臺灣主權問題「不採取立場」，表明其並未從根本上放棄「臺灣地位未定論」的立場。美國對「臺灣地位未定論」實質上的堅持延續至今，此論在便於美國深度介入臺灣事務的同時，助長了「臺獨」心理，為兩岸關係帶來複雜的負面影響。〔註 89〕

〔註 89〕參見劉佳雁《美國對臺灣當局地位的基本立場評析》，《現代臺灣研究》2015年第 5 期。

第二章　出兵援韓問題

1950 年 6 月朝鮮戰爭爆發，此事在當時對遠東局勢產生了巨大影響。10 月，中國人民志願軍跨過鴨綠江抗美援朝。而臺灣海峽的另一邊，蔣介石派兵援韓的打算被美國壓制。〔註1〕不少人有這樣一個粗淺的印象，但不明其裏，現有的研究又或許存在某種偏差。〔註2〕故有必要對其中若干問題加以探析。

〔註 1〕學界對中共派遣志願軍援朝的問題有較多研究，如〔韓〕金東吉、〔韓〕朴多晶：《朝鮮戰爭初期中國出兵朝鮮決策及變化原因探析》(《史學集刊》2016 年第 4 期)，吳宏亮、孟濤：《「抗美援朝保家衛國」──毛澤東出兵朝鮮艱難決策的背後》(《史學月刊》2013 年第 10 期) 等。也有關於美國對新中國出兵的研判問題上的討論，如：趙學功：《美國、英國對中國出兵朝鮮的反應和政策》(《中共黨史研究》2010 年第 9 期)，陳少銘：《美國在新中國出兵朝鮮問題上的判斷與決策──以美國中央情報局的情報評估為中心的考察》(《中共黨史研究》2013 年第 4 期) 等。關於臺灣當局擬出兵朝鮮的問題，鮮有深入研究。臺灣及美國學者看到了蔣介石在派兵問題上的顧慮，如劉維開：《蔣中正對韓戰的認知與因應》(《輔仁歷史學報》第二十一期，2008 年 7 月) 提到援韓勢必涉及反攻，而彼時反攻時機未到；又如林孝庭：《困守與反攻　冷戰中的臺灣選擇》(九州出版社 2017 年版，第 50 頁) 認為援韓或反攻會成為增強孫立人力量的契機，因而蔣介石有所遲疑。這些較之以往絕對化的論述有所進步。然而前者多運用蔣介石日記及言論集等資料，側重於對蔣氏認知的描述，並沒有論及臺灣外交部門對此事的具體判斷和因應變化；後者僅簡單提到蔣對孫的顧忌，沒有對派兵問題充分展開。現有成果對於臺灣當局在何等背景之下如何討論出兵問題、蔣介石對時局的研判是否準確、臺灣方面的應對是否得當、美國對臺灣出兵援韓問題的態度究竟如何且有怎樣的變化、如何看待麥帥訪臺等均未有深入探討，在「先入為主」與簡單化思維之下學界往往對這些問題認識模糊，進而對許多相關問題造成誤判。

〔註 2〕如有文認為自蔣介石宣布出兵後，臺灣的國際地位事實上有所提升，美國恢復對臺援助，臺美關係進入「蜜月期」。(林泓：《解析蔣介石熱衷「出兵」朝

一、臺灣方面對局勢的判斷

　　1950 年 6 月 25 日，朝鮮戰爭發生，美國最高當局顯示出高度緊張與重視。當日美國副國務卿韋伯與軍事當局緊急會商，經請準國務卿艾奇遜及總統杜魯門決定：訓令美駐聯合國代表向聯合國秘書長建議立即召集安理會會議，以期通過一強有力決議案予以制裁；加緊趕運前允供應南韓軍品，並令盟總就近迅予接濟。〔註 3〕

　　在對朝鮮半島局勢的強烈關注之下，美國迅速定下策動聯合國集體制裁北朝鮮的對策。在安理會為此召開臨時會議時，仍然佔據聯合國安理會席位的臺灣當局代表蔣廷黻隨即表態：支持美國提議，希望安理會盡速採取行動制裁北朝鮮。〔註 4〕27 日，「行政院長」陳誠發表談話，表示要對李承晚領導的反共政府，「本其一貫最友誼之態度，繼續盡力予以支持」。〔註 5〕出於同樣的反共立場，這兩次聲援美國與南韓的公開表態是常理之中的外交行為。

　　據相關檔案資料，臺灣外交部門開始明確考慮並公開提出出兵意向始於 28 日的一則電文，〔註 6〕這則電文的出發點是對聯合國秘書長賴伊的倡議做出回應的建議。

　　25 日，聯合國通過稍加修改後的美國提案，呼籲朝韓停止作戰，聲請所有會員國給予協助使議決案能夠實施。27 日，又決議美代表提案，向會員國建議對韓國給予援助，使能擊退武裝進攻。聯合國秘書長即據以通告各會員國並詢能給何種援助。「駐美大使」顧維鈞得知消息後，向「外交部長」葉公超發出一則電文，說明其看法，並請轉呈蔣介石與陳誠。顧維鈞指出，出

鮮之動因》，《漳州師範學院學報（哲學社會科學版）》2005 年第 1 期，第 92 頁）這個提法應該說是不準確的。臺灣所謂的國際地位並沒有因為提出出兵而提升，美國對臺援助的考量是為保臺以固遠東防線，與臺灣出兵朝鮮的表示沒有關係。事實上，臺灣當局出兵的意圖反而曾令美方為難、反感，令美國的若干盟友反對、恐慌。共和黨執政後，美國並未改變對臺灣出兵援韓的態度，反而結束原來的模糊態度，使臺灣方面清楚認識到此事斷難實現，遂放棄此念。

〔註 3〕顧維鈞電葉公超（1950 年 6 月 25 日），「顧維鈞檔案」，檔號：Koo_0147_B44-2_0018。

〔註 4〕《我代表發表聲明　支持美國提案》，《中央日報》1950 年 6 月 27 日，第一版。

〔註 5〕《我決以最友誼態度　盡力支持韓國》，《中央日報》1950 年 6 月 28 日，第一版。

〔註 6〕朝鮮戰爭爆發前夕，相關方面應曾詢問過蔣介石派兵援助的意見。當時的討論應是蔣介石交辦軍方進行的，沒有進入外交議程。

於對聯合國憲章的擁護、中國與高麗間的傳統友誼以及目前臺灣處境，對秘書長之通告「似宜予以最善意之答覆」，「凡我力所能及與防守臺灣情勢所許，深願供給最大量之軍援」，至何種軍援暫勿說明。同時，應將此意密告美政府，並表示臺灣海空軍力薄弱，惟陸軍如有需要尚能酌供援助，以探其意。如美政府原則上同意，則再商議具體辦法。顧維鈞認為美國對臺灣雖別有用心，但在反共與以聯合國名義號召集體抵抗「侵略」方面應善加運用。若朝鮮半島事態擴大，美國被迫調遣陸軍援韓，難免引起民眾不滿，此亦為美國政府所憂慮者。如能利用時機表示反共立場，願出師合作，相助美國。「雖彼未必歡迎，然我作此友好表示，或能稍解其種種芥蒂」，漸復以往親密關係。〔註7〕

顧維鈞為當時執行對美外交的重要人物，其看法頗能反映臺灣當局對美外交的心態。從顧的建議可以看出，出兵的考慮主要出發點是討好美國，而非一般所論「反攻大陸」等等目的。國民黨在大陸失敗之際，美國曾研討對臺政策，權衡得失後一度任臺灣自生自滅。自1949年12月到1950年初美國準備與臺灣「撇清關係」的態度顯露無疑。此後，雖然對蘇圍堵政策逐漸形成，臺灣對美國遠東戰略的意義在不同場合被予以強調，但是在大約半年的光景中，臺灣當局是在似乎已失去美國的孤立無助心態中度過。朝鮮戰爭的發生引起美國對所謂遠東共產主義威脅的高度關注，派來第七艦隊巡航臺海。這對於臺灣當局而言似乎是個改變命運的契機。美援自然是求之若渴的，在美國協助下「反攻大陸」若果能發生自然亦是有利之事，然而，當下來說，提出出兵只是種試探，這種試探是在為美國解憂的心態下取好於美國，希望改善臺美關係，使臺灣重新尋回美國的支持。在1950年8月臺灣當局的一份國是意見中，首條即明確：「我欲確保臺灣，固有賴於美援，欲反攻大陸，尤有賴於美援」，故外交政策，「實以對美外交為主」。〔註8〕

為表示對美意見的尊重，6月下旬在回覆聯合國秘書長提議時，臺灣方面只表達了願竭能協助之意，未提出兵。但在出兵一事上，臺灣方面開始同美方接洽，試探美方心意。29日凌晨，葉公超急電顧維鈞，囑其親譯一份密電，

〔註7〕顧維鈞電葉公超並轉蔣介石、陳誠（1950年6月28日發），「顧維鈞檔案」，檔號：Koo_0147_B44-2b_0025。

〔註8〕「當前國是意見與國際情勢」（1950年8月），「對美國外交（九）」，「蔣中正總統文物」，「國史館」藏，典藏號：002-080106-00031-004。

並面遞國務卿或副國務卿。電文稱臺灣當局「至願」派遣陸軍助戰南韓，盼美方迅將意見見示，並稱，業已訓令佔領軍駐日代表團團長朱世明向聯合國軍總司令麥克阿瑟將軍詢商具體辦法。顧維鈞接電後建議將「業已訓令」改為「正在訓令」，以示仍候美政府表示。〔註9〕同時，顧維鈞緊急約見副國務卿韋伯，因其有重要會議改約次晨，顧先去見了東亞局長臘斯克。顧維鈞提出臺灣方面擬盡力配備良好裝備，以一軍之力供麥帥統率襄助南韓，詢問美方意見。〔註10〕

在臺灣外交部門開始就出兵之事與美國交涉時，一些高層官員是比較謹慎的，特別是在美直接負責交涉的顧維鈞。在臺灣當時處境下，出兵援韓之事並不簡單，因而需要秘密穩步推進。在當時處境下，朝鮮戰爭似乎為臺灣命運的轉機提供了可能。取悅於美國只是最為直接的目的，連帶的目的不止一端。

「駐美大使館」的商務參贊劉大鈞曾擬出兵南韓意見書，指出出兵的好處：無論勝敗，只要參加，便可在國際局勢中獲得主動地位；參加援助，可表明反共立場，證明以往國共內爭也是出於這一立場，而非簡單的黨爭；出兵可表示擁護聯合國立場，打消一些人使中共入會的想法；臺灣出兵亦可促使中共公開幫助北朝鮮，由此「陣線自可分明」。〔註11〕這一意見書可反映出當時部分人的想法：出兵可表立場、可明陣線，無論勝敗皆於臺灣有利。朝鮮戰爭爆發伊始，在多方態度尚不甚明朗之際，〔註12〕臺灣方面有人想借機推動冷戰局勢發展，使兩大陣營的對抗態勢更加分明。如此，則臺灣的處境將不再孤立，其安全亦將更有保障。關於中共是否派兵援助朝鮮問題，對臺灣當局而言是個微妙的關鍵。各方情勢之下，中華人民共和國對於派遣志願軍

〔註9〕葉公超電顧維鈞（1950 年 6 月 29 日發），「顧維鈞檔案」，檔號：Koo_0147_B44-2a_0018；顧維鈞電葉公超（1950 年 6 月 29 日發），「顧維鈞檔案」，檔號：Koo_0147_B44-2a_0022。

〔註10〕顧維鈞電葉公超（1950 年 6 月 29 日發），「顧維鈞檔案」，檔號：Koo_0147_B44-2b_0024。

〔註11〕建議出兵援助南韓意見書，「顧維鈞檔案」，檔號：Koo_0147_B44-2a_0016。

〔註12〕6 月底時，中共尚未表態。7 月初，周恩來的首次表態也不算積極，他提出中國參戰的基本條件和方式是「美軍越過三八線」、「蘇聯空軍確保提供空中掩護」、「以志願軍的方式與美軍作戰」，當時並未認為中國與美國的較量是不可避免的。（參見〔韓〕金東吉、〔韓〕朴多晶《朝鮮戰爭初期中國出兵朝鮮決策及變化原因探析》，《史學集刊》2016 年第 4 期，第 71 頁。）

援助朝鮮的態度也在發生著不斷的變化。〔註13〕臺灣方面認為有必要對此項情報隨時關注、從詳發表。〔註14〕國共內爭開始被挾裹進入冷戰巨幕之下。

二、蔣介石的反應及判斷偏差

　　一般觀念及以往大多研究認為蔣介石始終願意並在力促出兵南韓的，事實有些出入。朝鮮戰爭發生後，美國迅速表明支持南韓的態度，並著手在聯合國促成聯合行動，這使臺灣不少人產生某些想法，有意介入，其中包括蔣介石身邊之人。而蔣本人是有所顧慮的。〔註15〕

　　1950 年 6 月 26 日，韓國方面傳來消息說，美國 P51 戰鬥機約十架即將到韓，但美方不願美籍人員參戰，韓方又無駕駛此種機型經驗者，因此韓方極盼臺灣方面派駕駛員赴韓助戰，美方似亦同意。而蔣介石的答覆是，「可予考慮」，惟望韓政府「先徵求美國之意見」。〔註16〕朝鮮戰爭發生後，在韓國方面盼臺灣派軍事技術人員助韓消息傳來後，蔣介石沒有貿然答應，而是希望韓國先徵求美國意見，並指示以此答覆應對韓方可能提出的請求。以此觀之，蔣介石與顧維鈞等人取好於美國的心理是一致的，美國希望，至少是不反對，才是臺灣當局出兵助韓的前提。

　　如果說此時蔣介石的顧慮主要是美國的態度，那麼很快蔣的顧慮又多了一重。6 月 29 日，孫立人呈函蔣中正，建議出兵援韓，自願擔任指揮官。孫立人指出目下臺灣本身既已獲美海軍巡弋，較為安全，可抽兩個軍，編組遠征軍赴韓，以此提高臺灣的國際地位。〔註17〕不但孫立人本人主動請纓，

〔註13〕研究指出，中共並不贊成金日成發動戰爭，也曾表示不過三八線中國不參與。由於美國派遣第七艦隊進駐臺灣海峽，造成中國國內政治和思想的動盪，因此希望早日派兵助朝。但蘇聯為使美國較長期地陷入亞洲戰場，反對中共派兵。9 月 15 日聯合國軍仁川登陸、戰局逆轉後，毛澤東傾向於以聯合國的和平談判或集結兵力「虛張聲勢」的戰略阻止美軍突破三八線。（參見〔韓〕金東吉、〔韓〕朴多晶《朝鮮戰爭初期中國出兵朝鮮決策及變化原因探析》，《史學集刊》2016 年第 4 期，第 81 頁。）

〔註14〕毛邦初、俞國華等致周宏濤轉蔣介石函（1950 年 6 月 30 日），「國防情報及宣傳（四）」，「蔣中正總統文物」，「國史館」藏，典藏號：002-080106-00011-008。

〔註15〕劉大鈞呈函（1950 年 6 月 29 日），「顧維鈞檔案」，檔號：Koo_0147_B44-2a_0016。

〔註16〕邵毓麟致蔣介石函（1950 年 6 月 26 日）及蔣介石覆函，「對韓國外交（二）」，「蔣中正總統文物」，「國史館」藏，典藏號：002-080106-00069-002。

〔註17〕孫立人呈蔣介石（1950 年 6 月 29 日），「對韓國外交（三）」，「蔣中正總統文物」，「國史館」藏，典藏號：002-080106-00070-002。

外界呼聲亦有不少。在顧維鈞的商務專員劉大鈞提出的意見書中，也建議自孫立人的精兵之中調派二三萬人助韓。〔註18〕孫立人在抗戰時期曾率遠征軍赴緬協同英、緬對日作戰，在國際上享有聲譽。孫欲傚仿從前，殊不知今非昔比。在國民黨兵敗大陸前後，蔣介石聲望嚴重受損，美國對有西方教育背景的孫立人寄予期望，希望由孫立人掌管軍事。國務院部分決策者甚至暗中策劃發動政變，以孫立人取代蔣介石。〔註19〕美國人對孫的器重為蔣所瞭解，雖在亟需美援的時期蔣給孫陸軍總司令兼臺灣防衛總司令的要職，但並未給孫相應的信任，孫與美方人士的交好在蔣看來皆是「挾外自重」的表現，孫對軍中政工工作的不配合也是蔣的一塊心病。30日，蔣在日記中寫道：「立人自告奮勇、躍躍欲試，惜其精神品格與思想皆令人可慮耳」。而在與陸軍總司令部政治部主任蔣堅韌談話後，「更覺立人司令部之紛亂可慮也」。〔註20〕

臺「外交部」將出兵之意洽詢美政府後，美國並未立即答覆。30日，「駐美大使館」又續遞第二備忘錄催詢，經國防部密告，白宮擬暫不決定是否同意臺灣出兵援韓，先調派駐日美軍赴韓援助。〔註21〕美國並未表態，僅將決定權推給了聯合國軍與盟總首領麥克阿瑟。〔註22〕雖有顧慮，蔣介石還是採取了某些準備的行動。6月30日，蔣與「國防部參謀總長」周至柔、「副參謀總長」郭寄嶠商談援韓部隊事，決以劉廉一軍為主幹，附以80軍之201師充實之。在外交部門交給美國白宮的計劃中，列出三萬三千的援韓人數，而蔣考慮的最大兵力是以十萬人以上為預備隊，同時，認為要求美國接濟的條件亦應速定。〔註23〕

未得支持表態便採取行動、制定方略，是基於蔣對大勢的一個判斷。蔣介石認為，若中共先參加北朝鮮作戰，則美國態度「自必大變」，不僅會要求

〔註18〕建議出兵援助南韓意見書，「顧維鈞檔案」，檔號：Koo_0147_B44-2a_0016。
〔註19〕State Department memorandum，Jan. 24，1951，in ROCA，reel 23，轉見林孝庭：《困守與反攻 冷戰中的臺灣選擇》，九州出版社，2017，第50頁。
〔註20〕《蔣介石日記》手稿，1950年6月30日。
〔註21〕顧維鈞電葉公超（1950年6月30日發），「顧維鈞檔案」，檔號：Koo_0147_B44-2a_0025。
〔註22〕顧維鈞電蔣介石函（1950年7月1日），「對美關係（六）」，「蔣中正總統文物」，「國史館」藏，典藏號：002-090103-00007-029。
〔註23〕《蔣介石日記》手稿，1950年6月30日、7月1日；中國社科院近代史所譯《顧維鈞回憶錄》第8分冊，中華書局，1989，第19頁。

臺灣出兵援韓，且將不再阻礙臺灣海空軍攻擊大陸。〔註 24〕對於中共參加朝鮮戰爭的可能，他頗有信心，連帶的推測是美國即將要求臺灣出兵乃為可以預期之事。朝鮮戰爭甫經發生，臺灣的決策者們似乎都有點按奈不住，外交部門急迫地催詢美方表態，而在出兵準備的行動中表現出某種不太恰如其分的自信。〔註 25〕中共抗美援朝後，儘管蔣介石看到美國受英國影響，欲求妥協，但仍試圖利用這一時機，促使美國支持臺灣反攻。11 月 10 日，蔣與臺灣當局駐日軍事代表團團長何世禮商討對策，認為若麥克阿瑟重新要求臺灣派軍援韓，可照前議允之，但必須要求美國解除阻止臺灣當局反攻大陸之宣言。13 日，蔣約見美國記者鮑爾聞（Hanson W. Baldwin），表示要制裁中共，只有讓臺灣反攻方能收效，反攻不需動用美國陸軍，只要以現在用在韓國的美國海空軍協助即可。〔註 26〕

應該說，蔣介石對美國態度和戰爭發展的推測是不太準確的。他認為美國未表明對臺灣出兵態度，〔註 27〕用意是壓制臺當局參加國際事務，「並非」擔心中共以此為由軍援朝鮮。基於對 1949 年以來心理情緒的積累，蔣介石仍懷著對不支持援助國民黨的美國國務院的怨恨，認為是「彼艾（奇遜）」的阻撓所致。而蔣對朝鮮半島戰事的影響給予了充分的估計，認為「第三次大戰是否從此開始，尚不可知」。〔註 28〕蔣介石認為美國不支持臺灣出兵是國務院艾奇遜的作用，事實不盡然。艾奇遜擔任國務卿時，固然採取了一系列對蔣介石不利的政策，令蔣對其頗有微詞。但在當時局勢下，即便換了國務卿，在臺灣出兵援韓一事的態度上也難有根本性改變。1952 年美國選出新總統後，要提名新的國務卿，杜勒斯與杜威（Thomas Edmund Dewey）皆有可能。「外交部長」葉公超認為美國遠東政策與國務卿人選關係不大，其政策的關鍵取決於友邦態度及

〔註 24〕《蔣介石日記》手稿，1950 年 7 月 1 日。
〔註 25〕在未得美方消息的 6 月 30 日，臺灣方面已有較為詳細的派遣地面部隊計劃。見中國社科院近代史所譯《顧維鈞回憶錄》第 8 分冊，中華書局，1989，第 17 頁。
〔註 26〕《蔣介石日記》手稿，1950 年 11 月 10、13 日。
〔註 27〕蔣介石在這一天的日記使用了大量情緒化的字眼。對於「駐美大使館」傳來的美國對於臺灣出兵事「暫不決定」的消息，蔣介石使用了「竭力阻止」一詞。7 月 2 日，顧維鈞在另一則電文中使用了「婉卻」一詞，似更為合適。（見顧維鈞電葉公超（1950 年 7 月 2 日發），「顧維鈞檔案」，檔號：Koo_0147_B44-2a_0029。）
〔註 28〕《蔣介石日記》手稿，1950 年 7 月 1 日。

國內輿情等因素。友邦態度主要以英國態度為重點，新當選的總統艾森豪威爾素來對丘吉爾（Winston Leonard Spencer-Churchill）敬服，今後遠東政策可能仍將受英國牽制；國內輿情自然是希望和平解決朝鮮半島問題減少流血。〔註29〕相對於蔣介石情緒化的推論，葉公超的判斷更為理性，頗接近事實。

　　蔣介石對蘇聯也帶有強烈情緒，認為美國在 1940 年代後期執行的所謂「倒蔣扶共」與蘇聯的影響有關，中共進攻臺灣是受蘇聯「指使」，北朝鮮進攻南韓也是受蘇聯「主使」，〔註30〕而蘇聯「主使」朝鮮半島爭端與「主使」中共攻臺是類似事件。退臺後蔣介石有守住最後基地的決心，對外界高舉反共抗俄旗幟，對此種觀點並未有所掩飾。朝鮮戰爭已引起聯合國干涉，蔣介石希望將臺海衝突與朝鮮半島爭端混為一談，以此獲得國際上的支持，改變臺灣命運。在此心理下，蔣介石在演說中公開宣講說朝鮮戰爭「完全是由於蘇俄在幕後操縱主使」，建議聯合國應明白指控俄國為「主犯」。〔註31〕蘇聯「主使」北朝鮮南攻的看法固然在相當程度上也為美國認同，但美國此時不希望同蘇激化矛盾，因而傾向保持緘默。〔註32〕蔣介石在此間對蘇的指控，在美看來有「唯恐天下不亂」之嫌。對待朝鮮問題過程中，在具體處理方式和態度掌控方面，蔣介石與美國官方態度不太合拍。

　　蔣介石的判斷偏差，還與一些人有失妥當的建議有關。在出兵問題上，除了專門從事外交的人員彙報情況、分析時局外，還有部分非外交人士參與其中，包括常駐美國的空軍副司令毛邦初、在美擔任華盛頓國際復興開發銀行副執行董事的俞國華等。關於臺灣是否派兵，美國一直有兩種聲音。有些時候，支持出兵的聲音甚至蓋過反對的聲音。駐美官員若非專職外交人員，很可能對各種利害與關係並不瞭解。根據某種表面現象，他們往往給出錯誤訊息和建議。例如，1950 年 8 月，毛邦初等人致電蔣介石，指出蔣廷黻演講指陳蘇聯陰謀深為

〔註29〕葉公超電臺北陳誠（1952 年 11 月 10 日發），「顧維鈞檔案」，檔號：Koo_0147_
　　　　B44-2b_0010。
〔註30〕《蔣介石日記》手稿，1950 年 1 月 26 日，1 月 23 日，6 月反省錄。
〔註31〕《聯合國對韓國戰事應有之警覺與措置》（1950 年 7 月 3 日），秦孝儀主編《先總統蔣公思想言論總集》卷 23，臺北：中國國民黨中央委員會黨史委員會，1984 年 10 月，第 315 頁。
〔註32〕國民黨當局在 1949 年 9 月即向聯合國提出「控蘇案」，指控蘇聯違背 1945 年的條約和聯合國憲章，支持中共打內戰。美國雖承諾原則上支持，但其實並不看好，試圖打消該提案。1950 年國民黨當局再次向聯合國提出，這一次美國態度有所改變，但仍有保留，該案未獲通過。

輿論贊許，宜採為我方宣傳重點。〔註33〕同月，俞國華等電蔣介石美已有中共援助朝鮮證據，美國安理會代表公開指謫中共，足證美國對臺政策的轉變僅為時間問題。〔註34〕蔣介石在 8 月下旬抱有這樣的看法：「美國軍民反共恨俄之心理與形勢已經造成，杜、艾如不順從公意，彼將無法控置（制）軍政，故不患其援臺之態度有所變更」，此等想法或多少與這些電文有些關聯。〔註35〕在此間「外交部」提出的意見中，也特別提到此點，認為「在美活動之官方及半官方人士為數孔多，殊非外交部所能控制，此點實有改善必要」。〔註36〕

三、從對麥克阿瑟訪臺的不同表述看去

1951 年 4 月，在民眾中擁有頗高聲望的麥克阿瑟被撤去盟軍最高統帥、聯合國軍總司令等職，轟動一時。此事與臺灣當局出兵援韓之事頗有關聯。1950 年 7 月 31 到 8 月 1 日，麥克阿瑟對臺灣進行了短暫的訪問，此行目的是溝通臺灣防務問題及臺美軍事聯絡問題，此外，轉達美方對於臺灣出兵援韓一事的看法亦是重要目的之一。令人詫異的是，臺美兩方對麥克阿瑟訪臺事的表述重點並不相同。從臺灣方面的資料看，麥氏在出兵事上並未達到美政府所託任務，反映出不久以後麥氏被免職一事之端倪。另一方面，蔣介石及其部署在此事上的理解偏差和錯誤判斷，以及臺灣方面的宣傳之誤亦可見一端。

朝鮮戰爭發生後，蔣介石邀請麥帥訪臺，因戰事等因麥克阿瑟遲了一段時間才去。赴臺之前，麥帥與何世禮先進行了面談，並囑其傳話給蔣。此次會面的大意在 7 月 7 日麥克阿瑟政治顧問塞巴爾德（William Joseph Sebald）致國務卿的信函中有所說明。信中說據麥克阿瑟稱，他向何世禮充分解釋了他關於臺灣方面提議的看法，即：「他完全贊同華盛頓的觀點，即目前不應削弱對臺灣的防禦」，「由於國民黨準備向南韓提供的軍隊沒有炮兵、運輸、後勤支持和彈藥，在目前情況下的韓國前線上不會有效。」〔註37〕

〔註33〕毛邦初等電蔣介石（1950 年 8 月 23 日發），「我與聯合國」，「蔣中正總統文物」，「國史館」藏，入藏登錄號：002000002090A。

〔註34〕俞國華等電周宏濤轉蔣介石（1950 年 8 月 9 日發），「國防情報及宣傳（四）」，「國史館」藏，入藏登錄號：002000001234A。

〔註35〕《蔣介石日記》手稿，1950 年 8 月 28 日。

〔註36〕「當前國是意見與國際情勢」（1950 年 8 月），「對美國外交（九）」，「蔣中正總統文物」，「國史館」藏，入藏登錄號：002000001254A。

〔註37〕The Acting Political Adviser in Japan (Sebald) to the Secretary of State, July 7, 1950, *FRUS, 1950. East Asia and the Pacific*, Volume VI, Washington, D.C.: U.S.

　　8月3日，美、英、法代表在巴黎就朝鮮半島危機等相關問題進行會談。法國外交部秘書長帕羅迪（Alexandre Parodi）詢問麥帥訪臺目的，美國外交官波倫（Charles E. Bohlen）答麥克阿瑟訪臺首先是要確定島上部隊的安置和軍事防禦的情況，其次是答覆蔣所提出的國民黨軍隊在韓國使用之事，美國希望看到他們留在臺灣保衛自己的島嶼，他的訪問沒有政治性質。〔註38〕

　　由此，在朝鮮戰爭之初，面對臺灣方面希望援助的表示，美方雖然將決定權推給麥帥，但其實美政府是有態度的，那就是不願臺灣出兵。礙於權責所限，美政府希望借麥克阿瑟之口表達美方態度。在麥帥訪臺後所發聲明等新聞稿為外界所瞭解之前，美方人員向盟友的解釋是不支持臺灣出兵的。據美方資料，麥氏對身邊的美方人員表示，已通過中間人傳達給臺灣方面不贊成出兵的訊息。不願臺灣出兵的意見是美國及其盟友關注的重點，故在各項材料中，雖有時僅有寥寥數語，亦必清楚說明此點。

　　然而，根據臺灣方面的資料，我們卻得到不同的印象。在7月2日訪臺時，美國前海軍上將柯克（Charles M. Cooke Jr.）告訴蔣介石，盟軍盼臺灣提供戰車與大炮支持，至於如何援韓，要待與國務院接洽後再行通知。蔣據此推測，此意是麥帥與國防部長的決定，且應已得國務院同意。〔註39〕15日，何世禮致臺北的電文，指出「為自衛計」，對中共艦隻可盡量擊毀；若海峽以西島嶼遭攻擊，當用海陸空全力殲滅之；並認為中共正在修建福州機場事萬分嚴重。18日，麥氏通知何世禮，關於轟炸中共福州機場及大陸軍隊集中地帶事，因與美總統6月27日通告違背，美方不能同意採此行動。〔註40〕8月1日，麥克阿瑟與蔣等人面談時，周至柔提出不能主動轟擊大陸機場及基地的問題，麥氏稱臺灣軍隊對大陸之活動，美國不久當有明確表示。蔣介石據此理解為：將要變更杜魯門27日的聲明，將不限制臺灣對大陸的攻擊。〔註41〕

Government Printing Office, 1976, p370.

〔註38〕Minutes of a Meeting by Representatives of France, the United Kingdom, and the United States in Paris on August 3, 1950, *FRUS, 1950. East Asia and the Pacific*, Volume VI, Washington, D.C.: U.S. Government Printing Office, 1976, p409.

〔註39〕《蔣介石日記》手稿，1950年7月2日。

〔註40〕何世禮電王世杰轉蔣介石（1950年7月15日發）、何世禮電王世杰並抄周至柔（1950年7月18日發），「美政要來訪（五）」，「蔣中正總統文物」，「國史館」藏，典藏號：002-080106-00056-003。

〔註41〕《蔣介石日記》手稿，1950年8月1日。

在較早的談話中，柯克雖表示希望臺灣方面就近提供軍械武器支持，但其意並未暗示臺灣出兵。麥克阿瑟也曾強調杜魯門避免臺海衝突的聲明，反對轟炸大陸軍事基地的提議。但臺灣方面的記錄，無論蔣介石本人所記文字還是何世禮的電文，卻隻字未提美國在臺灣出兵援韓上的猶疑之意。而蔣的歷次推測竟也都顯示出十足的樂觀。

翻看麥帥訪臺時的臺灣官報，更是得到與當時及後來局勢相去甚遠的印象。麥帥訪臺，確定臺美軍事合作要目，臺灣當局要人紛紛發表看法，對該事件賦予重大的、積極的意義，認為美國加緊遠東防務、臺美關係趨好。大幅漫畫以臺美同舟共濟、「雙槍齊發」之意示人，表示麥帥此行的「劃時代」意義，臺灣人民「歡欣感奮」的體現表現得淋漓盡致。觀察家認為美國要對蘇聯陣營「算總帳」，「第三次大戰已不可避免」。麥克阿瑟離開臺灣之前，曾發一則聲明，這個聲明也在 8 月 2 日的報紙中有刊載。聲明以碩大標題書寫「麥帥發表赴臺聲明　負責執行協防臺灣決策」，仔細查看小字內容，發現還有不贊成臺灣援韓的表態的。原文道：「有關各方咸信此時不宜採取是項行動，以免臺灣之防務，因而發生嚴重之威脅」。〔註42〕

整體看去，關於不宜出兵的表示被淹沒在形勢大好的議論之中。報紙為宣傳之用，突出利好淡化消極自為應有之意。然而，在麥氏訪臺一事上，此種區別處理的程度似乎太過。在考慮到此前臺灣民眾極度消極亟需此種鼓舞的因素之外，以蔣介石為首的臺灣當局未能進行理性判斷和正確應對亦為原因之一。蔣介石、何世禮等人均注意到其他細節，對目前不宜出兵事卻都不約而同地進行了忽略。其因蓋有：一、麥克阿瑟表述重點未能突出；二、蔣氏等人未能重視此義，且認為美國政策將變，會很快放開臺灣當局手腳，不宜出兵只是暫時之義。

關於第一點原因，統觀麥克阿瑟於朝鮮戰爭爆發前後的一些言論，或許會更好理解。朝鮮戰爭發生前，麥克阿瑟提交了一份備忘錄，充分說明臺灣的重要性。他認為若臺灣落入敵手，會成為其不沉的航空母艦，使蘇聯完成攻擊戰略，並配合對沖繩和菲律賓美軍的反擊。〔註43〕事實上，艾奇遜是不

〔註42〕《中央日報》，1950 年 8 月 1 日、2 日，第 1、2 版。
〔註43〕 Memorandum on Formosa, by General of the Army Douglas MacArthur, Commander in Chief, Far East, and Supreme Commander, Allied Powers, Japan, June 14, 1950, *FRUS, 1950. Korea*, Volume VII, Washington, D.C.: U.S.

贊成麥氏訪臺的，他認為臺灣未來的地位可能要由聯合國解決，美國不應與蔣介石關係過密。〔註44〕在赴臺之前，麥克阿瑟雖然表面上接受了總統的意見，但內心並不十分認同，「沒有完全的信念」。〔註45〕從臺灣方面的記錄看，至少可以推測，麥克阿瑟並未強調美方不願臺灣出兵之意。

　　1950 年 9 月，聯合國軍仁川登陸，美國聲望達到一個高峰。然而，聯合國軍的困境不久就又顯露。11 月，英國朝野對中共的參戰極為關切，深恐陷入亞洲戰爭無法脫身，左翼痛責麥克阿瑟，認為此種千鈞一髮局面由麥氏造成，要求換帥。〔註46〕英聯邦多數受英法影響，不惜做出一定讓步如設立緩衝區以實現朝鮮半島局部和平，甚至相信中蘇間已有裂痕、不排除若干條件下中共走向鐵託之路的可能。〔註47〕1951 年 1 月，美國駐英大使指出，英國人認為美國支持蔣介石和李承晚，這種「支持」表明美國正在將亞洲的社會動盪和蘇聯陰謀混為一談。在目前的危機中，麥克阿瑟處於關鍵的政治和軍事地位，加劇了英國人的擔憂。〔註48〕在盟友及內部反對者的壓力之下，麥克阿瑟與美國總統及國務院的分歧日顯。1、2 月間，一輪主張使用臺灣軍隊赴韓參戰或反攻大陸的說法被媒體披露，其中亦有麥克阿瑟的主張。2 月 8 日，當問到麥帥是否有此建議時，杜魯門加以否認。〔註49〕4 月 11 日，杜魯門採取非常措施，電令麥氏免職。

Government Printing Office, 1976, p162.

〔註44〕Memorandum of Conversation, by the Ambassador at Large (Jessup), June 25, 1950, *FRUS, 1950. Korea*, Volume VII, Washington, D.C.: U.S. Government Printing Office, 1976, p158.

〔註45〕Extracts of a Memorandum of Conversations, by Mr. W. Averell Harriman, Special Assistant to the President, With General MacArthur in Tokyo on August 6 and 8, 1950, *FRUS, 1950. East Asia and the Pacific*, Volume VI, Washington, D.C.: U.S. Government Printing Office, 1976, p427.

〔註46〕顧維鈞電「外交部」（1950 年 11 月 10 日發），「顧維鈞檔案」，檔號：Koo_0147_B44-2a_0012。

〔註47〕「外交部」電顧維鈞（1950 年 11 月 25 日發），「顧維鈞檔案」，檔號：Koo_0147_B44-2a_0002。

〔註48〕The Ambassador in the United Kingdom (Gifford) to the Secretary of State, January 20, 1951, *FRUS, 1951. Europe: political and economic developments (in two parts)*, Volume IV, Part 1, Washington, D.C.: U.S. Government Printing Office, 1985, pp.895～896。

〔註49〕顧維鈞電葉公超（1951 年 2 月 9 日發），「顧維鈞檔案」，檔號：Koo_0147_B44-2b_0021。

四、美國的顧慮與臺美分歧

朝鮮戰爭發生不久，臺灣當局檢討外交，提出應「避免製造第三次世界大戰之嫌，免使美方疑我為利用美國為我火中取栗」。〔註50〕儘管他們意識到此點，面對「千載一時」之機，還是難以做到絲毫不露痕跡。無疑，局勢擴大、美國更多介入，對當時的臺灣當局而言是有利的。臺灣方面使朝鮮戰爭擴大的願望與美國使戰爭限於局部的想法有著根本分歧。

美國不希望引起蘇聯和中共參戰的興趣，蘇聯的參戰意味著第三次世界大戰爆發，中國的參戰也會大大延長令美軍陷在東亞戰場的時間。朝鮮戰爭一觸即發之時，在安理會的緊急會議中，美國沒有提及蘇聯，南韓也沒有明言蘇聯為幕後主謀。因此顧維鈞與駐聯合國代表蔣廷黻商議，認為不宜再進一步向安理會指控蘇聯主使北朝鮮進攻南韓與中國情況相同，以免使美國認為臺灣有意擴大戰爭而生反感。〔註51〕自然，外交人員建議沒有很快地在蔣介石身上產生作用，臺灣主流媒體亦不明其理，依然在宣揚「蘇聯陰謀」。〔註52〕

為儘量降低中國人民解放軍干預朝鮮戰事的可能性，美政府一再表示：美國無意侵犯中國邊境，無意對中國採取挑釁行為。〔註53〕為穩固新中國政權，中國人民志願軍在 1950 年 10 月赴朝鮮作戰，美軍的困難大為增加。麥克阿瑟表示，今後應如何應付，已超越聯合國軍總司令職權範圍，當由聯合國及世界各政府設法解決。〔註54〕然而，即便在美國不少人頗有情緒的情況之下，也認為不宜公開指責蘇聯，以免造成美蘇激烈對抗，避免蘇聯趁機在歐洲發起戰爭。〔註55〕畢竟，相較於亞洲而言，歐洲的戰爭是美國及其盟友

〔註50〕「當前國是意見與國際情勢」（1950 年 8 月），「對美國外交（九）」，「蔣中正總統文物」，「國史館」藏，典藏號：002-080106-00031-004。下句「千載一時」一詞亦出自此文件。

〔註51〕顧維鈞電葉公超(1950 年 6 月 24 日發)，「顧維鈞檔案」，檔號：Koo_0147_B44-2_0017。

〔註52〕如《聯合國應正告世界 宣布蘇聯侵略陰謀》，《中央日報》1950 年 7 月 4 日，第一版。

〔註53〕Letter to Ambassador Warren Austin Restating the U.S. Position on Formosa, Aug. 27, 1950, *Public Papers of The Presidents of the United States*, United States Government Printing Office, Washington, 1965, p599.

〔註54〕顧維鈞電「外交部」(1950 年 11 月 28 日發)，「顧維鈞檔案」，檔號：Koo_0147_B44-2a_0008。

〔註55〕顧維鈞電「外交部」(1950 年 11 月 28 日發)，「顧維鈞檔案」，檔號：Koo_0147_B44-2a_0007。

更不希望看到的。11 月 15 日，艾奇遜在國務院會上強調緩和中共領導人對美國關於中國東北及鴨綠江任何一側領土終極目的的誤解和焦慮。〔註 56〕次日，杜魯門對記者表示：任何時候，美國都不會抱有把戰爭引向中國的意圖；美國願意採取一切體面的措施，以防止遠東地區衝突的擴大。〔註 57〕28 日，美國參眾兩院外交委員會報告局勢，認為「蘇聯實為北韓及中共主謀，但此時尚不擬公然加以咎責」。〔註 58〕

1950 年 9 月，聯合國軍在朝鮮戰場取得重大勝利，仁川登陸後經過十天的戰鬥，拿下漢城。西方主流媒體認為這是朝鮮戰爭爆發時並不曾預料到的「決定性」的勝利。此時，無論蘇共還是中共，並未表現出準備介入的意向。蘇聯希望中共派兵援助朝鮮，這是在西方已普遍形成的看法。此時，中共表現出的鎮定，在西方媒體眼中別有意味。美國外交界紛紛推測中蘇關係，一些評論員認為艾奇遜最近所表達的觀點——「中國人首先是中國人，然後才是共產黨人」，很可能會實現。〔註 59〕在中國與蘇聯之間尋求裂縫，並試圖將其擴大，是美國部分人士在冷戰局勢中不曾熄滅的一絲希望。漢城之役後的數日，這個希望為更多人持有，曾主導對日作戰的美國海軍上將尼米茲（Chester William Nimitz）對記者公開表達相信中蘇會分裂的看法。〔註 60〕期望中國成為鐵託，不但是英法等國的願望，也是美國的一個願望，只不過在不同形勢下表現有強有弱而已。在此心理之下，自然要避免某些勢必使事態複雜化與嚴重化的舉動，譬如允許或鼓勵臺灣出兵援韓。

1951 年 4 月底、5 月初，在國際社會特別是參與派遣聯合國軍的國家呼籲通過談判結束戰爭的聲音不斷高漲背景之下，美國通過一系列文件，重新考慮在亞洲特別是在朝鮮半島的政策，強調在軍事行動的同時尋求政治處置

〔註 56〕Editorial Note, *FRUS, 1950. Korea*, Volume VII, Washington, D.C.: U.S. Government Printing Office, 1976, p1158.

〔註 57〕The President's News Conference of November 16, 1950, *Public Papers of The Presidents of the United States*, United States Government Printing Office, Washington, 1965, p712.

〔註 58〕顧維鈞電「外交部」（1950 年 11 月 28 日發），「顧維鈞檔案」，檔號：Koo_0147_B44-2a_0003。

〔註 59〕新華社參考消息組編印《內部參考》，1950 年 9 月 28 日（第二三四號），第 167～168 頁。

〔註 60〕新華社參考消息組編印《內部參考》，1950 年 9 月 28 日（第二三四號），第 168～169 頁。

的方案。雖然出於種種考慮，美國並不打算太早達成和平，〔註61〕但是無論戰事如何進行、談判如何遲緩，政治解決的目標是不變的。6 月 23 日，聯合國蘇聯代表馬利克（Yakov Malik 或 Jacob Malik）於電臺抨擊美國擴充軍備意存對蘇作戰，違反和平，末段倡議和平解決朝鮮戰爭，各自於卅八緯度撤軍。消息傳播，風動世界，輿論認為蘇聯代表表示願意不附政治條件解決朝鮮戰爭，此為第一次。杜魯門為此撤回準備於朝鮮戰爭一週年紀念日發表的演說稿，擬根據蘇聯的和平提議加以修改。〔註62〕和平之門已露曙光，另一方面美國正面臨歐洲中東危機及國內壓力，正熱望政治解決朝鮮戰爭，公開指責蘇聯之舉更不合時宜。

　　臺灣方面所設想的出兵援韓在討好美國這一直接的初衷外，還或多或少附帶有條件。劉大鈞的出兵意見書提到：「美國屆時需要我國增派軍隊，則我可提出條件，要求軍機及軍費之協助」。〔註63〕這樣的想法在臺灣方面很是普遍。顧維鈞在最初與美方就此事的接觸中，亦有請美國配備援韓臺軍及提供運輸船隻之請。〔註64〕據其回憶，何世禮曾在多年後向其提及，在朝鮮戰爭即將發生時，麥克阿瑟曾派柯克接洽臺灣，要求派兵援助。在具體會商時，因臺灣方面想趁機要求遠征軍的武器、給養，雙方相持不下，以致錯過時機。〔註65〕1951年 2 月，負責立法事務的助理國務卿馬克福樂（Jack K. Mcfall）答覆共和黨議員致總統函，提出不宜贊成臺灣出兵的幾點理由，其中提到臺灣軍隊「反攻大陸或赴韓參戰之裝備必須出自美國，不如用以裝備較多之韓人為解放其國家而戰」。〔註66〕更甚者，臺灣方面擬以由美勸說英國撤銷對新中國的承認作為條件

〔註61〕這些考慮如為使國會批准巨額軍事預算以繼續增強對蘇爭霸的軍事實力，如不希望在對日媾和前達成和平局面以增加中蘇的份量等等，參見沈志華等著《冷戰時期美國重大外交政策案例研究》，經濟科學出版社，2014，第 108、119〜123 頁。

〔註62〕顧維鈞電葉公超（1951 年 6 月 24 日發），「顧維鈞檔案」，檔號：Koo_0147_B44-2_0004。

〔註63〕建議出兵援助南韓意見書，「顧維鈞檔案」，檔號：Koo_0147_B44-2a_0016。

〔註64〕顧維鈞電葉公超（1950 年 6 月 29 日發），「顧維鈞檔案」，檔號：Koo_0147_B44-2b_0024。

〔註65〕中國社科院近代史所譯《顧維鈞回憶錄》第 8 分冊，中華書局，1989，第 79〜81 頁。

〔註66〕顧維鈞電「外交部」（1951 年 2 月 1 日發），「顧維鈞檔案」，檔號：Koo_0147_B44-2b_0022。

之一。〔註67〕朝鮮戰爭之初，美國軍方雖有使英國撤銷承認中共的主張，〔註68〕但若要在美國內部統一意見，並成功改變英國外交決策，無疑將是困難重重。

美國對臺灣當局出兵助韓還有基於臺灣防務的顧慮。1950 年 6 月中旬，中央情報局主掌特別行動的局長特別助理佛梯埃（Louis J. Fortier）提醒何世禮注意馬公安全，認為中國人民解放軍封鎖汕頭，可能超越金門徑襲馬公，而後在高雄以南登陸，如此則全臺危險，並再三囑咐報請蔣介石注意。馬公曾為日海軍重要基地，戰略意義重大，若落於中共之手，美國的太平洋防線將受影響。〔註69〕朝鮮戰爭發生後，美國對臺灣本身的安全至為緊張，對大陸攻臺的可能性及軍事動向的警惕程度不亞於臺灣軍方。由於第七艦隊已開進臺灣海峽，而臺灣當局頗有摩拳擦掌派兵援韓之勢，某些時候美方對臺灣安危的警覺甚至高於臺灣方面。26 日，在與杜勒斯的談話中，何世禮認為中共若從上海攻臺損失很大，但若將大量部隊集結福建沿海卻非易事，這一樂觀的看法並不為杜勒斯所認同。而臺灣所報軍隊的人數超出了美方瞭解的情況，亦為美所疑惑。〔註70〕國民黨軍隊的戰鬥力同樣不為好看。美國駐臺武官曾向政府報告，臺灣軍隊有共產黨的滲透，隨時可叛變，其戰鬥力之薄弱不能有二小時之久。〔註71〕美方認為，臺灣軍隊的主要任務是保衛臺灣，其「與中共軍力之對比至少為八比一，且兵源補充不易，中共雖派大軍入韓但沿海及內陸仍有重兵駐守，且由內地增援亦易」。〔註72〕在 29 日的國家安全會議中，凱南首先發言，指出「中共對我們措施的反應是敵對和挑釁的，表明他們有可能進攻臺灣」。〔註73〕第七艦隊雖已開進臺灣海峽，戰鬥力大為提

〔註67〕葉公超電胡次長轉呈陳誠（1952 年 11 月 25 日發），「顧維鈞檔案」，檔號：Koo_0147_B44-2b_0009。

〔註68〕顧維鈞電蔣介石（1950 年 6 月 30 日發），「國防情報及宣傳（四）」，「蔣中正總統文物」，「國史館」藏，典藏號：002-080106-00011-003。

〔註69〕何世禮電王世杰並轉蔣介石、周至柔（1950 年 6 月 12 日發），「對美國外交（九）」，「蔣中正總統文物」，「國史館」藏，典藏號：002-080106-00031-002。

〔註70〕何世禮電王世杰轉葉公超（1950 年 6 月 26 日發），「對美國外交（九）」，「蔣中正總統文物」，「國史館」藏，典藏號：002-080106-00031-002。

〔註71〕1950 年 7 月 20 日條，呂芳上主編：《蔣中正先生年譜長編》，「國史館」、中正紀念堂、中正文教基金會，2015，第 526 頁。

〔註72〕顧維鈞電「外交部」（1951 年 2 月 1 日發），「顧維鈞檔案」，檔號：Koo_0147_B44-2b_0022。

〔註73〕Memorandum of National Security Council Consultants' Meeting, Thursday, June 29, 1950, *FRUS, 1950, National security affairs; foreign economic policy*, Volume

升，但並不能完全保證應對一切軍事危機。在臺灣可能受到攻擊的情況下，基於對臺灣自身軍力的不信任，美國認為國民黨的軍隊應留下來確保臺灣。

此外，同意臺灣方面出兵援韓還有諸多操作中的困難，美國原本是借聯合國實施干涉，當時的聯合國對於臺灣當局代表權的問題本身就無法統一意見，在其派兵參加聯合國軍問題上亦將意見紛紜。〔註74〕

五、出兵之議從沸揚到漸趨平息

臺灣出兵南韓之事被討論了頗久，除臺灣自身利益影響外，美國態度曖昧是一重要原因。在大約兩年多的時間裏，美國對臺灣出兵援韓之事沒有正式的表態。輿論上，國務院艾奇遜身邊的民主黨人往往保持緘默，而軍方和國會中的共和黨人又常有歡迎或支持臺灣向南韓派兵以助美軍的表示。這種支持甚至鼓動主要表現在兩方面：一種是因美國兵力不足而有所提議；一種是親臺反共者基於政治立場的主張。在特定時期，通過臺灣出兵援韓而使中共陷於困境的主張成為部分人爭取選票的工具。

在臺灣外交部門最初向美方徵求出兵意見，急於得到答覆而無果時，顧維鈞從國防部長約翰遜（Louis A. Johnson）那裡探得消息。約翰遜解釋說，美軍在朝鮮作戰實際上是在執行聯合國的決議。麥克阿瑟雖是美國代表，但也是聯合國軍總司令，美國政府不能命令他是否接受臺灣軍隊援助。〔註75〕鑒於約翰遜提到的權責問題以及美國並未明確表示反對的態度，顧維鈞認為「似可將願派兵一層正式答覆聯合國秘書長，並向安理會正式聲明以示我竭誠擁護聯合國決議之至意」。〔註76〕在臺灣是否派兵援韓的問題上，美國軍方態度較傾向於支持。約翰遜對顧維鈞的解釋沒有透露出更多含義和顧慮，故頗使臺灣方面安心，對美國將會同意其出兵抱有希望。

美國介入朝鮮戰事並未經過審慎討論，而是為應對突發情況的緊急決定。朝鮮戰爭驟然發生，杜魯門採納軍方建議，當時國務院是有異議的，因大勢

I, Washington, D.C.: U.S. Government Printing Office, 1977, p327.

〔註74〕顧維鈞電「外交部」（1950 年 7 月 8 日發），「顧維鈞檔案」，檔號：Koo_0147_B44-2_0013。

〔註75〕中國社科院近代史所譯《顧維鈞回憶錄》第 8 分冊，中華書局，1989，第 18～19 頁。

〔註76〕顧維鈞電葉公超（1950 年 6 月 30 日發），「顧維鈞檔案」，檔號：Koo_0147_B44-2a_0025。

所趨才未堅持。在此之前，美國遠東政策失敗，深受輿論譴責，此次行動果斷亦是為使輿論改觀。然而，為維持美國及聯合國威望，一旦開始執行聯合國決議，決難中途放棄。執行中，美國要在遠東取得戰爭勝利是要付出巨大代價的。為減少美軍損失，其他地區特別是亞洲地區出兵相助是被美國輿論和部分美方要人所倡導和歡迎的。朝鮮戰爭初期，戰況對南韓不利，戰事的艱難程度令美國感到棘手。在臺灣「外交部」以備忘錄提出派兵意見後，美國起初是婉拒的，建議臺灣徵詢麥克阿瑟意見。但幾天後突又催詢趕辦，顧維鈞推測，是因為南韓軍事不甚順手、美軍喪亡日增，為免美國民眾反響轉壞甚至指責政府，美政府才欲公布交涉情況，以解民眾對未立即接受臺灣派兵提議的疑惑。〔註77〕

　　1950年10月，朝鮮戰局向有利於聯合國軍的方向轉變。如無外力加入，戰爭可能會迅速結束。〔註78〕然而，中共的參戰令美軍重新陷入艱難處境。11月27日，中國人民志願軍在朝鮮東北部的長津湖包圍聯合國軍，抗美援朝第二次戰役中的一場決定性戰鬥打響。美軍在朝鮮戰場遭遇的困難令28日國會的討論出現激烈極端的言辭，有人提出應致最後通牒，警告中共如不撤兵即用原子彈對付；有人提出，給臺灣當局充分軍援，並派軍事代表團赴臺，協助出兵援韓事宜。〔註79〕同日，馬歇爾在全國婦女報界俱樂部演說，謂中共已開始大規模行動，其嚴重情勢不僅限於北韓，還將遍及世界。聯合國必須立即採取措施，以期避免大戰，但「倘不能免，則美國唯有全面出動」。〔註80〕對於中國軍隊的參戰，美國政府對外表現出強硬姿態，30日，杜魯門答記者問，謂必要時凡有武器均擬施用。〔註81〕

　　1951年10月19日，柯克在參議院指謫美當局拒絕臺灣派兵赴韓參戰主

〔註77〕顧維鈞電葉公超（1950年7月2日發），「顧維鈞檔案」，檔號：Koo_0147_B44-2a_0030，Koo_0147_B44-2a_0031。

〔註78〕《王叔銘日記》（1950年10月24日），「王叔銘檔案」，中研院近史所檔案館藏，館藏號：063-01-01-007。

〔註79〕顧維鈞電「外交部」（1950年11月28日發），「顧維鈞檔案」，檔號：Koo_0147_B44-2a_0003。

〔註80〕顧維鈞電「外交部」（1950年11月28日發），「顧維鈞檔案」，檔號：Koo_0147_B44-2a_0006。

〔註81〕The President's News Conference of November 30, 1950, *Public Papers of The Presidents of the United States*, United States Government Printing Office, Washington, 1965, p727.

張，請其政府速即糾正，以舒美陸軍兵力之不足。〔註82〕出兵之議討論頗久，直到1952年7月，美國要人還向顧維鈞傳遞著美軍方大員主張臺灣軍隊參加朝鮮戰爭的消息。據悉，美空軍次長向杜魯門表示，聯合國軍總司令克拉克（Mark Wayne Clark）將軍、太平洋空軍司令魏倫（Otto Paul Weyland）等軍方巨頭因頗感後備兵不足，均主張商用臺灣軍隊前往南韓參戰，而杜魯門頗為動容。〔註83〕

朝鮮戰爭使美國付出沉重代價，在野的共和黨趁機表達對杜魯門拒絕臺灣出兵的不滿，甚至主張支持臺灣反攻大陸，以此支持韓國戰場。1951年3月，美眾議院共和黨議長馬丁（Joseph William Martin, Jr.）在波士頓演說，主張美國應即運用臺灣軍隊在中國大陸開闢第二戰場，使中共無法應付兩面作戰。〔註84〕赴韓美軍輪流調回美國休息或退伍，因兵力不足，甚而發生將未經訓練的炮兵隊派充步兵前往火線作戰的情況。為此，1951年10月下旬，美猶他州共和黨參議員在參議院提出抗議。出席聯合國在會代表共和黨議員沃里斯（John Martin Vorys）也表示彼將在會中要求聯合國軍運用臺灣軍隊。〔註85〕1952年是美國總統大選的年份，對臺灣軍隊的態度成為美國競選者政治主張的一部分。俄亥俄州參議員塔夫脫（Robert Alphonso Taft）長期領導著共和黨的保守派，試圖獲得總統提名。其主張對臺灣積極加大援助，支持臺灣反攻大陸以遏制中共，軍事上則更信賴對中共強硬的麥克阿瑟。〔註86〕出任塔夫脫競選總統委員會會長的魏德邁（Albert Coady Wedemeyer）在演說中則表示應調用臺灣軍隊援韓，並主張美應積極武裝及支持國民黨在大陸的游擊隊。〔註87〕同為競選總統候補之一的斯塔森（Harold Stassen）在1952年2月

〔註82〕顧維鈞電葉公超（1951年10月23日發），「顧維鈞檔案」，檔號：Koo_0147_B44-2b_0019。

〔註83〕顧維鈞電蔣介石（1952年7月8日發），「顧維鈞檔案」，檔號：Koo_0147_B44-2b_0013。

〔註84〕顧維鈞電葉公超（1951年3月22日發），「顧維鈞檔案」，檔號：Koo_0147_B44-2b_0020。

〔註85〕顧維鈞電葉公超（1951年10月23日發），「顧維鈞檔案」，檔號：Koo_0147_B44-2b_0019。

〔註86〕顧維鈞電葉公超（1952年2月13日發），「顧維鈞檔案」，檔號：Koo_0147_B44-2b_0018。

〔註87〕顧維鈞電葉公超（1952年5月10日發），「顧維鈞檔案」，檔號：Koo_0147_B44-2b_0015。

答記者問時，主張利用臺灣軍隊遣韓作戰。〔註88〕

美國大選進入酣戰階段後，關於臺灣出兵的主張變成一個敏感議題。1952年9月，經臺灣媒體流出相關議論的消息。駐臺藍欽「公使」晉謁杜魯門後，在離開白宮時發聲明否認傳言，指出駐臺及他處美方人員雖曾有此議，但並無負責官員或政府機關作此建議。彼時，美國總統競選兩黨正積極進行相互指謫，政界空氣緊張，臺灣方面的報導引起美官方反感，以致特發聲明嚴詞否認。〔註89〕

自朝鮮戰爭爆發到1952年冬，礙於種種顧慮，由臺灣出兵援韓之事為美國最高決策者所忌憚，頗為躊躇。然而美國當政者並未以正式決議統一意見或是對外界表態。美國與中國代表自1951年7月已開始朝鮮停戰談判，雖然打打停停，但並未完全中止。無論如何，政治解決朝鮮問題對於美國而言是可以減少犧牲的最佳途徑。主張臺灣出兵南韓的言論在某種背景下雖頗具煽動性，但始終為不少人所反對。總統競選過程中，臺灣出兵議題甚至由其反攻大陸的主張成為部分競選者的一項煽惑性言論，但持有激進主張者最終並未為共和黨提名。為順應反對流血之輿情，共和黨在反對民主黨在遠東的消極防衛的同時，仍強調其「所採手段並非武力而係和平方法」。〔註90〕1952年11月共和黨成為執政者，握政之初根基不穩。同時，在11月下旬，經過40多天的艱苦作戰，中國人民志願軍在朝鮮上甘嶺成功阻止了聯合國軍的攻擊。美軍傷亡劇增，這使美國意識到最終仍要靠談判來結束戰爭。臺灣外交部門觀察時局，認為出兵援韓之事恐難實現。〔註91〕12月3日，韓國駐美大使在俄亥俄州克利夫蘭（Cleveland）演說，謂韓國人力眾多無需臺灣增援，「免將中國內戰引入韓境」，同時對臺灣向外宣稱的軍隊人數和實力表示了懷疑。〔註92〕共和黨上臺後不久，韓代表在美表明對臺灣派兵援助的

〔註88〕顧維鈞電「外交部」（1952年2月14日發），「顧維鈞檔案」，檔號：Koo_0147_B44-2b_0017。

〔註89〕顧維鈞電葉公超（1952年9月9日發），「顧維鈞檔案」，檔號：Koo_0147_B44-2b_0007。

〔註90〕葉公超電臺北陳誠（1952年11月10日發），「顧維鈞檔案」，檔號：Koo_0147_B44-2b_0010。

〔註91〕葉公超電胡次長轉呈陳誠（1952年11月25日發），「顧維鈞檔案」，檔號：Koo_0147_B44-2b_0009。

〔註92〕顧維鈞電「外交部」（1952年12月3日發），「顧維鈞檔案」，檔號：Koo_0147_B44-2b_0004。

態度，這一態度與美新領袖態度應不無關係。9日，據王世杰報，艾森豪威爾召集會議談到臺灣出兵問題，雖無決定，但總統表示臺灣本身安全問題須先解決，始能考慮派遣軍隊赴韓問題。〔註93〕在共和黨正在考慮如何援助臺灣增強防禦力量的情況下，此語無異於否定出兵之議。此後，關於臺灣出兵援韓的言論漸趨平息。

六、餘論

在臺灣與美國的關係處於灰暗時期之時，朝鮮半島的緊張局勢將美國視線引到遠東共產主義的威脅之上。這使臺灣當局看到曙光，想以出兵的表示博取美國好感。美國據朝鮮遙遠，派遣陸軍會引來國人不滿，因而臺灣願意出兵以舒美國之困。顧維鈞認為，即便美國「未必歡迎」，此番好意應也能稍解此前芥蒂，使臺美漸復親密關係。可見，臺灣方面出兵朝鮮之議提出的初衷是贏取美國好感，而並沒有更多長遠的想法。這在當時臺灣處境艱難、外交孤立的時代背景下，不難理解。然而，顧維鈞雖然看到美國不想令朝鮮半島事態擴大，卻未看到臺灣派兵朝鮮卻是可能使事態擴大的重要隱患。儘管美國部分人士會歡迎臺灣出兵提議，卻不能改變它最終流產的命運。以後世旁觀的優越視角，亦可發現，即便臺灣當局沒有出兵相助的提議，美國對臺政策的改變也會發生，事實上已正在發生之中。在1950年上半年，臺美關係看似灰暗的時候，美國已在討論著更積極地支持與組織「自由世界」，以圍堵蘇聯。正處於國共鬥爭之中的臺灣當局，作為遠東島鏈上反共陣營的積極份子，非但沒有真正脫出過美國當政者的視線，而且在局勢緊張之際勢必要成為美國保護的對象。6月27日，第七艦隊進入臺灣海峽即為明證。以此視之，出兵相助以博好感實為多餘。當然，當局之人目光所限難以苛責。

國民黨敗退臺灣之際，美國曾欲與之保持距離，臺灣軍隊士氣低落，民眾不安，各方困頓的效應加倍顯現。朝鮮戰爭一經爆發，臺灣方面一些人即看到改變命運的契機，那就是：以陣營對抗取代兩岸對抗。經多年國共對抗，1949年國民黨兵敗大陸，若無強大外力介入，強弱狀態一時難有改變。然而，若是將自己置於美國為首的陣營，使之與共產主義陣營對抗，則臺灣的安危將不再是國民黨一黨之事，美國及其盟友便會成為臺灣的盟友。這一心理在

1950 年代不但出現在一般官員身上，也為蔣介石等高層所有，只不過蔣在不同問題上有更多因素需要顧及、有更多利益需要平衡。即便如此，有意強調反共立場，不斷試圖在東亞建立以美國為首、臺灣參與其中的反共戰線，是數年間蔣介石的一個顯著的外交態度。1950 年夏，在相當部分人看來，出兵助韓是加劇陣營對抗的重要步驟。因為看到了這一點，在出兵問題上臺灣的個人言論和大眾輿論並不能做到少數外交人員的謹小慎微，反有有意高調的傾向。這在特定背景下，自然引來美國某些決策者的反感。

在出兵援韓一事上，臺灣當局表現出的應對失策，與臺灣政治體制和決策模式有關。蔣介石大權在握，在外交問題上並未認真聽取外交人員的意見，各部門與報紙媒體唯蔣馬首是瞻。當時外交形勢急迫、遠東局勢緊張、時機稍縱即逝，駐美官員特別是蔣氏較為信任的官員，不論出自軍界還是經濟界，皆參與到對美外交中來。臺灣出兵援韓牽涉面多、言論紛雜，若非深諳各種利弊深淺，很容易僅就一種現象給出不當建議。這在一定程度上影響著蔣的判斷。如此，隨著局勢的發展、言論建議的增多，蔣介石被煙霧籠罩，做出一系列失誤推測和應對。

朝鮮戰爭期間麥帥被免職是令當時輿論譁然的事件。麥克阿瑟沒有很好地執行美國總統的政策，主張給臺灣軍援，放開對臺灣軍隊的限制，使其對大陸進行有效的軍事行動，在外引起英聯邦不安，在內引起艾奇遜等人反對。麥克阿瑟與總統及國務院的分歧在是否支持臺灣出兵援韓一事上表現得亦頗明顯。1950 年 7 月底 8 月初麥克阿瑟訪臺，本為在部署軍事的同時傳達美方不贊成臺灣出兵的意見，但他並未成功執行後一任務。蔣介石等人對美方的意圖理解有偏差，對局勢發展產生了某些逆向的研判。其中因素固多，與麥克阿瑟的態度也不無關係。臺灣決策者未能準確領會美國意圖，媒體亦有一定宣傳之誤。這使臺灣出兵援韓的提議看似大有希望，實則困難重重。

美國不願朝鮮戰事擴大，並在 1951 年 4、5 月間就定下要政治解決朝鮮戰爭的基調。臺灣出兵朝鮮將是戰爭擴大的誘發因素之一，而臺灣方面對蘇聯「主使」朝鮮戰爭的公開指控亦是美國所不贊成的。臺灣當局在派兵一事上附加了條件，如要求軍備、船隻，要求美國海空軍協助臺灣反攻，甚至要求美國勸英國撤銷對中華人民共和國的承認等。基於對中共進攻臺灣可能性的預判及對國民黨軍隊忠誠度和戰鬥力的懷疑，美國原本就對臺灣的防務不放心。若要在聯合國取得對臺灣出兵援韓的一致意見也是幾乎不可能完成的

操作上的障礙。因此，美政府始終不曾對臺灣出兵問題正式表明支持態度。

　　杜魯門時期沒有對臺灣派兵援韓事統一意見。國會及其他場合，常有人公開主張支持。在大選中，有關這一問題的主張成為體現其遠東政策意見避不開的議題。這也是臺灣方面在頗長時間內都沒有放下幻想的重要原因。同時，美國為達到若干目的，既要政治解決朝鮮戰爭，又不想很快達成停戰協議，停戰談判在忽近忽遠的希望中進行。直到 1952 年 11 月，臺灣外交部門還不得不做出萬一和談無望如何應對的預案。在這樣的對案中，如何應對出兵援韓問題便是首先要解決的。

　　應該看到，此時臺灣當局對美外交一個重要的心態是求穩。國民黨曾有在美國總統的競選中押錯寶的經歷，在當時困境下，贏得美國支持是保住臺灣並求發展的必要條件，因此容不得再賭輸贏。1950 年，臺灣當局認為不能專以一黨為對象，交涉但求效果，不能有黨派的分別。〔註94〕在這一心態下，臺灣外交部門對出兵一事的應對建議上十分審慎，如何表態如何措辭如何把握分寸皆要考慮。在認為出兵援韓恐難實現之時，臺灣方面並未完全放下此議，而是討論著如何拿捏分寸，既不令支持出兵者失望，亦不能顯得積極。〔註95〕出兵援韓的議論長久未能止息，在臺灣方面的一個考慮，便是要在美國的各種政治勢力間尋求平衡。

　　從 1950 年夏到 1952 年冬，臺灣是否出兵援韓反覆地被討論著。臺灣外交部門設想如何表態能兼顧各方，實際上並不能做到各方討好。臺灣方面的某些宣傳難免令部分人反感，這其中有部分國務院中的民主黨人，也有害怕引火燒身的一些美國盟友。然而，臺灣當局借出兵援韓問題，站到了美國陣營之中，將國共內爭變成了冷戰的一部分。從這個角度來看，未嘗不是個大收穫。

〔註94〕「當前國是意見與國際情勢」（1950 年 8 月），「對美國外交（九）」，「蔣中正
　　　　總統文物」，「國史館」藏，典藏號：002-080106-00031-004。
〔註95〕葉公超電胡次長轉呈陳誠（1952 年 11 月 25 日發），「顧維鈞檔案」，檔號：
　　　　Koo_0147_B44-2b_0009。

第三章 毛邦初案背後的美國因素及蔣氏的態度

　　毛邦初案是國民黨退臺後發生於高層的第一件大案。它不是一起簡單的高官貪腐案，而是有著多種面相及多重影響的複雜事件，其發生發展過程的背後有濃重的美國因素，且與當時關鍵年代中蔣介石至為關切的幾個問題直接相關。此案動用高層力量之多、耗資之大令人驚歎，惜學界有關研究並不充分。〔註1〕

一、毛、周互攻及軍購弊案

　　1949、1950 年，正值美國對臺政策多變、難求穩定之時，國民黨集團頗費心力地爭取著美國的支持與援助。同時，這一時期也是在國民黨遭受挫敗、處境不利之際，似乎正是考驗人品的時候。塑造良好形象的客觀需要與不利於形象保持的客觀環境相悖存在著，一場涉及軍購弊案的人事摩擦在太平洋

〔註1〕 有關研究有劉維開：《蔣中正處理毛邦初事件之研究》（黃克武主編《同舟共濟　蔣中正與一九五〇年代的臺灣》，臺北：中正紀念堂管理處，2014，第 1 ～38 頁），林桶法：《政府遷臺初期空軍人事的糾葛》（呂芳上主編：《蔣中正日記與民國史研究》（下冊），臺北：世界大同出版有限公司，2011，第 574～583 頁）也有涉及。大陸方面研究尤少，如陳紅民等：《蔣介石後半生》（浙江大學出版社，2010）有較為簡略的論述。該案有關檔案十分繁多，過程複雜，案情撲朔，蓋為是項研究薄弱原因之一。基本案情發展及蔣介石組織人力調查的處理經過在劉維開等人研究中已有展現，在這些方面本節從略從簡。本節重點放在毛案背後的美國因素及蔣介石態度方面，這是為以往研究所忽略而又至為關鍵的幾個問題。

兩岸悄然開始，並愈演愈烈。這場人事摩擦的主角是時任空軍副總司令的毛邦初與空軍總司令周至柔。

毛邦初，浙江奉化人，為蔣介石原配夫人毛福梅的侄孫輩同族。1925 年，考入黃埔陸軍軍官學校第三期步兵科。曾赴俄、意學習空軍和飛行，回國後參與中央航空學校和國民政府的空軍工作。1943 年 3 月，毛邦初被派赴美國主持空軍駐美辦事處，負責空軍軍品採購事宜。1946 年 6 月，被任命為國民政府參謀本部空軍總司令部副司令，代表國民政府常駐美國。1949 年 1 月 29 日，蔣介石宣布引退後不幾日，蔣經國致函中央銀行總裁俞鴻鈞，使空軍購辦費美金一千萬由毛邦初、皮宗敢、俞國華共管。〔註 2〕1950 年兼任出席聯合國安理會軍事參謀團中國代表。

周至柔，原名周百福。1919 年春，考入保定陸軍軍官學校第八期步兵科。1924 年在陳誠引薦下，參加國民黨，改名周至柔，曾參加東征與北伐。1933 年 5 月，又經陳誠舉薦，赴歐美各國考察空軍教育，從此脫離陸軍系統。1934 年回國後，向蔣介石呈上考察報告和建設空軍計劃書。歷任中央航空學校校長、全國航空建設會常務委員、航空委員會常務主任委員、航空委員會主任、空軍參謀學校教育長等職。1946 年任空軍總司令，1950 年 3 月兼任「國防部參謀總長」。

毛邦初曾留學俄、意，掌握了現代空軍戰略戰術，在當時的國民黨集團是鳳毛麟角，不免自視甚高。原本陸軍出身的周至柔被重用引起毛邦初不滿，周對毛亦多有阻撓和反擊。1950 年，二人矛盾升級。在美援尚未恢復情況下，1950 年初，空軍總司令部在曾任蔣介石海軍顧問的退役將領柯克上將協助下成立「中國國際商業公司」。這個名為公司的機構實際上是在空軍駐美辦事處之外一條新的航空採購管道。這個管道的建立在毛邦初看來是周在向自己發難，於是採取種種措施進行反擊。1950 年 5 月上旬，《華盛頓郵報》發表一則名為《誰棄中國》的投書，指控臺灣當局軍隊人員在舊金山購買三百萬加侖航空汽油，從中獲利十萬美元，宋美齡之弟宋子良經營的孚中實業股份公司涉及此事。軍購弊案由此被揭開，這一報料據稱是空軍辦事處參謀主任、毛邦初的助手向惟萱在幕後推動。

朝鮮戰爭發生後，遠東局勢向著有利於臺灣當局的方向轉變。就在臺灣

〔註 2〕蔣經國致函俞鴻鈞（1949 年 1 月 29 日），「籌筆——戡亂時期（十二）」，「蔣中正總統文物」，臺北：「國史館」藏，典藏號：002-010400-00012-039。

方面熱望美國加大援臺尺度的時候，美國諾蘭（William F. Knowland）議員向蔣介石提到軍購航空汽油獲利十萬之事，又提國民黨當局以每架高出正常售價兩萬美元的價格向美國採購了 25 架 P-51 型戰鬥機的事。希望臺灣方面澄清這些弊案。諾蘭得到的訊息亦是毛、向所釋放，目的是打擊周至柔。〔註3〕

　　7 月，空軍總司令部以毛邦初在美軍購有帳目不清、違法瀆職等事，在向蔣介石建議改組空軍駐美辦事處的同時，裁減駐美辦事處經費，並於 5 月 23 日召向惟萱回臺述職。毛邦初於 5 月 30 日、6 月 28 日、7 月 1 日及 21 日數次覆電推諉。7 月 27 日，李惟果、陳之邁、俞國華致函蔣介石，報告空軍總部與毛邦初間的爭鬥情事，為毛邦初說情。信函說空軍駐美辦事處經辦之空軍器材、航空汽油等是遵照法定手續公開標購。在美國國務院及商務部對國民黨成見仍深、惟美國防部態度好轉情況下，軍部聯繫尤見重要。毛邦初在美多年，與國防部及上中級軍事主管人員均多熟稔，其聯絡活動之功也是在美國與臺灣關係不良之時空軍器材及汽油等仍能補給無缺的原因。空軍總部一再縮減駐美辦事處經費，對其工作造成了困難。〔註4〕同日，毛邦初也兩度致函蔣介石，陳述其在美工作概況及請飭空軍總部照表給發經費，並建議空軍總司令不宜由參謀總長周至柔兼任，舉薦副總司令王叔銘擔任該職。〔註5〕

　　31 日，周至柔致函蔣介石，報告毛邦初在美經辦有關事項及所有經費支用狀況，並解釋為何縮減其經費、為何召向惟萱回國。周至柔指出毛邦初購辦器材現款總數 4660 餘萬美元，從未清結，其中工業局部分有 960 餘萬美元曾派專人前往洽結，亦無結果。截至目前，毛邦初所存現款美金約 320 萬元。以往空軍辦事處 60 人之多，每月支用約 2 萬美元，目前該處只有 13 人，查其本年 1～4 月尚需 9 千至 1 萬美元開支。而 1950 年 1 月所列總帳交際費之外列有特別費 12670 餘美元，事前未據報，且未注明何種用途。於是經「行政院」核定空軍駐美辦事處開支人員應緊縮，今後該處每年經常費應在 3 萬美元以內。周至柔請蔣介石指示，毛邦初拒絕派其助手回臺述職，「似

〔註3〕周宏濤口述，汪士淳撰寫《蔣公與我：見證中華民國關鍵變局》，臺北：天下遠見出版股份有限公司，2003，第 315 頁。

〔註4〕李惟果、陳之邁、俞國華呈蔣介石，1950 年 7 月 27 日，「其他──毛邦初案（一）」，「蔣中正總統文物」，臺北：「國史館」藏，典藏號：002-080102-00128-001。

〔註5〕毛邦初呈蔣介石，1950 年 7 月 27 日，「其他──毛邦初案（一）」，「蔣中正總統文物」，臺北：「國史館」藏，典藏號：002-080102-00128-002。

此狀況已至不能過問」，是否可以不再追查？如果不能追查，建議：駐美辦事處予以撤銷，酌留少數人員結辦未了事宜，今後購置器材並由皮宗敢接辦，以資整理，款項之保留由俞國華負責；毛邦初以軍事代表團團長名義繼續留美工作。〔註6〕

此後，由於周、毛互攻不斷，美方國會議員周以德（Walter Judd）等人深度介入，事件繼續擴大。1951年1月17日，蔣介石手令，自1月起空軍經費收支詳目皆應照陸軍各部隊辦法按時向聯勤總部結報。聯勤總部關於陸海軍經費收支結報需按月向「總統」詳報。1949、1950兩年海空總部所有經費收支詳數，如未辦報銷，亦應由聯勤總部負責審查。〔註7〕在召毛邦初回臺述職以便瞭解真相的同時，應王世杰、周宏濤、吳嵩慶調查報告的建議，蔣介石決定統一在美軍採機構。在「駐美大使館」成立「國防部採購委員會」，由「大使館」武官皮宗敢接辦業務，「駐美大使」顧維鈞負責監督。鑒於對此項改組的不滿，以及與周至柔矛盾的發展，毛邦初、向惟萱與臺當局決裂的情緒不斷醞釀。〔註8〕

二、美援問題——貪腐形象的澄清

情緒積攢之下，1951年夏毛邦初、向惟萱開始公開指控國民黨當局，在美國輿論界掀起不小的風波。1951年8月10日及16日，美國專欄作者D.皮爾遜（Drew Pearson）在《華盛頓郵報》發表兩篇文章，指責中國空軍使用「頗有問題之採購程序」，購買量約三百萬加侖航空汽油，並將「巨額之美援款項轉入私人銀行戶頭」。〔註9〕在此前後，華盛頓、紐約各大報頻頻出現有關此事的長文，發酵軍購弊案。

在國民黨大陸失敗之初，美國政府一度有放棄臺灣的想法。1950年夏，

〔註6〕周至柔呈蔣介石，1950年7月31日，「其他——毛邦初案（一）」，「蔣中正總統文物」，臺北：「國史館」藏，典藏號：002-080102-00128-003。

〔註7〕蔣介石手令，1951年1月17日，「其他——毛邦初案（一）」，「蔣中正總統文物」，臺北：「國史館」藏，典藏號：002-080102-00128-005。

〔註8〕據顧維鈞5月7日致葉公超電，毛邦初在寓所酒後放言要召新聞記者將「國防部」內部貪污情形公開。在皮宗敢奉命接替業務之初便遭言論攻擊，向惟萱說他在1948年為國防部第二廳代購無線電機時有貪污情事，並當場發散油印品。（「其他——毛邦初案（一）」，「蔣中正總統文物」，臺北：「國史館」藏，典藏號：002-080102-00128-006）。

〔註9〕毛邦初事件資料整編之一，「毛邦初失職抗命」，「外交部檔案」，館藏號：11-07-02-10-23-010，影像號：11-NAA-04870。

出於對遠東整體局勢的考慮，美國放棄了從臺灣抽身的考慮，加大了對臺援助，然而「親臺幫」的反對者是始終存在的。發生在國民黨高層的軍購弊案以及高官互攻、乃至攻擊當局，這些繁雜細節對絕大多數美國人而言都顯得太過撲朔迷離，但一些簡單事實的傳播是迅速，一些直觀印象的得出是容易的。國民黨政權如何能將巨額公款交予一位並不值得信任的最高統治者的親戚？美國民眾如何放心地將納稅人的錢拿去援助這樣的政府？這些疑問給美國國會反對援臺者以口實，這些議員據此當眾質疑臺灣當局是否值得被援助。

8月21日，蔣介石發布行政命令，指責毛邦初「失職抗命」，令其停職，並限令回臺、聽候查辦。隨後，周至柔以空軍總部兼總司令的身份，宣布派駐華盛頓辦事處協助毛邦初的向惟萱撤職，令其返臺，聽候法辦。向惟萱對此發表聲明，否認各項罪名，並表示毛氏曾對臺灣若干官員提出控訴，此等官員為行報復而誘使當局出此控訴。〔註10〕

臺灣當局的行政命令讓美國國務院感到必須要有所行動了。22日，美代辦藍欽「公使」面遞奉令調查毛邦初停職案之備忘錄。認為臺灣方面對毛邦初及向惟萱之控訴已使美國政府面臨種種問題，包括如何處置此二人之問題（諸如給以庇護所、引渡等），而最為嚴重者是如何處置美國款項的問題。毛及其屬員濫用美援款項可能使人發生一項疑問，即國民黨政權「對其所擁資產之處置，究竟是否正當」？這一疑問能否獲得適當的解決，關涉整個援臺計劃。〔註11〕24日，「美國公使館」指派董遠峰到「外交部」與時昭瀛「次長」談話，請其解釋有關疑問，並傳話說，除非臺灣方面對於本案證據充足、無懈可擊，在美國聯邦法院構成公訴案件，否則引渡「絕無成功之希望」。〔註12〕

9月中旬，毛邦初案愈形複雜、影響不斷擴大。美國反華人士借題發揮，甚至牽及孫立人不得重用等事，素來對臺灣友好的「親臺派」周以德、諾蘭對此類言論保持沉默。英國人向美宣傳國民黨集團無能的言論高漲，國際輿論反對臺灣當局之宣傳風起。臺灣「國防部」防空司令部司令王叔銘是與毛

〔註10〕僑報報導，「毛邦初失職抗命」，「外交部檔案」，館藏號：11-07-02-10-23-010，影像號：11-NAA-04870。

〔註11〕藍欽面遞奉令調查毛邦初停職案之備忘錄，1951年8月22日，「其他──毛邦初案（七）」，「蔣中正總統文物」，臺北：「國史館」藏，典藏號：002-080102-00134-002。

〔註12〕董遠峰與時昭瀛談話，1951年8月24日，「其他──毛邦初案（七）」，「蔣中正總統文物」，臺北：「國史館」藏，典藏號：002-080102-00134-002。

邦初及周至柔都頗為熟悉的軍方大員，此間他的日記中頻繁出現關於毛邦初案的感想。16 日，他顯得頗為憂慮，認為此事恐將影響軍援，〔註 13〕似此延拖下去，對毛固不利，而臺當局及蔣介石均將蒙受不利。〔註 14〕

9 月 17 日，藍欽面晤「外交部長」葉公超，商談美援事宜。話題初起，便轉到毛邦初事件上去。藍欽用「不良事件」一詞來描述事件屬性，解釋說，使用該詞表示美方並未相信毛邦初對周至柔所控各節都有事實根據，只是在普通人看來，將巨額款項交予一「忠誠及服從久有問題之人」手中，殊令人費解。藍欽在對國民黨方面缺乏嚴格的軍事會計制度及軍事預算過多而民政支出「低至不合理程度」進行指責之餘，指出毛邦初一事已使臺灣方面遭受重大損害，應採取緊急措施使華盛頓相信「此類不良事件不致再度發生」。並稱臺灣方面若不將公款追回，此點將為世人所詬病。〔註 15〕

同日，胡適託「外交部」轉給蔣介石一封信，指出毛、向（向惟萱）案情節複雜，一般人最易誤會，而毛、向揭發國民黨當局貪污，可以積非成是。胡適建議由當局出面聘請「中美公正人士」組織調查實情委員會，聘用一流律師及會計師以為襄助。將調查之事實付司法機關依法起訴，調查期間，勸告外國輿論機構，靜候調查結果，不輕信一面之詞。並推薦美國最高法院推事洛伯滋（Justice Owen J, Roberts），前哈佛大學法學院長、曾任國民政府法律顧問的龐德（Dean Roscoe Pound），曾任海牙常設國際法院法官的鄭天錫為調查委員會人選。〔註 16〕

18 日，臺當局駐聯合國代表蔣廷黻亦向臺北發去一電，指出自毛邦初案在美國報紙公布以來，「凡仇我者群起攻擊，以圖停止美國軍援經援」，並動搖臺灣當局之國際地位；「親我者亦報愛莫能助之態度」，「故此案不僅關係二三武職人員之進退，或二千萬美金公款，其發展可以影響國家前途」。在此情況下，「監察院」或其他方式的調查難以取信於美國朝野，建議由當局聘請臺

〔註 13〕 幾天後，就有 1952 年軍援案在美國國會擱淺的消息傳出。見《王叔銘日記》（1951 年 9 月 22 日上星期反省錄），「王叔銘檔案」，中研院近史所檔案館藏，館藏號：063-01-01-008。

〔註 14〕《王叔銘日記》（1951 年 9 月 16 日），「王叔銘檔案」，中研院近史所檔案館藏，館藏號：063-01-01-008。

〔註 15〕 藍欽與葉公超談話紀錄，1951 年 9 月 17 日，「毛邦初失職抗命」，「外交部檔案」，館藏號：11-07-02-10-23-010，影像號：11-NAA-04870。

〔註 16〕 抄胡適九月十七日第八七八號電，「毛邦初失職抗命」，「外交部檔案」，館藏號：11-07-02-10-23-010，影像號：11-NAA-04870。

美公正人士合組調查委員會，授權其調查一切有關案情，使水落石出，以便秉公處理。〔註17〕

　　其實在胡適、蔣廷黻等人紛紛致信，建議以令人信服之調查委員會進行調查之前，臺當局已然扛不住壓力，一個高階層的龐大協助小組業已成立。此前，臺灣當局曾組織過小規模的調查組，如由「聯勤總部軍需署署長」吳嵩慶負責的三人調查組和「監察院」的調查組。但隨著情勢發展，他們發現這些由某一機構出面負責的小規模調查組出具的報告並不能讓美方信服。9月8日，「跨部會」的多人臨時小組將蔣介石身邊的各方大員：葉公超、周至柔、董顯光、陶希聖、嚴家淦、沈昌煥、蕭自誠、時昭瀛、周宏濤、袁守謙、周鳴湘、黃少谷等均囊括其中，其任務要協助「國防部」、「外交部」處理毛邦初失職抗命案。當時，臺灣當局不少人對打這場官司並無太多顧慮，有的甚至抱有簡單的樂觀，認為縱使毛邦初對周至柔有所控告，「亦無權拒絕交出公款及檔案」，舉行政當局之力對付一兩個人自無問題。臺灣外交部門準備率領一批對當時有問題各案詳情熟稔之人員赴美進行調查，並採取法律程序。藍欽聞訊後立即表示欣慰，並指出不應利用黨的機構對毛採取有計劃之宣傳攻勢，這會成為輿論的又一把柄，臺灣當局的發言人應「立於法律立場」。〔註18〕

　　在此情形下，臺灣當局在美方所施予的無形壓力之下，不得不走上一條最為費時費力的路。9月24日，蔣介石給「駐美大使」顧維鈞和駐美採購主管俞大維致電，指示「毛案非法律解決不能了事，故勿再猶豫遷移多所顧慮」，以免影響信譽。〔註19〕隨後，蔣以多位親信要員組織調查委員會，聘請頂尖律師，於11月14日，在美京地方法院對毛、向起訴，請求法院判令毛、向將其經手之公款辦理報銷，並將其尚未動用之公款及前空軍辦事處之檔案交還。〔註20〕

　　臺灣當局決定將毛邦初案訴諸法律，不久，他們就發現此舉無異於刀尖上起舞。隨著對空軍帳目的調查，臺灣當局發現許多問題：總部存金鈔，不

〔註17〕蔣廷黻九月十八日第八八二號電，「毛邦初失職抗命」，「外交部檔案」，館藏號：11-07-02-10-23-010，影像號：11-NAA-04870。

〔註18〕藍欽與葉公超談話紀錄，1951年9月18日，「毛邦初失職抗命」，「外交部檔案」，館藏號：11-07-02-10-23-010，影像號：11-NAA-04870。

〔註19〕蔣介石致顧維鈞、俞大維，1951年9月24日，「其他——毛邦初案（七）」，「蔣中正總統文物」，臺北：「國史館」藏，典藏號：002-080102-00134-003。

〔註20〕「毛邦初案辦理經過紀要」，「外交部檔案」，館藏號：11-07-02-10-23-034，影像號：11-NAA-04894。

甚合法；存港美鈔，亦未報告；總部託小資本商作大生意，不合法……此外，對毛邦初並未早加處置，亦為失策。這些若被美方調查清楚，「空軍聲譽則將掃地」。〔註21〕熟知這些情況的空軍高層私下建議蔣介石停止調查，以免美國發現「空軍過去不甚合法弄錢的事實，貽笑外邦」。〔註22〕調查是否會暴露這些重大的內部問題？家醜是否會因此外揚？在巨大的輿論壓力及軍援擱淺於國會的危機之下，臺灣當局與毛邦初跨洋打起曠日持久的國際官司，並深陷其中。

三、「挾外自重」與「包庇不忠」：因果中的虛實與悖論

　　毋庸諱言，1950 年代，臺灣之所以未被解放，而成為國民黨的一個避難所，與美國的庇護是分不開的。在此情形下，美國對臺灣的控制力也是可想而知的。國民黨退臺前後，在美國一度有「棄蔣」、甚至「棄臺」想法之下，為爭取美國好感，蔣介石曾重用若干親美人士，包括接替陳誠擔任「臺灣省主席」的吳國楨。但同時，在內心裏蔣對美國始終有股怨氣，對艾奇遜（Dean Gooderham Acheson）等美國重要人物懷著深深的不滿。就人格特點而言，蔣介石通常做不到用人不疑、疑人不用。美國對臺灣多有干涉、影響力巨大，這一點對蔣介石是個刺痛。親美派在職位之上，與美方友人的來往，哪怕是並無政治目的的私人往來，在蔣介石眼裏亦是令人不悅的行為。倘若此間親美派表露了若干與蔣不合拍的理念或見解，又不幸被傳至蔣的耳中，那「挾外自重」的罪名就脫不開了。被認為「挾外自重」後，蔣介石心裏會埋下對其防範的種子，遇到合適機會便採取削奪其人權力的行動。若是「挾外自重」者與「忠於」蔣介石的高官發生爭鬥，前者的失敗基本上是沒有懸念的，即便後者犯有不可饒恕的罪責。因此，蔣「挾外自重」的認識可被視為其下屬仕途不幸的一個因由。這種微妙的心理感覺雖為貌似虛無的因素，實則卻在向某人發難或是令某事件風頭轉向並致升級的過程中起到某種實在的作用。

　　在 1950 年 7 月周至柔致函蔣介石，報告毛邦初在美帳目不清及抗命情況後，蔣為瞭解情況召毛回臺。毛邦初拖延至 10 月才回到臺灣。毛返臺述職時

〔註21〕《王叔銘日記》（1951 年 12 月 27 日），「王叔銘檔案」，中研院近史所檔案館藏，館藏號：063-01-01-008。

〔註22〕《王叔銘日記》（1951 年 12 月 28 日），「王叔銘檔案」，中研院近史所檔案館藏，館藏號：063-01-01-008。

向蔣指控周至柔及相關經辦人員，在向美國城市服務公司洽購航空汽油等事上以公謀私。後來，周以德介入此事，多次向蔣介石反映空軍弊案，要求蔣調查存美款項。這些情況與毛邦初指控之事相同，因而，蔣介石推斷，是毛邦初向周以德洩露軍購弊案情事。

1951 年 3 月 9 日，蔣介石在日記中表達了對「挾外自重」者的厭惡與痛心。這時「挾外自重」者的代表就是毛邦初與孫立人。蔣介石認為：「最痛心者為將領無常識，不惟希冀挾外自重，而且密告內部之事，原定心跡乃為討好外國，而其影響則無異詆毀政府、誣陷上官，其害所至將致賣國亡身而有餘。毛邦初與孫立人之無識至此，可痛。」〔註 23〕在此前後，「挾外自重」者對蔣介石的情緒干擾頗大。吳國楨的「囂張跋扈」、「重外輕內」，毛邦初、孫立人「勾結外力要脅上官」，三人與美方若干官員的交往給蔣介石帶來不同程度地困擾，對他們的「防制」成為蔣的一個既定目標。〔註 24〕蔣一面命王世杰、周宏濤、吳嵩慶三人清查毛邦初所指各案帳目，一面致電毛邦初，望其速回臺灣，並囑咐他在未抵臺以前不宜宣布行程。〔註 25〕

1950 年軍購弊案案發後，蔣介石召毛邦初回臺時，毛藉口拖延。1951 年 3 月 11 日再次召毛回臺時，已是外力介入、毛周矛盾升級的態勢，這一次毛邦初直接抗命不歸，並有不顧一切要與周至柔對抗到底之意。蔣介石一面感歎「至柔之愚亦實不可及，其驕橫跋扈令人難堪，乃咎有〔由〕自取」，一面又決定袒護周至柔，「必須保全至柔信譽，不可浪其毀損，應忍面擲重處之」。這樣的立場選擇，是因為在蔣看來「毛之行動等於叛亂，挾外自恃更為可惡」。〔註 26〕

此時，蔣介石對「挾外自重」者的痛恨達到高峰。4 月 21 日，當獲悉美國決定派軍事顧問團來臺協防時，蔣介石心中並無興奮激動，反而以戒備的心態面對此事。軍事顧問團成員與「挾外自重」者的接近便是他所戒備的一點。他決定「愷切警告」孫立人，「勿作挾外自重」；通告各部門主管，應自力更生，莫以「能交接外人」自豪，須知中國歷來「最鄙視重外輕內，以夷亂華

〔註 23〕《蔣介石日記》手稿，1951 年 3 月 9 日。

〔註 24〕《蔣介石日記》手稿，1951 年 3 月 5 日，3 月 10 日上星期反省錄。

〔註 25〕蔣介石電毛邦初，1951 年 4 月 6 日，「其他——毛邦初案（一）」，「蔣中正總統文物」，臺北：「國史館」藏，典藏號：002-080102-00128-006。

〔註 26〕《蔣介石日記》手稿，1951 年 4 月 6 日，3 月反省錄。

而軍人尤應自重」。〔註27〕作為臺灣當局集黨政軍大權於一身的最高領導者，蔣介石心理的變化雖然是悄然發生的、外界不易感知的，卻不能因心理情緒之「虛」否定其實在的作用。在再次肯定自己「先德後才」的用人標準、慶幸自己將空軍交給了周至柔而非毛邦初之後，蔣介石在處理軍購弊案問題上採取了一邊倒的偏袒態度。

1951 年 2 月初，因美國國會議員介入、軍購弊案影響到美援，蔣介石決定讓周至柔辭去空軍總司令兼職，〔註28〕但並未立即採取行動。後來經調查，蔣發現周至柔確有以權謀私嫌疑，曾將由美匯回公款以私人名義存於商行，而此項行為僅對空總財物保管會有所報告。從長期與周至柔共事的王叔銘的日記中，可發現周至柔的為人確不親和。據王叔銘言，軍方各位司令均對周至柔有意見，孫立人還提出辭職以示威脅，王叔銘自己若非顧及蔣介石，「寧可解甲歸田不與此人（周至柔）為伍」。〔註29〕然而，正是在「防外甚於防內」心理作用下，蔣介石並未追究周至柔的罪責。儘管蔣多次感歎周至柔的「愚拙」和「跋扈」，卻在行動上將其拉入翼下予以保護。〔註30〕周至柔在帳目等問題上有不平之意，欲辭空軍總司令一職。直到 1952 年 3 月，此請才被批准，由王叔銘繼任該職。〔註31〕

1951 年，面對毛、向的指控，臺灣方面進行反擊，指出毛邦初曾在相當長時期內一再違抗命令，毛屬下業已有 13 人投共。〔註32〕8 月，蔣介石令毛邦初撤職候審後，周至柔亦發布命令稱：一等機械正向惟萱派駐華盛頓辦事處期間，有「貪污瀆職」及為共產黨工作嫌疑，令其撤職並即日返臺，聽候法辦。〔註33〕

〔註27〕《蔣介石日記》手稿，1951 年 4 月 29 日。

〔註28〕《蔣介石日記》手稿，1951 年 2 月 3 日。周至柔是「國防部參謀總長」兼任空軍總司令。

〔註29〕《王叔銘日記》（1953 年 1 月 3 日、7 日），「王叔銘檔案」，中研院近史所檔案館藏，館藏號：063-01-01-010。

〔註30〕《蔣介石日記》手稿，1951 年 3 月 17 日上星期反省錄，4 月 6 日。

〔註31〕「蔣中正令」，「蔣中正總統文物」，臺北：「國史館」藏，典藏號：002-010400-00019-013。

〔註32〕董遠峰與時昭瀛談話，1951 年 8 月 24 日，「其他——毛邦初案（七）」，「蔣中正總統文物」，臺北：「國史館」藏，典藏號：002-080102-00134-002。

〔註33〕毛邦初事件資料整編之一，「毛邦初失職抗命」，「外交部檔案」，館藏號：11-07-02-10-23-010，影像號：11-NAA-04870。

　　1950 年代，臺灣當局在關於某些案件與美國打交道時，很容易將其引入共產黨議題。如在孫立人案、五二四事件中均有此種表現。〔註34〕一方面這固然與當時的政治氛圍及情治機關的活動有關，更重要的一方面則是臺灣當局想要轉移美方關注重點、爭取其為兼顧反共大局而不得不對臺灣施予更多同情和包容。通過情治部門對涉案主角及其周邊人員的現狀及歷史的調查，發現幾個有不同程度嫌疑的人還是不難的。即便沒有有力的證據，臺灣方面一般也不會輕易將這種嫌疑洗去，仍然會將其體現在同美國的交涉之中，提醒美國要警惕對手、不可破壞與盟友的關係。在無須進行過多解釋的語境之中，臺灣方面對於「包庇不忠」的指控常常會顯得煞有介事，給人以實有其罪的感覺，但其實在並不少見的情況下，這種指控缺乏有力支撐。

　　1951 年 8 月下旬，當藍欽對臺灣當局發布撤職毛、向命令表示疑義時，他要求臺灣方面將一切有關資料送往美國，並特別提到美國務院願獲悉有關毛邦初屬員通共的資料。〔註35〕幾天後，美國「大使館」特指派董遠峰秘書到臺「外交部」接洽，將美國政府及民間由於毛邦初事件而可能發生之疑問進行質詢。董遠峰提出，毛一再違抗命令，既已有相當長之時期，何以前此對其不採行動而須俟至現在？本案中人事摩擦占若何成份？毛邦初究係毛氏夫人之堂弟抑侄子？除此，毛邦初屬下投共之十三名人員的資料再次被提出。〔註36〕「投共」之說引起美方關注，但臺灣方面並沒有給出確鑿證據證明毛邦初如何包庇不忠者。周至柔對於向惟萱赤色嫌疑的指控也只是出於推測，理由是向惟萱曾出函感謝有「共黨嫌疑」的美商務部國際貿易公司遠東科科長李邁可。〔註37〕在此理由之下向惟萱被指控，毛邦初則被冠以「袒護不忠」罪名。

　　在國民黨大陸潰敗的過程中以及退臺初期，「投共」或從國民黨隊伍中叛

〔註34〕參見馮琳《試論吳國楨案與孫立人案前後蔣介石之心路》,《近代史研究》2014
　　　年第 6 期，第 61～76 頁；馮琳：《「劉自然事件」後的臺與美——兼及「反
　　　美」之辯》,《臺灣研究》2018 年第 1 期，第 85～94 頁。

〔註35〕王世杰呈閱葉公超與「外交部」來函，1951 年 8 月 26 日，「其他——毛邦初
　　　案（七）」,「蔣中正總統文物」，臺北：「國史館」藏，典藏號：002-080102-
　　　00134-002。

〔註36〕董遠峰與時昭瀛談話，1951 年 8 月 24 日，「其他——毛邦初案（七）」,「蔣
　　　中正總統文物」，臺北：「國史館」藏，典藏號：002-080102-00134-002。

〔註37〕周至柔報告，1951 年 8 月 20 日，「毛邦初失職抗命」,「外交部檔案」，館藏
　　　號：11-07-02-10-23-009，影像號：11-NAA-04869。

逃者其實是很多的。這種情況在周至柔的部屬中也有發生。但是，不是每個官員都會被叛逃者所連累，而「連坐」的情況往往會發生在引起蔣介石或其他高官不滿的「挾外自重」者的身上。列出部屬投共的名單比較容易，但這是否等同於長官「包庇不忠」？向惟萱以信函感謝李邁可協助國民黨空軍領到汽油出口證之事也被作為證明「嫌疑」的證據，似有失妥當。對毛邦初持有同情態度的王叔銘對「包庇不忠」罪名不以為然，認為空軍變節者甚多，其他人「為何人袒縱」？而周至柔曾公開說空軍人員若要投共可以送往，但勿帶走飛機，「此是袒縱否」？〔註38〕可見，這一「包庇」罪名是缺乏說服力的。然而，臺灣當局以及周至柔個人不約而同地有意渲染對手「忠誠度」不夠這一點，無疑是想在對抗中取得有利地位。在冷戰局勢中，臺灣當局搭上了美國「反共」的順風車。當自身形象被質疑時，拋出紅色炸彈似乎成為緩和臺美緊張的「靈丹妙藥」。其藥力或許不強，卻至少可以給美國某種暗示或警示。

在虛實交錯的臺灣高層大案之中，有趣地體現了蔣介石及其當局的一個悖論：「挾外自重」者因借助美國而需獲罪，處理「挾外自重」者時卻又要想方設法將其冠以「包庇共諜」罪名，以獲美國諒解或支持，其做法無異於另一種以當局名義的「挾外自重」。

四、蔣還是李？美國的立場

1950 年代初不僅臺灣當局官方保留了大量關於毛邦初的案卷，毛邦初之事甚至時常成為若干臺灣高層個人資料中的主題。之所以有如此大的影響，還與一個人的捲入有關，此人即為李宗仁。

1949 年底，李宗仁以「代總統」身份赴美就醫。1950 年 3 月 1 日，蔣介石「復行視事」時，李宗仁仍為名義上的「副總統」。李不承認蔣的「復職」，3 月 2 日在美國發聲，稱此項「復職」缺乏法理依據。隨後，蔣李紛爭一度沈寂。

1951 年 11 月，毛邦初透過甘介侯接觸李宗仁，獲允協助。20 日，毛之律師發表聲明，謂李宗仁要以「代總統」身份對毛邦初予以庇護，重申李宗仁於 1950 年 3 月 2 日的聲明，否認蔣的合法地位。24 日，毛、向提出辯訴狀，稱現臺灣當局「合法總統為李宗仁代行職權，並未准許或授權起訴」，蔣

〔註38〕《王叔銘日記》（1951 年 8 月 23 日），「王叔銘檔案」，中研院近史所檔案館藏，館藏號：063-01-01-008。

氏或其代表所頒任何命令均屬無效；「原告既非為中國領土之實權政府，無力使美民享受中國法庭之便利，故亦不能享受美庭之便利。毛、向既未由合法總統取消其官位，不受美庭之節制」。〔註39〕12月4日，李宗仁本人在紐約招待中國記者發表談話稱，他對「總統」問題仍持上年3月2日所發聲明立場，至毛案渠已致函「監察院」受理。〔註40〕

李宗仁的捲入將一部分人的關注點引向蔣的地位甚至臺灣當局合法性的問題上，而這一點是蔣的軟肋，也是他最不願意別人討論和質疑的地方，很快蔣對毛下達了更為強硬的命令。7日，蔣介石發布「總統令」，將8月發布的「停職處分並飭即日回國聽候查辦」升級為「撤去本兼各職，仍飭立即返國，聽候查辦」。〔註41〕

在李宗仁介入此事的聲明發出後，《新聞天地》刊出一文，寫道：「拖，把法律案件變成政爭與人事之爭或派系相鬥，這是中國軍人政客老手段。不想，毛邦初案也弄到這樣一種拖與政爭的十字架上來」。〔註42〕毛邦初案帶上了政爭的符號後，美方態度的重要性在原本的基礎上又得到放大。如果美國選擇支持李宗仁，事件將發生顛覆性逆轉，不但起訴不能成立，而且還將引發一系列足以動搖遠東局勢的連鎖反應。

為獲美方支持，李宗仁還曾有說帖分致杜魯門總統及國務院，聲稱其尚有「代總統」地位。在獲知此事後，葉公超曾約藍欽面談。藍欽表示，他本人認為蔣介石「合法地位」的問題，早已解決，且認為李宗仁此次所為「殊屬不智」。〔註43〕

11月29日，根據國務院答覆，美法庭對毛向辯訴狀所提政治問題當庭宣告不認可立場。12月11日，針對被告律師提出李宗仁並未授權起訴、申請撤銷全案的要求，美法庭宣讀裁決書，略謂：本案經顧維鈞「大使」授權起

〔註39〕顧維鈞致「外交部」電，1951年11月26日，「毛邦初失職抗命」，「外交部檔案」，館藏號：11-07-02-10-23-012，影像號：11-NAA-04872。
〔註40〕顧維鈞電王世杰，1951年12月5日，「毛邦初失職抗命」，「外交部檔案」，館藏號：11-07-02-10-23-012，影像號：11-NAA-04872。
〔註41〕「總統令」，「毛邦初失職抗命」，「外交部檔案」，館藏號：11-07-02-10-23-012，影像號：11-NAA-04872。
〔註42〕武征鴻：《毛向峰迴路轉》，《新聞天地》1951年11月20日，「毛邦初失職抗命」，「外交部檔案」，館藏號：11-07-02-10-23-012，影像號：11-NAA-04872。
〔註43〕藍欽與葉公超談話紀錄，1951年12月11日，「毛邦初與李宗仁」，「外交部檔案」，館藏號：11-07-02-10-23-041，影像號：11-NAA-04901。

訴，顧為「駐美全權大使」，其身份已經美官方認可。至誰為合法「總統」問題，早經顧維鈞通知國務院在案，任何外國政府無權追究他國內政問題。李宗仁為一外國公民，自稱為「總統」並稱並未授權起訴云云，本法院不能接受所稱，擬向聯合國提出此問題。但李非本案當事一方，本法院毋庸考慮。〔註44〕臺當局所聘律師認為美法院既已不承認李有法律地位，且不能下命令給毛，毛案自可聽候法律裁決，所以勸臺灣方面應持緘默，「不可將李地位問題引起辯論，增加無謂麻煩」。〔註45〕

毛邦初無法借助李宗仁翻案，只得出逃。1952 年 1 月下旬，法院傳毛邦初錄供，毛拒不出庭。2 月 21 日，毛方律師當庭宣稱毛已赴墨西哥。事實上，毛於 1951 年 12 月 28 日逃至美國得克薩斯州聖安東尼，1952 年 1 月 12 日易名 CARLCS COMEZ LEE WONG，化裝成墨西哥人潛入墨境。美京地院在一再展期限毛邦初出庭而未果後，於 1952 年 3 月 3 日作缺席裁判，要點有三：（1）毛經手所有公款均應報銷；（2）毛經手尚未用完之款項，應交還。（3）前空軍駐美辦事處所有之檔卷、賬冊及公用物品，均應交與國民黨當局。美京地方法院審計官對毛邦初未經依法報銷之公款數額審計後，於 1954 年 4 月向法院提出審計報告書。6 月 21 日，法院判決毛邦初應交還國民黨當局美金 636 萬餘元。毛不服判決，逐層上訴，美國最高法院於 1955 年 9 月 28 日確定美京地方法院對毛案的判決。

毛邦初以公款分存美國各州銀行，甚至兩瑞士國內銀行。因美國各州法律不同，為追回毛犯分存美國各州銀行之存款，臺灣當局除在美京法院進行訴訟外，還在相關各州進行關涉案情的訴訟。分別進行的案件如標準零件公司案、紐吉賽州銀行存款案、納沙縣房產案等等。加上由案件引發的控訴羅不滋案、李宗仁案、戴戈爾竊兌庫券案等等，共有相關訴訟 9 起。〔註46〕其

〔註44〕顧維鈞電「外交部」，1951 年 12 月 11 日，「毛邦初失職抗命」，「外交部檔案」，館藏號：11-07-02-10-23-012，影像號：11-NAA-04872。

〔註45〕葉公超之報告，「毛邦初與李宗仁」，「外交部檔案」，館藏號：11-07-02-10-23-041，影像號：11-NAA-04901。

〔註46〕毛之律師羅不滋（WILLIAM ROBSRTS）曾接受毛邦初給付國庫券。李宗仁曾接受毛美金五萬元。戴戈爾（WIILLAM E. DECKER）為美國芝加哥會計師，曾於 1955 年 3 月以票面美金十萬元之美國國庫券一張請求芝加哥聯邦準備銀行兌現，先後兩次共取去現金九萬元。後又以同值之庫券一張請求兌現，被發現所用庫券是毛邦初盜購之庫券。「毛邦初案辦理經過紀要」，「外交部檔案」，館藏號：11-07-02-10-23-034，影像號：11-NAA-04894。

中大案小案案情交錯牽連，不少訴訟因種種原因或拖延或和解。

　　1952 年 8 月 7 日，臺當局列舉毛邦初犯有竊盜，侵佔及背信三項罪行，請求墨西哥政府實施引渡。經過數度審訊，墨西哥法官費拉（Fernandezverd）於 1953 年 2 月 21 日，發表意見書，認為臺當局所提供證據不足，縱使有被指控之罪行，也屬軍事犯，不能以普通刑事犯請求引渡，且此案似有政治背景，應由行政機構決定。因此墨西哥未引渡毛邦初，僅於 1955 年 11 月以非法入境判決毛邦初兩年三月七天之徒刑，此項科刑得以毛因引渡案在押之時日抵算，但毛應否被驅逐出墨境，則由墨內政部決定。〔註47〕

五、餘論

　　毛邦初案的調查與「立案」雖發生於國民黨退臺之後，其源頭卻始於國民黨退臺之前。毛、周互攻與案情沒有直接關係，卻是引起毛邦初反彈的一個重要原因。派系傾軋原為國民黨在大陸失敗的主要原因之一。1950 年代初同僚傾軋沒有在派系方面表現出明顯特徵，〔註48〕卻體現出另一種模式的傾軋與排擠、不服與反彈。這種模式就是「挾外自重」者與本土人士之間的「內外之爭」，而這種本土人士多為蔣介石的親信（包括「太子」）、近臣。頗能說明問題的幾個例子，就是吳國楨與陳誠、吳國楨與蔣經國、孫立人與蔣經國、孫立人與周至柔。〔註49〕毛邦初與周至柔也在其列。

　　這種「內外之爭」與人事制度的不健全有莫大關係，同時，它也反映出當時時代特徵之下蔣氏專政的弊端。國民黨退臺前後，儘管美國態度經過了若干變化，但國民黨對美的依賴傾向沒有發生過明顯的逆向改變，這是形勢所迫、實力所迫。然而，作為個體的蔣介石本身對美國政策經常有不滿的表示，他的內心渴望自立自強，對親美者往往有防範之心。在發現空總帳目舞弊之時，蔣介石選擇了偏袒周至柔的「愚」，仍然給參與舞弊之人以重用。在「內」與「外」的紛爭中，蔣介石「先德後才」的偏向不言自明。當然，蔣心

〔註47〕「毛邦初案辦理經過紀要」，「外交部檔案」，館藏號：11-07-02-10-23-034，影像號：11-NAA-04894。

〔註48〕當然，若論派系關係也能成立，陳誠出身黃埔，一直追隨蔣介石，而周至柔與陳誠關係非同尋常。但筆者以為，1950 年代初國民黨派系影響弱化、「內外」矛盾暗中升級情勢下，臺灣高層的同僚矛盾中，「內外有別」的因素重於派系因素。

〔註49〕關於吳國楨、孫立人的人際關係問題，參見馮琳《試論吳國楨案與孫立人案前後蔣介石之心路》，《近代史研究》2014 年第 6 期，66～68 頁。

目中的「德」評判標準是對自己的忠誠，而非其他。

周至柔以其地位優勢及為蔣之「近臣」的優勢數度檢舉毛邦初，並指毛之助手「不忠」，對毛造成壓力。毛邦初靠輿論壓力反擊，其實並沒有勝算。這種反擊又因造成「家醜外揚」效果而招致蔣氏集團的惱怒。貪腐形象的曝光以及由此帶來的美援危機將臺灣當局逼入死路，唯一的出路就是不惜血本地調查、澄清，並將跨洋官司進行下去。

在法律官司又卷裏上蔣李政爭的外衣後，法統問題一度尷尬浮現，但這種尷尬並未給蔣氏帶來多大困擾。1950年代，美國雖不斷有反蔣的力量暗中活動，但在蔣已控制臺灣黨政軍的大局之下，美國官方主流選擇的是與蔣合作的態度。經過國民黨改造等措施，李宗仁背後的桂系力量大為削減。李宗仁赴美不歸，隨著時間的推移，他對國民黨集團的影響力迅速下降。他在此時想要拋出法統問題，並庇護一個牽涉軍購弊案的將領，著實有「不智」之虞。事實證明，此舉不足以撼動蔣的實際地位，反而加速了李本人的失敗。自李出面庇護毛邦初後，葉公超分析輿情，建議「監察院」對李提出彈劾案。〔註50〕1952年1月11日，蔣將「彈劾李宗仁違法失職案」交「監察院」，並很快得到通過。隨後，蔣以臨定條款延長「國大代表」任期的辦法，解決了代表資格到期的問題。1954年3月，「國民大會」對「監察院」彈劾李宗仁違法失職案投票表決，同意罷免其「副總統」職務。

經漫長而枝蔓頗多的訴訟，臺灣當局取得毛邦初案的勝訴。由此引發的彈劾李宗仁案亦導致李最終被罷免，這個意外的收穫使蔣介石集團似乎在毛案的訴訟一事上取得了雙重的勝利。然而，如果可以選擇，相信無論是蔣介石還是諸多不堪其擾的高官大員沒有幾個願意此案發生。

1956年，據臺灣行政當局統計，辦理毛案所耗之費用每半年平均約計十萬美元，此外涉及的人力更是一個難以估量的損耗。因牽涉美援、潛在影響巨大，此案動用了蔣身邊多個智囊和相關部門負責人，有關毛案的文件在大洋間穿梭，要固定地分送「總統府秘書長」王世杰、「行政院秘書長」黃少谷等等十幾位蔣介石的心腹要員。1956年10月，「總統府」致「行政院」函指出：「毛案至今拖延不決，政府已耗資無算，不勝負擔，應無論如何限定一結束日

〔註50〕葉公超之報告，「毛邦初與李宗仁」，「外交部檔案」，館藏號：11-07-02-10-23-
041，影像號：11-NAA-04901。

期，並可明告律師，如其不能早日全部結案，則我只好停止訴訟」。〔註51〕

　　儘管國民黨當局竭力否認和掩蓋自身的腐敗，並不惜代價地打這場越洋官司以證「清白」與「公正」，然而，腐敗問題在整個事件當中是難以抹殺和掩飾的。正如美方所質疑，將公款交予親戚，儘管其並非忠誠可靠之人，執行這樣制度的集團焉能被援助？在毛邦初指控下，蔣介石欲查空軍帳目，為抵制查帳，周至柔不惜以辭職為要挾，態度驕橫跋扈。而查帳的結果是「空軍總部財務公開會之帳目舞弊不法之點甚多」。此間，空軍總司令的坐機叛逃，亦可證空軍之腐敗。〔註52〕而貪腐之事似乎還不僅限於空軍高層。〔註53〕在國民黨大陸失敗之後，毛邦初案再度將國民黨集團的腐敗曝於聚光燈之下。雖經國民黨當局竭力洗白，腐敗印象的加深難以挽回，這在無形中影響著美國對臺政策。成見之下，美與臺雖處同一戰壕卻摩擦不斷。

〔註51〕「外交部」送「行政院」，1956 年 10 月 27 日，「毛邦初案庭外解決」，「外交部檔案」，館藏號：11-07-02-10-23-026，影像號：11-NAA-04886。

〔註52〕《蔣介石日記》手稿，1951 年 3 月 9 日、3 月 11 日、3 月 29 日。

〔註53〕「國防部常務次長」羅機曾對另一空軍將領言「蔣夫人在美用毛款故交代不出」。(《王叔銘日記》(1951 年 9 月 22 日上星期反省錄)，「王叔銘檔案」，中研院近史所檔案館藏，館藏號：063-01-01-008。) 此語真假難辨，但至少可窺見國民黨高層使用公款亂象之一斑。另，王叔銘日記中也多次提到蔣夫人對毛邦初的同情庇護之意。

第四章　對日和約問題下的蔣美分歧

　　經過長達八年的艱苦作戰，中國終於以戰勝國的姿態站在日本侵略者面前。日本投降後，中國與其他盟國一同與日締結結束戰爭狀態的和約本為應有之事。不料，由於中國變局，美國拒不承認中共，卻又在國際態勢影響下對國民黨當局多有限制。最終，退臺後的國民黨當局未能參加對日多邊和約，而僅能在犧牲了諸多戰勝國權益與尊嚴的前提下，單獨對日媾和。對於對日和約背景、過程及其他相關問題，學界已有不少討論。〔註1〕但關於蔣介石與美國在此問題上的具體分歧及蔣在其中的考慮和對策，討論者不多，亦不充分。〔註2〕威權體制下，蔣介石對國民黨當局的決策影響至巨。美與蔣雖在促成「國民黨代表中國」締約的問題上目標一致，但在其他方面有諸多分歧。蔣介石為在自己期望的時間內達成日臺和約，實際上對於這些分歧是多有退讓的。本章即以對日和約問題上蔣美分歧的主要方面為對象，討論蔣在其中的心態及應對。

〔註1〕相關研究有 Howard Schonberger, Peacemaking in Asia: the United States, Great Britain and the Japanese Decision to Recognize Nationalist, 1951～1952. *Diplomatic History*, 10:1, (Winter 1986)；林曉光：《吉田書簡、「日臺和約」與中日關係（1950～1952年）》（《抗日戰爭研究》2001年第1期）；余子道：《舊金山和約和日蔣和約與美日的「臺灣地位未定」論》（《軍事歷史研究》2002年第1期）；曾景忠：《1952年臺北和議中日本利用中國不統一逃脫戰爭賠償》（《抗日戰爭研究》2000年第2期，第181～202頁）等等。

〔註2〕陳紅民、傅敏曾發表文章《1952年「日臺和約」簽訂前後的蔣介石》（《世紀》2010年1月），根據蔣介石日記簡單介紹了蔣在對日和約簽訂過程中的表現和心態。

一、臺灣是否參加多邊和約

1949 年新中國成立，而國民黨退至臺灣，仍以「中華民國」〔註3〕自居。美國主導下的對日和約談判以失去法理地位的「中華民國」為對象，繼而又將其排除在多邊和約之外，使作為盟國主要參戰國的中國喪失戰勝國的基本權利和尊嚴。在此過程中，蔣介石曾欲改變美國想法而不得。

1948 年前後，因美蘇進入敵對狀態，而馬歇爾在華調停失敗，國民黨在內戰中的表現令人失望，美國改變了防止日本軍國主義復活的對日政策構想，轉而認為美國應使日本穩定發展並成為美國政策的追隨者。基於此，主張推遲和談，締結非懲罰性質的和約，且不必非有蘇聯和中國參加。這些內容成為美國對日媾和的基本政策。

1950 年 2 月，新中國與蘇聯締結同盟條約，以假想中的美日同盟為將來的對手，並提到「締約國雙方保證經過彼此同意與第二次世界大戰時期其他同盟國於盡可能的短期內共同取得對日和約的締結」。〔註4〕4 月初，杜勒斯被任命為國務卿艾奇遜的高級顧問，負責主持對日和約事宜。杜勒斯上任後，開始彌合美國內部對於媾和問題的不同意見，主張為應對中蘇結盟，把美國對日政策與對臺政策捆綁在一起。

基於當時現實，蔣介石考慮通過麥克阿瑟推動美國政府建立太平洋軍事公約，〔註5〕以區域安全保障同盟的形式使美國對臺灣負責。若訂立此約，日本將被納入，臺灣當局與日共同參與簽約，無形中即與日訂立和約，同時又可約束日本軍國主義復活，一舉數得。〔註6〕但不久，現實又給蔣以打擊，游說麥克阿瑟沒有成功。在 8 月初麥克阿瑟的臺灣之行結束時，麥在機場發表

〔註3〕1949 年 10 月 1 日，中華人民共和國成立，是代表中國的唯一合法政府。而敗退臺灣的國民黨政權仍在美國支持下佔據聯合國席位，並以「中華民國政府」自居。文中少數地方使用或保留了「中華民國」或「中國政府」字樣，僅出於表述需要。

〔註4〕《中蘇友好文獻》，人民出版社，1952，第 77 頁。

〔註5〕1950 年美國政府有「太平洋協定」的構想。而亞洲反共國家與英聯邦國家也都根據自己利益對美國有不同的建議。1949 年在美國與西歐、北美主要發達國家組建國際軍事集團組織──北約之時，菲律賓政府曾積極呼籲建立「太平洋聯盟」，以拖住美國對亞洲承擔責任，此建議得到韓國與國民政府的贊同。1950 年新西蘭與澳大利亞也基於對日本軍國主義復活的憂慮，分別提出建議，並與對日媾和相關聯。

〔註6〕《蔣介石日記》手稿，1950 年 7 月 17 日。

聲明，對太平洋區域防禦同盟的實現表達悲觀態度。此聲明令蔣憂憤，以為「美國民族性只重其主觀，而不肯重視東方人之意見」，連最有可能指望得上的麥克阿瑟都以為美國一切措施皆不能脫出歐洲影響的羈絆，其他美國人物更可想而知。〔註7〕

　　9月麥克阿瑟率軍在仁川登陸，對日媾和問題正式提上日程。杜魯門在記者會中，宣布美國政府將重啟1947年未能實現的對日和談，授權國務院與遠東委員會代表國和太平洋戰爭的主要參與國交涉。〔註8〕但美國所宣布的對日和約主張，未指明中國代表是兩岸哪方，而這一點對於臺灣當局來說是最為關切之處。〔註9〕

　　一般認為，朝鮮戰爭扭轉了美國對臺態度，派出第七艦隊協防臺灣，使蔣介石可以高枕無憂，但實際上，1950年6月以後蔣並未能安心地接受美國庇護和支持。蔣僅在朝鮮戰爭發生之初為之欣喜，之後便不得不接受依然冷酷的現實。9月21日，美國國防部長由馬歇爾接任，蔣介石以為「其當無害，而亦未見有積極之益也」。〔註10〕10月中旬，杜麥會談並發表公報，並未提及對華問題。隨後，在記者會上，當被問及是否同意麥克阿瑟對臺灣的觀點時，杜魯門表示，關於臺灣沒有什麼要與麥商討解決的；當記者幾次提到臺灣時，杜魯門避而不答，說沒有什麼要說的。〔註11〕蔣介石由杜魯門發言和杜麥會談公報看出，美國對臺援助之「消極與不願之心理如故」。〔註12〕在對外交的心灰意冷之中，蔣決定接受美國對日和約提議，〔註13〕但在此之前應主動對聯合國大會提議：

〔註7〕《蔣介石日記》手稿，1950年8月5日上星期反省錄。

〔註8〕The President's News Conference of September 14, 1950, Public Papers of The Presidents of the United States, (United States Government Printing Office, Washington, 1965), p637.

〔註9〕《蔣介石日記》手稿，1950年9月16日。

〔註10〕《蔣介石日記》手稿，1950年9月反省錄。

〔註11〕The President's News Conference of October 19, 1950, Public Papers of The Presidents of the United States, (United States Government Printing Office, Washington, 1965), p679～682.
　　　　11月30日杜魯門進而明確表示對臺灣政策仍不變更。（The President's News Conference of November 30, 1950, Public Papers of The Presidents of the United States, (United States Government Printing Office, Washington, 1965), p726.）

〔註12〕《蔣介石日記》手稿，1950年10月21日上星期反省錄。

〔註13〕《蔣介石日記》手稿，1950年10月29日本星期預定工作課目。

> 甲、在對日和約未訂立以前，中國有權要求聯合國或與其臺灣
> 有密切共同關係之會員國協助防衛臺灣；乙、中國收復臺灣主權領
> 土必依據其合法權利，遵守聯合國憲章以解決此一問題，但不損害
> 其合法權利與憲章之尊嚴為限，否則如有違反憲章與損害中國對臺
> 灣之主權領土與行政之完整時，則我政府當保留其自主之行動，不
> 能受任何非法之干涉，此即中國革命宗旨，即中國應享有文明國在
> 國際應享之權利與應負之義務的精神也。〔註14〕

　　國民黨退臺，所轄地區劇減，國際地位要靠美國維持。各國外交皆以利益驅動，此時的臺灣所能給人者甚少，所求於人者固多，因而不得不在力爭無效之後被迫接受。在接受的同時，盡可能要求聯合國保障臺灣安全，並以大會聲明留以餘地，表示不得已時自己可以自主行動，不接受某些過分的安排。

　　此情此景，國際對自己的輕視是不可迴避之事。1950年12月，報界就有消息稱英聯邦各國同意中共參加對日和約談判，引起臺灣當局惶恐。1951年初，澳大利亞再提遠東公約方案，有日本而無臺灣。2月，杜勒斯赴菲澳紐商談日約，獨不理會臺灣。蔣曾寄希望於太平洋公約，盼以日、臺共同參加的此種公約於無形中解決與日關係問題。但現在看來，太平洋公約「在美心目中亦未有中國在內」。〔註15〕

　　關於臺灣是否參加對日和約，在較長時間內美國並未有明確表示。但英國和其他已承認新中國的國家強烈反對國民黨代表中國參加和約談判，而澳大利亞、新西蘭等國雖未承認新中國，但權衡利益後也力主新中國參加和談。蔣介石十分關心這一問題，令臺灣「外交部」設法防止美國被英國牽制而形成對臺不利政策的情況發生。〔註16〕令臺灣方面欣慰的是，美國雖沒有明確承諾，但一直與國民黨保持著有關和約的交涉。

　　4月9日，「駐美大使」顧維鈞與「遠東委員會中國代表」李惟果等人就美國對日和約新草案進行了討論。顧維鈞以為美國既以國民黨方面為談判對象，將來理應邀請臺灣當局參加和約，但根據與杜勒斯交談得來的印象，仔細推敲美國對日和約草案，其措辭有臺灣方面未能參加和約的伏筆。11日，

〔註14〕《蔣介石日記》手稿，1950年10月29日。
〔註15〕《蔣介石日記》手稿，1951年1月24日、2月10日上星期反省錄。
〔註16〕《蔣介石日記》手稿，1951年5月18日。

美國國務院發言人公開承認英國確曾於 10 日送交美國備忘錄，主張邀請共產黨參加對日和約談判。但美國未接受英國建議，幾天後，美國國務院宣稱美國無意與中國大陸討論對日和約。〔註 17〕

此時，蔣介石對不能參加對日和約已有心理準備，指定由張群召集幕僚，研究不得已時不參加和約簽訂之利害如何。〔註 18〕討論的結果自然是利害攸關、需爭取一切機會。4 月 11 日與 16 日臺灣當局兩次小組會議決定必須力爭參加對日和約。經過衡量，蔣介石也決定放棄枝節、保全大局，在不反對「中華民國」參加簽約，不動搖國民黨當局地位，不干涉臺灣「主權」的底線之上，應即參加和約簽訂。〔註 19〕根據兩次會議決議，臺「外交部」擬具《關於對日和約案我方覆文稿》呈美，並以書面談話方式向美方重申臺灣當局應有權參加和約，希望美國予以支助。5 月 23 日，顧維鈞又將包括了對美提約稿各條款細節的《美提對日和約稿我方修正案》轉交美方。〔註 20〕

5 月底有消息說英國和印度都在與美國交涉，反對國民黨參加對日和約。它們甚至在聯合與對日和約有關的其他各國，特別是英聯邦國家來支持它們的立場。有的報紙甚至說，英國在以英聯邦國家退出對日議和相要挾，向美國國務院施壓。杜勒斯準備於 6 月的第一周赴倫敦會談，在此之前臺灣的媒體開始騷動，紛紛顯露憂慮之意。蔣介石得到英國要求美國保留態度的消息，忿然表示，自開羅會議後，英國就在盡力阻止「臺灣歸我」。〔註 21〕「總統府秘書長」王世杰電顧維鈞，表達蔣介石對和約的極度關切，並請顧秘密與國會議員接觸，讓他們告誡杜勒斯要慎重行事。於是在 5 月 29 日顧維鈞與杜勒斯會晤，提議在不得已時，採取這樣的辦法：避免會議形式一起簽約，而是安排各國在不同時間簽約。待反對國民黨參加簽約的各國都完成簽約之後，臺灣再來簽約。為使美國不輕易接受英國建議，顧還提出兩次大戰英國損失慘重而美國佔了大便宜，因而英國人對美國存在嚴重的忌妒與對立心理。但結果並不樂觀。杜勒斯表示在遠東委員會的 12 國中有 10 國反對國民黨當局

〔註 17〕中國社科院近代史所譯《顧維鈞回憶錄》第 9 分冊，中華書局，1989，第 62 ～66 頁。

〔註 18〕《蔣介石日記》手稿，1951 年 4 月 10 日。

〔註 19〕《蔣介石日記》手稿，1951 年 4 月 18 日。

〔註 20〕《關於對日和約案辦理經過節要》，「外交部檔案」，檔號：012.6／0106，影像號：11-EAP-01199。

〔註 21〕《蔣介石日記》手稿，1951 年 5 月反省錄。

簽約。如果說服不了它們，美國只有服從多數意見。因為，若只有美國和另外一兩個國家簽約，那麼遠東委員會與東京盟軍對日委員會將有權繼續會商，並行使東京盟軍最高司令部的職權，這無疑是美國無法接受的。〔註22〕

6月1日，在杜勒斯赴英前兩天，「外交部長」葉公超又讓顧維鈞再次約見杜，重申中國為二戰同盟國所做犧牲，提議萬一杜勒斯在英受挫，臺灣方面可贊同各國分別簽約，但需使用共同約稿。在此次會面中，顧不斷強調中國對戰時盟國之貢獻，要求美國維護國民黨當局的「威信」。二人無法就一個折衷方案達成妥協，爭論中，杜勒斯尖銳指出，正如反對言論所講，國民黨當局「既控制不了大陸領土，也管轄不了那裡的百姓——這畢竟是個事實。換句話說，它並不能使它的簽字在大陸上具有任何意義或產生任何約束力」。〔註23〕顧與杜連續兩次的會面給臺灣方面的印象是：美國不會在國民黨參加和約問題上提供全力支持了。

鑒於顧杜談話結果，葉公超於6月3日召開小組會議，決議：發動美國民主黨與共和黨有力人士聲援臺灣，臺灣當局仍堅持以平等地位參加和約的既定方針，應研究萬一未獲參加和約機會之對策。隨後擬具《關於我爭取參加對日和約問題之說帖》呈「行政院」，提議若不能參加和約，可在各國與日簽訂多邊和約的同時，另訂日臺雙邊和約。〔註24〕

在杜勒斯訪英期間，美英在哪一方代表中國簽約問題上無法達成諒解，於是達成協議：美英及其他某些盟國先與日簽約，而後由日本政府自行選擇與大陸或臺灣簽約。美國以為這將是令國民黨當局滿意的結果，但國民黨方面並不這樣認為。他們以為，不讓臺灣參加多邊條約，而是在日本恢復主權與獨立後，再和它單獨簽約，這是歧視性的。6月14日，獲悉報界所傳後，臺「外交部」聲明：「中國政府不能接受任何含有歧視性之簽約辦法」。〔註25〕杜勒斯返美後，向顧確定了報界所傳之事，臺灣方面立即提出不能接受此種

〔註22〕中國社科院近代史所譯《顧維鈞回憶錄》第9分冊，中華書局，1989，第80～97頁。

〔註23〕中國社科院近代史所譯《顧維鈞回憶錄》第9分冊，中華書局，1989，第102頁。

〔註24〕《美提對日和約初稿我方修正案》，「外交部檔案」，檔號：012.6／0023，影像號：11-EAP-01116。

〔註25〕《關於對日和約案辦理經過節要》，「外交部檔案」，檔號：012.6／0106，影像號：11-EAP-01199。

折衷辦法，所能接受者為：

> 甲、我與其他盟國同時參加多邊和約；乙、我及各盟國均與日本同時分別簽訂雙邊和約，惟美方如有非歧視性之其他辦法，我仍願予考慮。〔註26〕

17日，王世杰、葉公超等人面見蔣，告知此事。英美果然將臺灣當局摒棄於多邊和約之外的消息，令蔣大受打擊。大失敗後的外交逆境雖令蔣及其身邊之人不斷調整心態和心理預期，但蔣的心理調整並未到位，關鍵一點是他始終認為自己才是包括大陸在內的中國的領袖，自己的「政府」才是中國唯一合法政府。基於此，他以為中國為對日作戰主要國家，沒有理由真將自己拒之門外。如此消息，令其憤激感慨，如在夢境。〔註27〕這樣的打擊對蔣心理重創，使其以為是「二十年來最大之恥辱」，甚至決心與美國政府決裂。〔註28〕這也令蔣聯想到雅爾達密約，美國未經國民政府同意即將中國若干主權讓給蘇聯，而後又使國民政府與蘇簽約承認此事。蔣感歎「外交交涉不能有一次因循貽誤，否則人將永引為例而藐視無睹矣」。〔註29〕在憂憤難當的極端心態之下，18日蔣介石召集會議，商討此事，在「外交部」擬就的聲明稿加上痛斥美國務院之意，語氣強硬，試圖使美意識到此事嚴重性。〔註30〕同日，蔣發表聲明，強調臺灣當局參加對日和約之權絕不容疑；臺灣當局僅能以平等地位參加對日和約，任何含有歧視性之簽約條件均不接受。〔註31〕世界上壓倒多數國家依舊承認臺灣當局是中國的政府，並承認它在聯合國、遠東委員會和東京盟國對日委員會的合法席位，否認其和約簽訂權非但不公而且不智。事實證明，這一聲明的發表效果適得其反。杜勒斯與分管遠東事務的助理國務卿臘斯克十分惱火，認為蔣不該擅自發表不利於美國的聲明。本來美國政府沒有決定何時公布美英協議公告，但現在，為回敬蔣介石的聲明，

〔註26〕《關於對日和約案辦理經過節要》，「外交部檔案」，檔號：012.6／0106，影像號：11-EAP-01199。

〔註27〕當日，他寫道「此何如事，幾乎夢想所不及者也」。次日再次表示，聞此消息，「幾乎認為不可思議之夢境」。（《蔣介石日記》手稿，1951年6月17日，18日。）

〔註28〕《蔣介石日記》手稿，1951年6月18日。

〔註29〕《蔣介石日記》手稿，1951年6月23日。

〔註30〕《蔣介石日記》手稿，1951年6月18日。

〔註31〕《關於對日和約案辦理經過節要》，「外交部檔案」，檔號：012.6／0106，影像號：11-EAP-01199。

他們決定 19 日下午三時即予公布。〔註32〕

　　19 日，美代辦攜英美對日和約協議全文請見蔣介石。蔣令葉公超轉告美國國務院應先阻止該協議發表，才有商量餘地。〔註33〕同時，葉公超拜託美國駐臺「臨時代辦暨公使」藍欽要求國務院延期二三日發表，以便爭取時間尋求妥善辦法。〔註34〕在「外交」人員多方活動下，美國決定暫不發表，要求蔣提折衷辦法。蔣提：一、臺灣參加多邊和約，二、各國皆訂雙邊和約，但不許日本自由選擇與中國哪一方訂約，而必須由美負責明定其與臺灣訂約，且應與各國雙邊和約同時舉行，不能有所先後。〔註35〕雖然在美國看來，多邊和約簽訂後再簽訂日臺和約，並沒有歧視的意味，但在蔣介石等人看來，由日本挑選簽約對象，就是剝奪了戰勝國的榮譽，更何況尚不能保證日本一定會挑選國民黨當局為對象。

　　美國雖然不願失去臺灣這個小夥伴，但不會對臺灣過分遷就，正如臘斯克所言——臺灣當局尚能在若干國際機構中保持席位，完全靠的是美國支持。因而蔣介石的聲明其實只是紙老虎，美國人對此不以為然。蔣的憤恨強硬只能體現在日記中的自言自語或者是內部會議當中，具體與美國打交道的「外交人員」都以不過分刺激美國為原則。蔣的聲明不能改變臺灣無法參加多邊和約的局面，他們只好採用最後一著：爭取實現日臺和約要在多邊和約之前簽字，或多邊和約在規定期限內分別簽字。臺灣「外交部」一邊與日本政府聯絡，安排對日和約事宜；一邊準備在美國公布多邊和約草案時發表聲明，說明臺灣準備和日本談判雙邊和約，此雙邊和約將與多邊和約同時生效。但杜勒斯反對公開講「同時生效」之說。〔註36〕

　　7 月 6 日，杜勒斯將新的對日和約稿交顧維鈞，該稿未將「中華民國」列為簽字國。10 日，臺「行政院」召開小組會議，決議應向美提出異議，但不關談判之門。隨後，臺「外交部」擬就節略一件，交予藍欽。節略指出任一盟

〔註32〕中國社科院近代史所譯《顧維鈞回憶錄》第 9 分冊，中華書局，1989，第 126～129 頁。

〔註33〕《蔣介石日記》手稿，1951 年 6 月 19 日。

〔註34〕中國社科院近代史所譯《顧維鈞回憶錄》第 9 分冊，中華書局，1989，第 127 頁。

〔註35〕《蔣介石日記》手稿，1951 年 6 月 20 日。

〔註36〕中國社科院近代史所譯《顧維鈞回憶錄》第 9 分冊，中華書局，1989，第 133～137、178 頁。

國或少數盟國集團，無論採取個別或集體行動，均無權剝奪另一盟國參加媾和之平等權利，或規定該盟國參加和約之條件。故「中華民國政府」堅決反對美國和約稿第三十三條之現有方式，並請美國政府以其對日本主要佔領國之身份將「中華民國」加入該條所載簽字國名單之內；或如認為較屬便利，使日本擔負確定義務，以與「中華民國」在同時締結與美國為其他盟國所準備之多邊和約相同之雙邊和約。〔註37〕

但該節略沒有起到任何作用。12 日，〔註38〕美國國務院公布對日和約的修改草案，並聲明多邊和會將於 9 月 4 日前後在舊金山召開。條約草案所列簽字國名單中沒有中國，聲明也沒有提及「中日」和約的談判。蔣發出對美聲明。內容如下：

　　自日本投降以來，中國政府迭次主張各盟國應以不報復之原則早日與日本締結和約。對於該約稿第二十三條竟未將中國列入該約簽字國一節，不能不深表反對。

　　中國政府一貫維護其與其他盟國處於平等地位，參加締結對日和約主權。中國政府之此項權利，有下述事實為依據：

一、對日共同戰爭係以日本於一九三一年九月十八日武裝侵略中國為起點。

二、中華民國為最先抵抗日本侵略之國家。

三、中華民國軍隊傷亡最重，中國人民所蒙受之犧牲與痛苦亦最大。

四、中華民國對於擊敗日本曾作重要之貢獻。

五、中華民國為對日宣戰及實際作戰之政府。

六、中華民國政府向為在有關日本之各國際機構（如盟國對日委員會）中，代表中國之政府，現仍為在各該機構中代表中國之政府。

七、中華民國政府為聯合國及其各專門機關所承認之合法中國政府。

〔註37〕《關於對日和約案辦理經過節要》，「外交部檔案」，檔號：012.6／0106，影像號：11-EAP-01199。

〔註38〕此處及多邊和會時間係臺北時間。

　　八、中華民國政府為對日作戰或存有戰爭狀態國家之大多數所
　　　　承認之合法中國政府。

　　因此，中國政府對於該和約稿第廿三條之現有方式，已向美國
政府表示嚴重抗議之意。

　　中華民國政府茲嚴正聲明：關於其對日講和所應有之權利與地
位，決不因該約稿第廿三條之規定而受任何影響；而對於任何不合
國際道義與法理之主張，亦自不能予以接受。〔註39〕

二、和約實施範圍問題

　　不但在臺灣當局是否參加多邊和約問題上臺美有分歧，在和約程序問題
上雙方也有分歧。在決定臺灣當局不參加多邊和約之後，美國主張先簽訂多
邊和約，再談日臺和約；臺灣方面則希望日臺和約應在多邊和約之前簽字，
雙邊和約儘量在多邊和約之前或同時生效。臺灣當局之所以有此想法，是因
為他們認為，如果美國在日臺雙邊和約之前批准了多邊和約，美國對日本的
壓力與影響力就會減弱，日臺和約就難以締結。因而臺灣當局一直在催促美
國對日施壓，以便早日談判並簽訂日臺和約。美國認為若要如此，則會涉及
日臺和約適用範圍問題，這一點最易招致攻擊與阻力，因而和約實施範圍問
題成為臺美之間在程序先後的爭議中的關鍵點。

　　1951 年 6 月，美國決定臺灣當局不參加多邊談判，因而開始考慮日臺談
判問題。7 月 3 日，杜勒斯首次提出這一問題，謂國民黨當局固然仍保有臺灣
及附近各島，且為國際上多數國家所承認，故承認其對日簽約權尚屬合理，
但所簽和約一時斷難實施於整個中國大陸，故應預謀和約實施範圍的解決辦
法。〔註40〕

　　和約的實施範圍問題是困擾臺灣當局的一大問題。既不甘於承認其所轄
範圍只限於臺澎，又不能在事實上對大陸地區實行任何治理，臺灣「外交人
員」為使「中華民國代表中國」並配合蔣介石的「反攻、收復」願景而深陷糾
結困頓之中。在美國公布對日和約的修改草案和聲明的前幾個小時，葉公超
在做最後的努力，希望藍欽要求美國發表聲明時說明與國民黨當局的雙邊條

〔註39〕聲明全文錄自《中華民國年鑑》（1952 年），第 341 頁。轉自中國社科院近代
　　　　史所譯《顧維鈞回憶錄》第 9 分冊，中華書局，1989，第 188～189 頁。
〔註40〕《關於對日和約案辦理經過節要》，「外交部檔案」，檔號：012.6／0106，影像
　　　　號：11-EAP-01199。

約正在安排中。而藍欽反問雙邊條約實施範圍時，葉只好搪塞說，與日談判問題解決後再討論這一問題。

　　8月13日，臺「外交部」接到顧維鈞電訊，稱美國國務院臘斯克助理國務卿表示：雙邊和約談判的開始，宜在舊金山會議之後。為詢求美國政府的真實意見，當日「外交部」擬就節略一件交藍欽，表示：

　　　　中國政府瞭解：雙邊和約應與多邊和約相同，且應在多邊和約簽訂後不久，即行簽字……中國政府願獲悉，美方是否在考慮由中國與日本，簽訂一與多邊和約大體上並不相同之雙邊和約，以及雙邊和約應在多邊和約後甚久，或甚至在其生效後，始能簽字。

10天後，藍欽口頭轉達美國政府答覆：

　　　　美方願盡力使日本在金山和會後不久，即與中國簽訂雙邊和約，惟須中國政府對多邊和約不作重大之修改，且關於雙邊和約之實施範圍應盡速與美方商定適當方案……美方充分明悉所擬和約實施範圍方案，無論如何，不應影響中國政府在聯合國之現有地位，及其對中國大陸之合法主張。〔註41〕

　　美國表明態度，日臺和約應與多邊和約內容一致，除此之外，對於雙邊和約的實施範圍臺灣方面需要盡快與美商定適當說法。

　　具體從事「外交」的顧維鈞、葉公超等人，其實並不認為不能先提出一個適當的實施範圍，而真正執拗的人是蔣介石。顧維鈞最先擬訂的實施範圍，沒有體現臺灣方面準備「收復」大陸的可能性和意圖，自然不被接受。而兼顧了當局意圖後，葉公超所擬訂的措辭：「本條約就中華民國而言，適用於其目前或今後所管轄之全部領土」也未被接受，蔣介石批示說「此事不宜發表任何聲明」。〔註42〕蔣認為顧與葉不智，如果臺灣接受和約實施範圍的限制，這種限制將成為致命傷，使臺受制於人，故決不能接受美艾之「賣華條件」，即使美援斷絕或對日雙邊協定不能簽訂，亦在所不惜。〔註43〕在蔣的固執之下，臺灣當局一度抱有這樣的觀點：不論採取何種方式確定和約的實施範圍，不論如何措辭，必然都會損害「中華民國」在聯合國及其他方面的地位。然

〔註41〕　《關於對日和約案辦理經過節要》，「外交部檔案」，檔號：012.6／0106，影像號：11-EAP-01199。
〔註42〕　中國社科院近代史所譯《顧維鈞回憶錄》第9分冊，中華書局，1989，第198、202頁。
〔註43〕　《蔣介石日記》手稿，1951年8月27日。

而，矛盾的是，臺灣方面又不能接受美國提出的先簽訂多邊和約再談日臺和約從而迴避適用範圍問題的提議。因而在對美交涉中臺灣當局只是強調臺灣感受和困境，請美國逕直促使日本在參加多邊條約談判的同時開始與臺進行雙邊談判，而後再言其他。美國則不希望過早開始日臺和約談判，要求臺灣當局對於雙邊條約的實施範圍給個說法，以便說服日本開始與臺談判。

9月17日，藍欽面告葉公超：如中國願在多邊和約生效前與日簽訂雙邊和約，則必須考慮有關實施範圍的方案；如在多邊和約生效以後，再商定雙邊和約，則有關實施範圍問題，將可避免討論。美方認為後者對臺灣當局更為有利。藍欽建議暫時不考慮雙邊和約問題，而應集中精力發展中日間的實際業務。即便現在臺灣方面想對適用範圍給個說法，也不能暗示臺灣是「中華民國」合法領土，因為這樣會招致阻力。〔註44〕

但臺灣方面並未接受美方建議，而是積極推動著日臺談判。此時，臺灣當局已明白，要想使日臺雙邊和約在自己期望的時間簽訂，就無法繞開適用範圍問題。9月22日，蔣介石召開會議，決定了關於適用範圍的兩個方案，準備書面通知美方。這兩個方案是：

A. 雙邊和約簽字時，中華民國全權代表將發表下列聲明：

本條約應適用於中華民國之一切領土。至於領土中因國際共產主義侵略之結果，現仍處於共軍佔領下之領土，中華民國政府一俟該地區置於其有效控制之下，即將在該地區實施本條約。

B. 中華民國政府和日本政府互換雙邊和平條約批准書時，在下述聲明將列入雙方認可的記錄中：

關於中華民國之一方，本條約應適用於目前在中華民國政府控制下及今後可能在其控制下之全部領土。〔註45〕

10月，臺灣方面接到美國「大使館」的「照會」，提到該月19日美國對臺灣所提適用範圍兩方案的答覆，國務院認為臺灣建議的B方案比A方案較為可取，但美國同時提出另一表述方案：「雙方互相諒解，本條約在任何時間

〔註44〕中國社科院近代史所譯《顧維鈞回憶錄》第9分冊，中華書局，1989，第242～243頁。

〔註45〕《1951年9月26日致藍欽公使關於雙邊和約適用範圍之節略》，中國社科院近代史所譯《顧維鈞回憶錄》第9分冊附錄十二，中華書局，1989，第715～716頁。

均適用於締約任何一方實際控制下的全部領土」。經美方修改的 B 方案的表述加上了互惠的內容，使其顯得更為複雜，據杜勒斯說美國的考慮主要是鑒於琉球群島的將來歸屬，但它仍給人造成日本將來要擴張領土的印象。〔註46〕

對於美方所建議的表述，臺灣方面還是接受了，但一心想要「反攻復國」的臺當局將美方所提表述修改為：「雙方互相諒解，本條約將適用於締約任何一方目前及今後可能在其實際控制之全部領土」，並於 24 日以備忘錄形式交給藍欽。〔註47〕臺灣當局希望盡早與美國達成共識，以使該條約能在多邊和約生效前正式簽訂。對此備忘錄，美方沒有明確答覆，但至此臺美之間關於日臺和約適用範圍的問題似已無大礙。

雖然在日臺和約適用範圍問題上臺美之間產生過矛盾，但美國並不是存心為難臺灣當局。美方促使日本與臺灣方面訂約的基本方針是始終不變的。之所以數次提出這一問題，是因為它確實是個問題。美國想說服臺灣當局在多邊和約之後再談日臺和約，以迴避在和約實施範圍提法上的麻煩和爭議，並認為這樣會使事情簡單化，沒有什麼不好的影響。但蔣介石等人執拗地奉行日臺和約應在多邊和約之前或同時簽訂的方針，以免日本在多邊和約簽訂後不再受美國壓力束縛，而不與臺灣方面訂約，從而有損當局的顏面。

三、要求美國居間作證

1949 年蔣介石在內戰中的失敗無疑使其喪失了國際事務中的尊嚴和權力，國民黨當局在臺灣依仗美國保護和撐腰，才得以立足，並在一段時間內在許多國際場合仍以代表中國的「政府」身份出現。惟有美國支持才可對抗英蘇等已承認新中國政權的國際力量。同時，中華人民共和國不但在法理上也在事實上控制著中國大陸的廣大領土，日本不願決然與中國對立，不願徹底失去中國市場，並未從開始就明確表示要與臺灣當局訂約。美國對二戰的勝利及戰後日本重建作用至巨，惟有美國介入並對日本施以壓力，才有可能使日本與臺灣而非大陸訂立和約。因此，蔣介石政權在對日和約問題上始終強調美國責任，要求美國居間作證。

〔註46〕中國社科院近代史所譯《顧維鈞回憶錄》第 9 分冊，中華書局，1989，第 245、258 頁。

〔註47〕中國社科院近代史所譯《顧維鈞回憶錄》第 9 分冊，中華書局，1989，第 245 頁。

　　1951 年 8 月，美國國務院助卿臘斯克與顧維鈞談話時表示，美方對於和約事與日已有接洽，瞭解日本有與臺灣方面訂約的意願，因此美方希望日臺直接洽商，並盼臺灣方面不作請美令日與臺談判的宣傳。13 日，臺「外交部」擬就節略，向美國政府正式表示：「中國政府要求美國政府將日本置於與中國政府簽訂雙邊和約之義務之下……中日雙邊和約，除中日特殊事項外，中國政府不擬與日本直接談判」10 天後，臺灣方面獲得美國政府答覆：「此後商定之中心移至臺北」。〔註 48〕

　　在關於簽字國的聲明發出後，臺灣方面為美國未將「中華民國」列入對日和約簽字國而陷於憤慨與失措之中。美國議會和輿論在此問題上態度較為一致，沒有明顯的抱不平之意，這令蔣感到自己以前認為美國「賣華」乃少數人所為的看法是錯誤的，原來其朝野皆「一丘之貉」。〔註 49〕蔣介石在悲憤之餘，促使有關部門考慮退路與對策，並以自立自強言論試圖使眾人恢復自信。他判斷美國必在舊金山多邊協定訂成後再來談中日雙邊和約，認為應研究相應對策，主持中央會議商討對日和約問題。蔣介石以自力更生鼓舞士氣，提出臺灣自強則「外來之任何險惡環境皆不能損害我復國之計劃與行動」。對於對日交涉問題，蔣介石特別提出此時萬不可對日有謙卑表示，此時的謙卑有損「國格」，與過去所提寬大態度不同。〔註 50〕

　　而基於事實上的困境，蔣介石一邊立志自力更生，一邊又不得不依靠美國給日本施以壓力，使日與臺灣當局「盡談和義務」。〔註 51〕寧折不彎與委曲求全的心態矛盾地在蔣身上同時存在著，糾結地支配著他的決策。一方面蔣為保持尊嚴而固執執拗，在某些問題上寧可失去美援或退出聯合國也決不妥協，一方面又顯示出強烈的底氣不足，在某些問題上會往最壞處設想。美國雖為減少阻力而將臺灣排除在多邊條約之外，但在國際舞臺上顯然是站在臺灣一邊而排斥中華人民共和國的，對日和約問題上是在促成日臺談判的。但因為在「代表中國」問題上的得失心太重，美國未讓臺灣參加多邊談判一事的影響在蔣心裏被放大。一度，他以為美英會促成日本與中華人民共和國談

〔註 48〕《關於對日和約案辦理經過節要》，「外交部檔案」，檔號：012.6／0106，影像　　　號：11-EAP-01199。
〔註 49〕《蔣介石日記》手稿，1951 年 9 月 8 日上星期反省錄。
〔註 50〕《蔣介石日記》手稿，1951 年 7 月 17 日、19 日。
〔註 51〕《蔣介石日記》手稿，1951 年 8 月 8 日。

判和約,甚至幫助中華人民共和國參加聯合國。〔註52〕蔣介石為首的臺灣高層也擔心沒有美國的介入,日本會將談判無期限拖延下去,而使臺灣當局蒙受恥辱,因而希望美國能在日臺簽約方面做出保證。但美國不願像發布命令一樣吩咐日本談判,希望日臺之間自己磋商。〔註53〕

9月4日,在舊金山的對日和會召開當日,蔣介石召集會談,商討對日雙邊和約,指示三條方針。方針之首,即為要求「美國負責居間作證」。其二,「須與多邊和約同時生效」。其三,「實施程序只能在談話記錄中,不能涉及於大陸領土主權絲毫損礙之語意」。〔註54〕儘管臘斯克已說明美國不想公開介入其中,希望日臺直接接洽。而8月23日,美國政府也確認其說法,明確表示此後商定之中心移至臺北。但蔣仍堅持認為應要求美負責日臺談判。而統觀其所定方針,可得這樣的印象:對日和約問題已不是戰勝國制裁戰敗國、獲得戰爭補償並開展商貿的問題,而變成如何最大限度掩蓋國民黨當局名不正言不順身份的問題。

日本首相吉田茂對於選擇何方為建交對象一度有騎牆表現。吉田認為,儘管蔣介石集團保留著聯合國會員國資格,但已不能在事實上代表中國。從經濟上考慮,日本的對外貿易在戰前有三分之一是與中國進行的,中國這個巨大市場和資源供應地對日本很重要。1951年10月底,吉田茂曾在日本國會表示,如果中共提出邀請日本政府在上海設立海外事務所,日本也會歡迎中共在日本設立類似機構;如果中共在今後三年內提議根據舊金山和約與日本討論並締結和約,日本政府願意談判並締約,絲毫不會提出反對。〔註55〕

這一聲明加重了臺灣方面的不安。駐美代表顧維鈞立即拜會臘斯克,打探美國對此聲明的看法。11月5日,藍欽拜會葉公超時轉交了美國國務院的答覆,答覆說:「(1)國務院與吉田聲明沒有任何關係;(2)美國政府反對日本政府與中共發生更密切關係的任何計劃或企圖;(3)美國政府將繼續努力促成中日兩國進行談判,以期締結雙邊和約,並力使雙邊和約在多邊和約生

〔註52〕《蔣介石日記》手稿,1951年9月反省錄。

〔註53〕中國社科院近代史所譯《顧維鈞回憶錄》第9分冊,中華書局,1989,第215頁。

〔註54〕《蔣介石日記》手稿,1951年9月4日。

〔註55〕中國社科院近代史所譯《顧維鈞回憶錄》第9分冊,中華書局,1989,第246頁。

效的同時或在其後不久生效。」美國「其後不久」的表述引起臺北「外交部」的緊張，葉公超感到締結日臺和約實屬緊迫，不能再拖了。葉公超等人認為如果美國僅僅促成日本同臺灣簽約，而不能肯定雙邊條約將在舊金山和約之前生效或與之同時生效，舊金山和約批准後，日本一定會拖延中日和平條約，即使屆時美國有意對日施加壓力，恐怕也不會產生效果。〔註56〕

蔣介石身邊的「總統府秘書長」王世杰也認為日臺和約的簽訂和生效必須有美國的足夠壓力方可實現。如果美國不對日本施加最大壓力，日臺和約定無從談判締結；即使條約得以簽署，日本也不會批准。而為保證美國對日的足夠壓力，須迫使日本在美國批准多邊和約之前就範。王世杰並建議影響美國參議員的行動，使其國務院受到更大壓力去全力解決日臺和約問題。〔註57〕

臺灣當局還注意到，英國新上臺的保守黨政府正在力求獲得美國援助，若美國堅持，英國很可能會讓步。

1951 年 12 月 10 日至 20 日，杜勒斯再次赴日，四度與吉田會商，以求得共識。會商後，杜勒斯確信日本今後政策會與美國一致，即：對保障太平洋西部安全與美合作；不承認中共政權；承認國民黨當局，謀與合作；美方會設法疏解英對簽訂日臺和約的反對。〔註58〕杜勒斯離開後，吉田茂拋出「吉田書簡」，即於 12 月 24 日寫給杜勒斯的信。信中全面概述了日本政府對華政策，表示日本決定同臺灣建立政治、經濟關係。1952 年 1 月 16 日，書簡公布，當月 21 日，美國參議院開始審議對日和約。

在臺灣方面一再催促、請求下，美國確實做到了居間施壓引線，促成日本對臺簽約。但這個居間作用，與臺灣方面的設想意願還是有差別的。蔣介石所希望的，是美國直接介入，作為主持和中間證人的身份參與日臺交涉。但美國所做的主要是對日、臺的分別溝通，從旁協調，使其政策與美國一致，符合美國戰略需要，並未公開地直接介入談判過程。但不管怎樣，美國確實使日本放棄同時與中共接觸的想法，與臺灣簽訂和約，這一點也是蔣介石最為關切的。在此情況下，蔣只好調整策略，不再要求美國居間作證，而改為

〔註56〕中國社科院近代史所譯《顧維鈞回憶錄》第 9 分冊，中華書局，1989，第 249、251 頁。

〔註57〕中國社科院近代史所譯《顧維鈞回憶錄》第 9 分冊，中華書局，1989，第 250 頁。

〔註58〕《關於對日和約案辦理經過節要》，「外交部檔案」，檔號：012.6／0106，影像號：11-EAP-01199。

從旁聯絡、反映訴求，請美國政府向日施壓、溝通，並借助駐臺「公使」藍欽及諾蘭等親臺而有一定影響力者影響日方談判態度和美國決策方向及進度。

　　1952 年在進入日臺和約談判階段，日本朝野大有借中國的分裂趁火打劫之意。日本提出一份帶有和約性質的友好條約，欲以之為談判基礎。日本各報亦流露出對臺灣當局的傲慢輕侮之意，多主張不與之簽約。蔣介石指示葉公超對美切實聲明，中日雙邊條約必須為純粹的和約，決不許日本以雙邊條約或友好條約之含混名詞代之，這一點不能含糊。〔註 59〕

　　在談判開始，日本就顯露出傲慢無理一面，和談陷入僵局。蔣介石向藍欽表達了不滿，希望美國政府幫助臺灣當局作為「勝利同盟中的一員」進行對日和談，藍欽為此致電國務卿。〔註 60〕此後幾日，日方態度好轉，蔣介石為此稱讚全係藍欽之力。〔註 61〕同時，蔣派員聯絡美參議員諾蘭等人，囑其向美政府施以壓力來解決日臺和約之滯延，盡量拖延批准多邊和約的進程。「親臺幫」諾蘭、H. A.史密斯等人確實有意幫忙。他們曾向杜勒斯表達對日本有意破壞日臺和談的不滿。〔註 62〕當美參議院提出討論對日和約時，諾蘭提出日臺和約滯延一點，請眾人注意。〔註 63〕但其作用有限，幾天後，舊金山和約得以在美國國會通過。

　　美國國會通過批准舊金山多邊對日和約後，日本更向臺灣提出諸多無理要求，對之前接近達成的和約提出翻案，欲使臺灣當局「放棄盟國地位而向其戰敗投降國反轉降服」。蔣介石因之失眠。〔註 64〕當時，美國有於舊金山和約生效的同時解散盟軍對日委員會的考慮。經痛苦思量，為使日本繼續受到壓力，維持臺灣當局在和談中的地位，蔣指示葉公超轉告美國，在中日和約簽訂以前，

〔註 59〕《蔣介石日記》手稿，1952 年 1 月 21 日，2 月 4 日，2 月 22 日。
〔註 60〕 The chargé in the Republic of China (Rankin) to the Secretary of State, March 5, 1952, *FRUS, 1952～1954*, vol.XIV, Part 2, *China and Japan (in two parts)*, Washington: U.S. Government Printing Office, 1985, pp1212～1213.
〔註 61〕《蔣介石日記》手稿，1952 年 3 月 11 日日記：「召見美國國防部作戰處與新聞處各處長，藍欽公使作陪彼謂對日和約據最近日人行態大有進步，余曰，此乃你的關係及美國力量之關係最大，余所以留你在此，取消例假即為此也，彼聞之更為欣奮」。
〔註 62〕 The Secretary of State to the Office of the United States Political Adviser to SCAP (Sebald), February 28, 1952, *FRUS, 1952～1954*, vol. XIV, Part 2, *China and Japan (in two parts)*, Washington: U.S. Government Printing Office, 1985, p1206.
〔註 63〕《蔣介石日記》手稿，1952 年 3 月 14 日上星期反省錄。
〔註 64〕《蔣介石日記》手稿，1952 年 3 月 28 日。

四國對日管制會如開會取消，則「中國」必投反對票，[註65] 並聲明「中國」對日投降時所有之特權決不因盟總撤除而取消之政策，並令「外交部」切實準備實施。[註66] 於是，「外交部」奉命與美有關人員談話，並形成節略，稱為求對日和約之及早訂立，「中國政府」對美國所發起的舊金山和約各項談判，曾採「最協調與合作」之立場，在對日談判中「中國」亦採取著「最忍讓精神」。但日本在談判中的表現，令「中國」對和約之達成不無懷疑。因此，「中國政府」聲述：「不能同意將剝奪中國為一佔領之盟國之合法地位之任何步驟，如解散遠東委員會或盟國對日委員會等」，希望在現階段支持「中日」締結和約，不削弱「中國」在對日談判中的地位。[註67] 但美國未因臺灣當局的請求改變政策，回應說舊金山和約業已批准，解散這些組織是正常程序。

在談判的最後階段，日本仍糾纏於一些細節，不肯在和約中露出一點戰敗訂約的痕跡。如對偽滿與汪偽組織在日產業應歸還「中國」之條，日本只肯改為「得」字而不肯照原議採用「應」字等等。[註68] 關於偽滿與汪偽組織在日產業問題討論數日而未得結果，在 4 月 28 日，舊金山多邊和約生效的最後幾小時，日臺談判似乎在僵持中無法推進時，日方代表得到政府訓令，同意簽約。

日本政府的態度急轉直下其實並不意外。和談中日本的種種無理要求、對權益的爭取、對戰敗國身份的最大掩蓋，其實只是為在拖延中獲取最大的利益，並不是不打算簽約。2 月份時，日本外務省終戰聯絡事務局長官岡崎勝男就曾告訴過英國駐日大使丹寧（Elsler Dening），日本政府將在舊金山和約生效之前完成與國民黨當局的條約談判、簽署和約。[註69] 而日本不辭辛苦地在拖延中爭取權益，其實與美國也有關係。據日本條約局長西村熊雄說，日本首相曾在舊金山與艾奇遜討論中國問題，艾奇遜建議不要急於與中國達成和約。因此日本政府已做好充分準備與中國就和約問題周旋到底。並說作

〔註65〕為行文方便，對於臺灣當局在某些場合和條件下所代表的中國以引號表示。
〔註66〕《蔣介石日記》手稿，1952 年 3 月 30 日。
〔註67〕《關於中日和約中美往來文件案》，「外交部檔案」，檔號：012.6／0153，影像號：11-EAP-01246。「最忍讓精神」一句出自「談話紀錄」，其餘出自「節略」。
〔註68〕《蔣介石日記》手稿，1952 年 4 月 25 日。
〔註69〕Dening to Scott，Feb.19，1952，FJ1051／8，99411，Fo371，轉引自陳肇斌《戰後日本的中國政策——1950 年代東亞國際政治的文脈》，東京大學出版會，2000，第 89 頁。

為熟悉遠東的國家，日本願意協助，甚至引導不熟悉遠東事務的美國來處理中國問題。〔註70〕

在國家利益面前，美國採取了兩面手法，通過從旁操控日臺條約，將日本、臺灣納入其遠東戰略體系。在重大決策方面（如日本與臺灣還是大陸訂約的問題），美國干預了日本政策，使之作出有利於臺灣的決定。而在國民黨當局的得失和感受方面，美國並不會有很多體察和關心，甚至會給日本如何獲取最大利益的建議。在居間干預日臺和談方面，美蔣雖無本質分歧，卻也不乏齟齬之處。而權益方面，更因美國關係，臺灣當局多有損失。

四、臺澎地位模糊化及對千島等地的表述之爭

1950年出於自身需要及對不同地區局勢的對策，美國對於日本在戰爭中佔領的領土有不同的主張。它主張朝鮮獨立；琉球群島和小笠原群島由聯合國託管、美國行使管理權；日本應接受美英蘇中將來對臺灣、澎湖列島、千島群島和南庫頁島作出的決定。

1月5日，杜魯門發布關於臺灣政策的聲明，說美國認可開羅宣言，但不打算在臺灣建立軍事基地，且無意捲入中國內戰。〔註71〕但幾個月後，形勢的發展使美國很快就否定前說、自食其言。朝鮮戰爭發生，美國積極執行對蘇聯圍堵的政策，臺灣戰略地位的重要性凸顯。美國艦隊進入臺灣海峽，並為此提出「臺灣地位未定論」。6月27日，杜魯門發表聲明，在宣布第七艦隊進入臺海地區的命令之外，稱臺灣未來地位必須「等待太平洋安全的恢復，對日和約的締結，或聯合國的考慮」。〔註72〕這一聲明所表明的立場，顯然與開羅宣言等重要的歷史文件相悖。

因美國艦隊對中國內政的干涉，中華人民共和國向聯合國控告美國侵略臺灣。迫於壓力，美國同意聯合國進行調查。為使自己處於有利地位，美國

〔註70〕Memorandum of Conversation, by the Second Secretary of the Mission in Japan (Finn), *Foreign relations of the United States* (FRUS), 1952～1954, vol.14, Part 2, *China and Japan (in two parts)*, (Washington: U.S. Government Printing Office, 1985), p1251.

〔註71〕The President's News Conference of January 5, 1950, *Public Papers of The Presidents of the United States*, (United States Government Printing Office, Washington, 1965), p11.

〔註72〕梅孜：《臺美關係重要資料選編（1948.11～1996.4）》，時事出版社，1997，第72頁。

不得不繼續使臺灣地位模糊化。美國認為臺灣是個有糾紛的地區，如果明確臺灣歸於「中華民國」必致中共反對，萬一攻臺，美國單獨抵抗，犧牲必巨，勝券難操，且不利於美國協防。而第七艦隊在事實上保護了臺灣當局安全，有利於臺灣當局事實上的佔領。美國政府向臺灣當局有關人員說明使臺灣地位凍結的個中原因，要求臺灣當局現實地看到「不安定情況」，尊重美國政府的決定，不要在聯合國中過於強烈地反對美國立場。〔註73〕

　　蘇、英皆主張將臺灣問題列入安理會議程，美國也同意由聯合國公斷「侵臺案」〔註74〕。而蔣介石強烈反對此點，認為如此將動搖臺灣地位，有辱「國府」，且可能使中共得以列席聯合國。9月2日，蔣介石召集會議，主張使用否決權，拒絕聯合國組團赴臺調查所謂美國侵臺問題。〔註75〕葉公超、顧維鈞、蔣廷黻等人因怕使用否決會得罪美國，而持反對意見。9日的外交會談中，因眾人反對在聯合國使用否決權，而主張與美協商進行，蔣不得不「勉從眾意，然於心甚為不安」。〔註76〕冷靜之後，蔣認為美國之舉亦有可諒之處。美國國務院欲以調查美國侵臺案為契機，使臺灣置於聯合國保護之下，以減輕美國單獨責任，免除侵臺之嫌，不給俄共藉口攻臺。在杜絕俄共攻臺方面於國民黨當局是有利的，可不妨暫為中立之態（但決不能正式承認）。臺灣應利用安全局面，健全鞏固而後再待機而動，恢復大陸。只要臺灣事實上統治權不動搖，則在反攻大陸之準備未完成以前，「率性讓其中立化」，以對付俄共與英印，未始非一中策。〔註77〕蔣介石一時得以自我安慰，但9月末聯合國通過決議同意中華人民共和國代表列席控美侵臺案，仍使其受到打擊，憤憤不已。10月5日，美國對臺將來地位問題正式在聯合國大會提出，並列入議事日程。〔註78〕面對如此形勢，蔣介石已無力改變臺灣地位被凍結的事實，寫道：「臺灣問題無從進行，暫時延宕，不急解決」。〔註79〕

〔註73〕中國社科院近代史所譯《顧維鈞回憶錄》第9分冊，中華書局，1989，第30、27頁。
〔註74〕1950年8月24日，周恩來外長代表中華人民共和國政府向聯合國安理會控訴美國侵略臺灣、干涉中國內政、侵犯中國主權。9月29日，聯合國安理會將此案列入聯大議程。
〔註75〕《蔣介石日記》手稿，1951年9月2日。
〔註76〕《蔣介石日記》手稿，1951年9月9日。
〔註77〕《蔣介石日記》手稿，1951年9月16日上星期反省錄。
〔註78〕《蔣介石日記》手稿，1951年10月6日。
〔註79〕《蔣介石日記》手稿，1951年雜記10月14日。

　　9月，美國國務院提出「對日媾和條約草案」，並歸納為「七原則」。10月
20日，杜勒斯在成功湖約晤顧維鈞，面交關於對日和約問題節略一件，其中包
含七項原則綱要。關於領土問題，主張：「臺灣、澎湖、南庫頁島及千島群島之
地位由中美英蘇會商決定，倘於對日和約生效後一年內，未獲協議，則由聯合
國大會決定之」。臺「外交部」認為目前自身國際地位至為低落，發言力量自極
微弱，臺美所持主張既屬無可調和，那麼應以儘量拖延為上策。因而決定原則
接受美方所提程序，但應附帶主張，將一年期限酌予延長；南庫頁島及千島應
與臺澎同時同樣解決。〔註80〕蔣介石不情願地核准了這一辦法。在美方人員就
臺灣等三地暫列為懸案而待四國共同解決一事徵求蔣介石意見時，蔣「諒其苦
心勉允其請」，但表示堅決反對聯大派代表團赴臺調查。〔註81〕

　　此時美國關於對日和約的主張亦與朝鮮戰爭局勢密切關聯。11月下旬，
美國在朝鮮戰場嚴重失利，聯合國大會通過決議，要求中華人民共和國與聯
合國進行談判以便在朝鮮停火。國民黨當局的國際地位越發危險，美國決定
無限期延緩由聯合國考慮臺灣問題。

　　12月19日，顧維鈞向美國口頭提出初步答覆。當時，有新聞電訊稱英聯
邦各國總理一致同意中共參加對日和約談判，杜勒斯即將赴日及東南亞各地
推動和約。臺「外交部」為求妥慎，於1951年1月17日電囑顧維鈞在杜勒
斯赴日前，將臺灣書面覆文面交。22日，顧維鈞將一份代表臺灣方面對美國
「對日靖和七原則」立場的備忘錄交給杜勒斯。其中提到：

> 　　關於所謂臺灣及澎湖列島之地位，中國政府經詳加考慮後，認
> 為各該島在歷史上、種族上、法律上及事實上，均為中國領土之一
> 部，僅最後形式上之手續，尚待辦理。因此各該島之地位，實與南
> 庫頁島及千島群島之地位不同，但鑒於遠東局勢之不定，並為促進
> 太平洋區域目前之一般安全計，中國政府對於對此四島群之地位取
> 決於英、蘇、中、美之會商一節，不擬表示反對。抑中國政府雖勉
> 不反對此點，亦不願他國以為中國政府對於臺灣及澎湖列島係屬中
> 國領土之基本意見，有所更改。〔註82〕

〔註80〕《關於對日和約案辦理經過節要》，「外交部檔案」，檔號：012.6／0106，影像
　　　　號：11-EAP-01199。
〔註81〕《蔣介石日記》手稿，1951年11月反省錄。
〔註82〕中華民國外交問題研究會編《舊金山和約與中日和約的關係》，中日外交史料
　　　　叢編（8），第15頁。

　　然而，在臺灣當局不情願地接受美國對於領土問題的提法後，美國迫於蘇聯要求，對領土問題又有了新的說法。3月28日，杜勒斯將根據遠東之行商談結果修改而成的對日和約初稿八章二十二條交於顧維鈞，徵詢意見。關於領土部分的規定是：「臺灣澎湖由日本予以放棄，千島群島及南庫頁島由日本分別交與蘇聯及歸還蘇聯。」〔註83〕這一更改無疑又一次引起臺灣方面的震動。他們瞭解美國不在和約中規定臺澎的最終處置是為其協防臺灣留一法律根據，鑒於臺灣防守及將來反攻大陸均有賴於美國支助，為免美國為難，可暫不提出異議。千島群島及南庫頁島歸屬蘇聯一事在法律上雖不直接影響臺灣地位，但二者規定不同，一經比較，足可見其異。〔註84〕

　　對於美最近所提約稿對南庫頁與千島明定歸俄而臺澎則只日本放棄，並不明定歸屬一事，蔣介石認為美在對俄求妥協，而以臺澎地位不定引誘中共，且將以此為朝鮮停戰之餌。〔註85〕蔣指定由張群為召集人研究對日和約對策。臺灣「行政院」於4月11日、16日兩次召集小組會議，決議認為，當局必須盡力爭取參加和約之機會，為此應做兩方面努力，一面盡力與美國合作，一面與日本朝野儘量聯絡，力謀與日在經濟等方面密切合作。臺灣方面對美國放棄將臺澎問題交由四國協商解決的主張感到欣慰，但認為還應繼續促請美國接受將臺澎與千島庫頁島同樣看待的提議，如不獲同意，則應在簽約時聲明臺澎已屬於「中華民國」，這是事實，不需任何手續加以確認。〔註86〕「外交部」還認為，在此之前，應向美國求得諒解，使之不發表相反的聲明。〔註87〕兩次會議之後，蔣介石決定：基於國民黨已在統治臺灣的事實，放棄關於臺灣地位問題的無謂爭執。〔註88〕

　　權衡對其他各國交涉情形，對於臺灣方面對3月間美方所提約稿領土方面的主要修正意見，即：如不能明定將臺澎歸還「中華民國」，則亦不能明文規定南庫頁島及千島分別歸還及交與蘇聯，美國還是接受了。7月6日，美政

〔註83〕《關於對日和約案辦理經過節要》，「外交部檔案」，檔號：012.6／0106，影像號：11-EAP-01199。

〔註84〕《美提對日和約初稿我方修正案》，「外交部檔案」，檔號：012.6／0023，影像號：11-EAP-01116。

〔註85〕《蔣介石日記》手稿，1951年4月10日。

〔註86〕《關於對日和約案辦理經過節要》，「外交部檔案」，檔號：012.6／0106，影像號：11-EAP-01199。

〔註87〕中國社科院近代史所譯《顧維鈞回憶錄》第9分冊，中華書局，1989，第68頁。

〔註88〕《蔣介石日記》手稿，1951年4月18日。

府送交臺灣當局的和約稿第二章領土條款，僅規定日本放棄千島及南庫頁島，未規定其歸屬。9 月 8 日的簽字稿仍採此說法。〔註 89〕南庫頁島及千島的地位問題雖是由美國戰略決策、美蘇交涉情形等因素決定，但應該說臺灣當局的訴求還是發揮了一定作用，至少引起了美國注意。

五、在美壓力下放棄賠償要求

　　戰後幾年，國民政府並未表示過要放棄對日賠償要求。1945 年 8 月 14 日，蔣介石發表了《抗戰勝利對全國軍民及全世界人士廣播演說》，聲明「不報復」日本、「以德報怨」的原則。〔註 90〕1947 年 5 月，外長王世杰進一步解釋說，「對日決不採狹義的報復主義，亦不用姑息辦法……政治方面我們取寬大態度，尤其日本內政問題，主張在某一種程度下由日本自己解決。經濟方面，一本正義和公道的要求。」〔註 91〕當時的政府文件或領袖發言，只言寬大原則，並未提過要放棄賠款要求。而本著「正義和公道」，自然是要要求一定賠償的。同時，國民政府在戰後已經開始討論研究日本對華賠償的具體方案，如 1945 年 10 月 26 日，國防最高委員會秘書處發表了《對日賠償計劃案》等。〔註 92〕

　　戰後美國對日賠償的態度卻發生了重大轉變。二戰結束後，美國曾提出一個臨時賠償方案，並從中提 30% 作為直接受日本侵略國家的賠償物資。當時盟總指定的先期拆遷兵工廠設備分三批分配，中國從日本方面所接收的三批物資的價值如以 1939 年幣值計算，折 2200 餘萬美元。〔註 93〕為減輕日本負擔，扶助日本復興，1949 年 5 月 12 日，美國政府決定停止日本的拆遷賠償。接著，在 1950 年 11 月 24 日美政府向遠東委員會成員國提出的和約七點原則中，要求締約各方放棄 1945 年 9 月 2 日前因戰爭行為而產生的權利要求。

〔註 89〕 《美提對日和約初稿我方修正案》，「外交部檔案」，檔號：012.6／0023，影像號：11-EAP-01116。

〔註 90〕 秦孝儀主編：《中華民國重要史料初編——對日抗戰時期》，第四編《戰後中國》（四），「中華民國重要史料初編編輯委員會」，1981，第 634 頁。

〔註 91〕 《王世杰在國民參政會上所作外交報告》（1947 年 5 月），中國第二歷史檔案館編《中華民國檔案資料彙編》第五輯第三編，外交，第 17 頁。

〔註 92〕 秦孝儀主編《中華民國重要史料初編——對日抗戰時期》，第三編《作戰經過》（七），「中華民國重要史料初編編輯委員會」，1981，第 9～10 頁。

〔註 93〕 「中華民國駐日代表團」編印：《在日辦理賠償歸還工作綜述》，載沈雲龍主編《近代中國史料叢刊續編》第 710 輯，臺北：文海出版社，1980，第 66 頁。

　　面對美國態度轉變，臺灣外交人員只得表示：國民政府雖決定對賠償問題採取寬大態度，但完全放棄這一權利是困難的。畢竟日本侵華多年，中國政府和人民曾遭受極大損失，理應得到適當補償。

　　美國積極扶植日本，欲共同抗俄。國民黨當局意識到，值自己丟失大陸之際，美國此舉頗具決心，非臺灣方面所能左右。而國民黨當局確定的「外交」原則就是「通力與美合作，共促對日和約之及早達成，一以培養日本感情，一以確保參加訂約機會。」其底線是，在和約內容方面不妨遷就美方，而在簽約程序方面，必須與其他盟國立於平等地位。〔註94〕

　　1950年12月19日，「行政院」第153次會議確定日本賠償問題原則上贊同美方主張，惟望能在賠款之外另獲物資或現金補償。〔註95〕據此決議，顧維鈞致杜勒斯節略，指出：

> 　　由於日本之長期侵華，中國人民所受痛苦之久，犧牲之大，實較任何其他被侵國家之人民為甚。茲因中國境內之日產，不足以抵償合法之要求，而三年前所收之一部分臨時拆遷，亦僅屬象徵性之償付，故要求日本充分賠償因其侵攻而引起之損害，亦與公允之原則完全相符。但為便利對日和約早日締結起見，中國政府願放棄另提賠償之要求，惟以其他國家同樣辦理為條件。如任何其他國家堅持付給賠償，中國政府從不要求受優先之考慮亦將要求受同樣之考慮。鑒於中國對於賠償問題所採之合作立場，希望美國政府就收回被劫財產，歸還對中國民族有歷史及文化價值之若干藝術品，及將原屬於「滿洲國」偽組織及臺灣銀行而現在日本之資產移讓中國各節，予中國以友誼之支助。在上述條件下，中國政府對於日本歸還盟國財產，或在不能將財產完整歸還時，以日圓補償業經同意部分之損失價值一項建議，表示同意。〔註96〕

　　但1951年3月，美國政府根據杜勒斯遠東一行商談結果所擬定之對日和約稿對於賠償問題的規定是：盟國除保有其轄區內之日本資產外，不另提賠

〔註94〕《美提對日和約初稿我方修正案》，「外交部檔案」，檔號：012.6／0023，影像號：11-EAP-01116。
〔註95〕《關於對日和約案辦理經過節要》，「外交部檔案」，檔號：012.6／0106，影像號：11-EAP-01199。
〔註96〕《關於中日和約中美往來文件案》，「外交部檔案」，檔號：012.6／0153，影像號：11-EAP-01246。

償要求。當時臺灣當局最為擔心的是是否有參加對日多邊和約的機會，因此於 4 月確定的因應方案首要一點是通過盡力與美合作與對日聯絡來爭取參加和約的機會，其餘僅對領土問題本著對美最大的讓步與妥協原則進行了決議，未有賠償問題的決議案。〔註 97〕

5 月，臺灣當局聞悉英國代表表示若臺灣方面參加訂約，則英退出。此消息尚待證實，而臺灣當局甚為惶恐，派使面晤杜勒斯請求幫助。臺灣方面看到，在美國看來，使對日和約及早簽訂的重要性，重於臺灣當局參加訂約，在折衷方案尚未尋得之際，美國不會對臺灣方面表示全力支持。在美國與英國疏通時，臺灣方面準備了五條折衷方案，並認為其中最為有利的是第一條，即「由各盟國與日本簽一多邊和約，另由我方於相等時間另簽一雙邊和約」。〔註 98〕

9 月，在美國主導下，《舊金山和約》規定「日本應對其在戰爭中所引起的損害及痛苦給盟國以賠償，但同時承認，如欲維持可以生存的經濟，則日本的資源目前不足以全部賠償此種損害及痛苦，並同時履行其他義務」。〔註 99〕基於此，規定只有領土曾被日本佔領過的國家才能提出賠償；對賠償數額及期限未作任何規定；並把賠償形式限定在勞務賠償之上。因臺灣當局被排除在多邊和約之外，此時蔣介石對未能參加多邊和約的憤懣是壓倒性的，未對各國放棄賠償一事作何感慨。同時，如何讓日本在最短時間內與自己締結雙邊和約，成為臺灣當局需要面對的最為急迫的問題。

當月臺灣當局派員赴日接洽，促使日方派遣駐臺代表。27 日，臺灣「外交部」收到訊息，說日本政府願意在臺灣建立辦事機構，但建議將機構名稱改為日本政府海外事務所，並有權簽發護照。臺灣當局表示同意。同時，臺灣方面提出關於日臺和約適用範圍的方案，並獲得美國首肯。就在這時日本吉田首相卻在在國會發表向中共願意締約的示好聲明。

即便日方一度在和約問題上半開兩扇門在某種意義上只是種策略，也足以引起臺灣恐慌。蔣介石更看重日本對臺灣當局的態度：是否願意與臺灣方面談判和約問題。選中共政權還是選國民黨方面進行交涉，這實際上是日本

〔註 97〕《關於對日和約案辦理經過節要》，「外交部檔案」，檔號：012.6／0106，影像號：11-EAP-01199。

〔註 98〕《美提對日和約初稿我方修正案》，「外交部檔案」，檔號：012.6／0023，影像號：11-EAP-01116。

〔註 99〕田桓主編《戰後中日關係文獻集 1945～1970》，中國社會科學出版社，1996，第 109 頁。

以哪方為「中國」代表的問題，若能與臺灣當局締約，等於宣示了國民黨政權的存在。無疑，這是蔣在此時最為關心的問題，也是蔣介石的軟肋。日本政府自然明白這一點，在和議過程中利用臺灣當局這一心理，步步進逼，使國民黨屢屢被迫讓步。

經美國斡旋，吉田信件公開承諾與臺灣訂約之後，1952 年 2 月，日臺開始就締約問題談判。按美國之意，日臺和約內容應與多邊和約基本一致。臺灣當局事先準備好的和約初稿，關於日本賠償問題的條款幾乎完全照搬了舊金山和約內容。即使這樣，日本方面服務補償也不願向臺灣當局做出承諾。於是日臺和約談判一度陷入僵局。

面對日本不斷要求讓步的談判態度，蔣介石選擇了忍耐與退讓，以打破僵局，盡快締約。當時，美參議院已將舊金山和約提出討論，蔣認為如國會通過該案，則日本對臺和約之談判必將延宕無疑，故須於一周之內完成和約交涉。在當時國際情勢中，蔣介石對日臺和約的定位是「政治重於經濟」，「主權與國際地位重於一時的利益」，因此，勞役賠償可以不爭，〔註 100〕「自動放棄此有名無實之勞役賠款，以示寬大」。〔註 101〕18 日，蔣約張群商討和約要旨與政策，認為時機已將過去，不可再事延誤。決定由張群約談日本副代表木村，示意先談其他條文，只要其對其他條款能尊重中方提案，則賠款問題可留待最後決定。19 日，蔣再約張群，決定以自動聲明方式放棄勞役賠償，並宣布和約實施範圍，而附帶聲明開羅會議有效之義，以減少狼藉之態。〔註 102〕

因蔣介石的干預，對日談判的臺灣代表態度急轉直下，這令日方大為驚異。為求談判進度，臺灣方面不但放棄對日索賠權力，連勞務賠償也予以放棄，為挽回顏面，談判中屢屢提及蔣介石對日寬大之意。事後談判代表向蔣彙報說，每提及此，河田烈均起立致敬，這令蔣亦頗感欣慰。〔註 103〕

王世杰提出，因為勞務賠償的放棄，日臺和約第三條關於處理在臺灣之日本私財產由中日雙方另行協商的條款也應取消。但為能趕在美國參議院討論對日和約之前訂立日臺和約，蔣介石決定此點暫時擱置，待以後再圖補救

〔註 100〕《蔣介石日記》手稿，1952 年 3 月 17 日。
〔註 101〕《蔣介石日記》手稿，1952 年 3 月 18 日。
〔註 102〕《蔣介石日記》手稿，1952 年 3 月 19 日。
〔註 103〕《蔣介石日記》手稿，1952 年 3 月 20 日。

辦法。〔註104〕簽約之急迫心理，可謂表現盡致。然而，即便如此，美國政府並未充分體諒臺灣當局的「苦衷」。3月20日，美參議院以六十六票對十票通過批准1951年9月在舊金山所訂對日和約。蔣介石第一反應是「此心反得安定，未若過去之急促」，自己已做到最大努力和讓步，因而無悔。〔註105〕但接著還是忍不住埋怨美國「置中日和約成敗於不顧」，表示如能延宕一星期時間批准對日和約，「則於我協助非甚少矣」。〔註106〕

雖然臺灣方面多次表達希望能在美國批准舊金山和約之前達成日臺和約的意願，但美國並未因之慢下腳步。在日臺談判開始不到兩個月的時候，美國就通過了多邊和約議案，陷蔣介石於被動之中。此後日本方面果然態度改變，在對臺談判中更加不配合，提出多項無理翻案。對於臺灣方面「放棄賠償」的說法，日方代表亦聲稱其政府訓令不能接受，其意欲在和約中完全抹煞日本應該對中國賠償之意。蔣介石認為日本欲使臺灣當局「放棄盟國地位而向其戰敗投降國反轉降服」。在美國批准和約後日本蠻不講理的表現雖在意料之中，卻仍令蔣介石難以心安，深夜失眠，直至三時後服藥睡去。〔註107〕

4月28日，在距離《舊金山和約》生效僅7個半小時之際，日臺和約終於簽訂。這令蔣慶幸終能及時簽約，挽回些大陸失敗的面子，給中共以打擊，並以為這是「最大之意義」。〔註108〕但其間所受屈辱令蔣難忘，他自記，對日和約談判使其「橫遭侮辱，實已為忍盡人所不堪忍受之苦痛」。〔註109〕美為戰略需要，雖最終促成日臺和約，但並未顧及臺灣感受。日臺和約不但使日本逃避了戰爭賠償和多邊和約採用的勞務賠償方式，而且連日本應該對「中國」賠償之意也沒有提到。

六、小結

作為犧牲重大的戰勝國參加盟國共同對日簽署的和約，並獲得一定賠償，本為自然之事，但在美國主導下，自然之事變得「不自然」。失去法理地位的「中華民國」成為美國交涉對日和約問題的對象，繼而將其排除在舊金山多

〔註104〕《蔣介石日記》手稿，1952年3月20日。
〔註105〕《蔣介石日記》手稿，1952年3月21日。
〔註106〕《蔣介石日記》手稿，1952年3月22日上星期反省錄。
〔註107〕《蔣介石日記》手稿，1952年3月28日。
〔註108〕《蔣介石日記》手稿，1952年4月27日。
〔註109〕《蔣介石日記》手稿，1952年4月30日上月反省錄。

邊和約談判之外。多邊和約中臺澎地位被模糊化，日本賠償只得以勞務賠償形式償付。臺灣當局為在自己期望的時間內達成日臺和約，迫切希望早日簽約，不得不在賠償等問題上繼續對日讓步。最終日臺和約的達成貌似圓滿實則屈辱。

美國對日和約的寬大原則與國民黨一貫的寬大主張貌似一致，但實際上並不一樣。美國的某些決定在根本上損害了中國的利益，是對中國人民為同盟國的戰爭勝利所作巨大犧牲的無視和打擊。而兩岸分離，中華人民共和國無法參加和約，臺灣當局無法理直氣壯爭取權益，日臺和約最終以不像和約的形式匆匆了結，從中看不出任何對戰敗國的懲戒或警示。

1949年國民黨丟失大陸，在美國保護下，國民黨得以在臺灣續存，更在美國支持下，臺灣當局繼續在一些國際場合代表「中國」，體現了美國的「恩惠」，但從中華民族利益看來，中國因分裂損失甚多。美國只是從自身利益出發，促成日臺和約，將日、臺納入遠東戰略體系，使蔣介石挽回一些面子。但具體權益方面，臺灣當局完全沒有戰勝方的尊嚴和地位。

蔣介石雖不滿於美國，卻別無選擇，只得將臺灣參加對日和約的機會寄託於美國。此時期，在一些「內政」問題上，蔣還能較長時間堅守自己的決定，而在對日和約這種「涉外」問題上，蔣不得不最終順從美國安排。這是蔣介石對自身實力與法律地位不自信的體現，也是國民黨當局整體的傾向：因勢弱而言輕，因言輕而受制於人。

對日和約是國民黨當局丟失大陸後第一次向國際社會表明「身份」的大事，因此其外交人員頗為用力，蔣介石本人也很費心力。蔣的指導原則其實只有一個，就是凡能證明「臺灣當局代表中國」者皆可為，除此便可放棄。因此，在具體權益方面，蔣的努力和抗爭比較有限。在整個過程中，蔣介石的因應決策雖使臺灣當局最終達到在多邊和約生效前訂立日臺和約的目的，但其代價是沉重的。

第五章　圍繞政工制度的臺美角力與妥協

　　國民黨退臺後，政工制度在軍中的重建原本是個重要問題。因資料多不公開，這一問題的研究甚為薄弱。〔註1〕

一、政工制度的重建

　　國民黨建軍初期曾仿傚蘇俄設立政工。〔註2〕1927年，實行清黨後，國民黨的政工工作中多了一項反共的任務。1946年，在政治協商會議及美國軍事調處壓力下，國民黨取消軍事委員會政治部的建制，參照美軍制度，在國防部下設新聞局等機構。〔註3〕之後不久，國民黨在國共戰爭中敗局日顯。反

〔註1〕以往研究具代表性者為臺灣地區陳鴻獻的《1950年代初期國軍政工制度的重建》(《國史館館刊》第四十二期（2014年12月），第63～87頁)。該文運用臺灣方面的資料論述了政工制度重建的背景和經過，著重論及美國軍援顧問團關於軍隊雙重指揮權的疑慮問題，認為政工制度因蔣氏父子不屈於壓力而得以維持。本章認為蔣氏父子的堅持是政工制度得以保存的原因之一，但該因既非根本原因，更非唯一原因。

〔註2〕1924年孫中山在設立黃埔軍校時，認為革命的隊伍須有旺盛的革命精神，決定派遣黨代表成立政治部，施以三民主義訓練和軍人精神教育，是為政工制度雛形。當時國民黨在以俄為師階段，軍隊中設政治軍官便是師俄的產物。有別於蘇聯處在於，國民黨軍隊中政治軍官的軍階與軍事指揮官同級，而非略高。北伐前，國民革命軍總司令部設政治部，執行軍隊中之政治訓練計劃，政工制度正式確立。

〔註3〕「國軍政工史編纂委員會」編《國軍政工史稿》，第5編，「國防部總政治部」，1960，第1045頁。

思失敗原因時，蔣介石等人將將領變節、士兵離心等軍隊中的問題歸為取消政工所致。〔註4〕國民黨內黨政高層形成一種共識：「取消軍隊黨務之組織，大陸軍事之失敗，此實為一主要因素」。〔註5〕在國民黨退臺過程中，政工制度的重建作為一項改革任務被反覆討論。

1950 年 4 月 1 日，「政治工作綱領」公布。綱領指出，政治工作，「基於反共抗俄戰爭之需要及配合全般軍事改革之要求，一切設施，均以針對敵情保住勝利為主」。要旨是要在三民主義之下，堅定共同信仰，激勵士氣，養成優良紀律，並竭盡全力瓦解敵人意志、削弱其戰鬥力。組織方面，總政治部承參謀總長之命，主辦軍隊政治業務；軍事機關學校及師以上部隊設政治部，團、獨立營及醫院設政治處，營設政治指揮員，連設政治指導員及政治幹事，獨立排設政治指導員；其他相關軍事機關均依一定規則比照設置。權責方面，定位於介於隸屬制與配屬制之間的制度。「國防部」總政治部主任直接隸屬參謀總長，其他政治部處室主任、營連政治指導員直接隸於所屬軍事單位主官。所屬單位如有幕僚長，其政工主官地位等於幕僚長；無幕僚長者，其地位等於副主官。工作範疇方面，分組織、政訓、監察、保防、民運等五項大類。〔註6〕

同日，「國防部」政工局改組為政治部，曾在蘇聯留學、熟悉俄共政治工作要領的蔣經國正式出任「國防部政治部」〔註7〕主任委員。國民黨學習共產黨去搞政治工作，強化軍隊思想，「國防部」和先前的總裁辦公室設計委員會等幕僚機構，賦予政治工作人員較為超拔的權力。「國防部」發布第一號一般命令，指示：改制後的各級政工單位，在軍事組織系統上為各級軍事機關、

〔註 4〕唐振楚編《總裁辦公室工作紀要》，中國國民黨中央委員會黨史委員會：《中國國民黨黨務發展史料——非常委員會及總裁辦公室資料彙編》，臺北：近代中國，1999，第 286～287 頁。

〔註 5〕張其昀：《黨務報告要略》，中國國民黨中央委員會黨史委員會編《革命文獻》第 77 輯，1978，第 113 頁。

〔註 6〕唐振楚編《總裁辦公室工作紀要》，中國國民黨中央委員會黨史委員會：《中國國民黨黨務發展史料——非常委員會及總裁辦公室資料彙編》，臺北：近代中國，1999，第 287～294 頁。

〔註 7〕1951 年 5 月 1 日，「國防部政治部」改稱為「國防部總政治部」。1956 年（一說為 1963 年），更名為「國防部總政治作戰部」。2000 年 1 月，改組為「國防部總政治作戰局」。2013 年元旦，調整更名為「國防部政治作戰局」。蔣經國擔任總政治部主任時間不長，1954 年夏，張彝鼎繼任，後又數易其人，但蔣經國對政工的控制力和影響力仍在。

學校、醫院、部隊的政治幕僚機構，政治部主任為各該單位主官的政治幕僚長；工作職權上，政治部主任對其主管業務有主動策劃及副署權，對所屬政工單位有指揮監督權，對政工人員任免獎懲有簽核權，對政工事業費有支配運用權。〔註8〕

此次政工制度的重建不只是過去的翻版，而是進行了幾項改革，包括：政治幕僚長制的確立、監察制度的確立、保防工作的加強、軍隊黨務的恢復、四大公開〔註9〕的實行、政治訓練等六項。蔣介石對政工改制寄予厚望，認為「政治工作不祇是一個軍隊的靈魂，也可以說是軍隊的基礎。沒有政工的軍隊，好似一個沒有靈魂的人，祇剩軀殼，那就無異行尸走肉，毫無作用」。〔註10〕為培養政工工作所需大批人才，專設政工幹部學校。蔣介石親赴主持第一期學生開學典禮，指示「要使每一個學生畢業以後，都能夠擔負起政工責任，即軍隊的靈魂和勝利的基礎」。〔註11〕

蔣經國以刻苦實幹的作風主持總政治部工作，力求消弭各種負面作風和行為，關心士兵疾苦，融合官兵關係、軍民關係以及外省人與本省人關係，提高軍隊戰鬥力。宣傳方面，要求軍聞社低調、秘密，軍聞社所發新聞稿除有特別性者外，皆不以書面或口頭通知，要求各報社登載或要求其登載於重要位置，以免引起外界對政治部之不滿。蔣經國認為目前工作最須要的是養成埋頭苦幹的風氣，「自我宣傳」和「出風頭」有害無益。在個人形象塑造方面，蔣經國更是力求低調，要求不可再用「青年導師──蔣經國」之類語句，對其個人講話、講詞不得用「訓話」、「訓詞」字樣，甚至要求在任何地方不要為其個人作宣傳，不要印發其個人照片及講詞。在蔣經國手札中，經常看到某事不要登報的要求，洩露內部消息以洩漏軍事機密論罪。作風方面，蔣經國著力整頓不良風氣，查處吃空額等貪腐行為，轉移官僚作風，禁止違紀犯法、賄賂與花天酒地。上下關係、軍民關係方面，處罰行為粗暴、打罵士兵

〔註8〕「國防部命令規定國軍政工制度改制自四月一日起實施及頒布政工改製法規五種」（1950年4月1日），「國防部總政治部任內文件（三）」，「蔣經國總統文物」，「國史館」藏，典藏號：005-010100-00052-012。

〔註9〕人事公開、經濟公開、賞罰公開、意見公開。

〔註10〕蔣介石：《政工人員的責任和必須具備的條件》（1952年1月6日主持政工幹部學校第一期學生開學典禮講），秦孝儀主編：《先總統蔣公思想言論總集》卷25，臺北：中國國民黨中央委員會黨史委員會，1984年10月，第1頁。

〔註11〕蔣介石：《政工人員的責任和必須具備的條件》（1952年1月6日主持政工幹部學校第一期學生開學典禮講），同上書，第2～3頁。

者，體恤下層，切實解決下層困難，如沒有營房住的問題、不及時發餉的問題、工作負擔過重的問題等等，為勞累致病者發醫藥費、購買奶粉，倡導軍民打成一片，特別注意本省籍臺灣人情緒，防止分化。士兵心理方面，關注士兵心理健康，解決因想家而產生的逃兵問題，宣傳大禹治水三過其門而不入的精神，要求不可再傳「回家團聚」說法。官兵士氣方面，要求政工向官兵說明為何而戰，堅守對領袖之信仰，在宣傳中強調「中華民族是最優秀的民族」，蔣中正是「最偉大的領袖」。〔註12〕戰鬥力與效率方面，減少報表、公文、會議，嚴厲批評「做表面工作」者，要把六十萬的兵當作六百萬來用。當然，在所有工作中，「保防」是最為重要的一項工作。所謂「保防」，即防止軍隊被中共滲透、防止官士思想「惡化」、「變質」。〔註13〕政工人員要召開保防會議，嚴加注意並調查曾被俘官兵、考察新兵歷史，調查監視新來臺人員。〔註14〕

　　從蔣經國的各種手令手條看，至少政治部各項工作的初衷是好的。不過，一項新制度的實行往往會面對各種臧否，何況是建立這樣一個以糾誤為原則、到處插手的體系。對於政工改制，國民黨內部、軍隊內部皆有反對之聲。〔註15〕而其具體執行也難以避免地出現了各種偏差和極端的情況。〔註16〕政治部或政工本身利弊好壞不是本章重點，暫不討論。

　　國民黨退臺後，政工制度在軍中的重建和改制，影響甚大。從人員上看，

〔註12〕許瑞浩等編輯《蔣經國手札》（1950 年～1963 年），「國史館」，2015，第 175、258、61、33、47、123、48、7、24、43、155、65、20、128、43、33、37、138、180、283、169、18、137、17、238、266、211、234、21、54、139、128、238、145、111 頁。

〔註13〕朱浤源、張瑞德訪問，蔡說麗、潘光哲紀錄《羅友倫先生訪問紀錄》，「中研院」近史所，1994，第 344 頁。

〔註14〕許瑞浩等編輯《蔣經國手札》（1950 年～1963 年），「國史館」，2015，第 32、35、128 頁。

〔註15〕王叔銘日記中曾有反映：「陸海軍對政工制度均有怨言，但迫於蔣主任（蔣經國）之威下，不敢講話。士兵工作多言訓練吃不飽，有克難虛名，自殺風氣仍盛，逃亡者仍有。又政治部想管制人事，周總長（周至柔）大不滿意。」（《王叔銘日記》（1951 年 8 月 18 日），「王叔銘檔案」，中研院近史所檔案館藏，館藏號：063-01-01-008。）

〔註16〕如 1951 年 6 月，「國防部」公布對軍眷發放津貼的辦法，有人惡意批評，亦有人乘機造謠生事。政治部承擔解釋工作，若解釋後仍有生事者，則以反動論罪。（《王叔銘日記》（1951 年 6 月 6～8 日），「王叔銘檔案」，中研院近史所檔案館藏，館藏號：063-01-01-008。）

從上到下鋪設政工體系，在初期僅校尉級政工幹部便已逾萬。〔註17〕在指揮體系上，雖然政工幹部為部隊長之副主官，但卻是自成體系的「一個小王國」，無論人事、獎懲、預算編列及經費支用，都不受各級部隊長之指揮與節制。〔註18〕密布於軍隊中的這樣一個體系，自然受到美國方面的注意。

二、美國方面的反對意見

美國方面對蔣經國主持之政治工作反對意見的密集表達始於美國軍援顧問團〔註19〕進駐臺灣。1951 年 5 月，美國軍援顧問團作為美國對臺軍援的一部分，在臺北成立，首任團長為少將蔡斯。美國軍援顧問團全面參與臺灣當局的軍事預算編列，提供軍事諮詢，參與軍事訓練，督導臺灣軍方配合執行美國政策。美國在臺灣軍方的全面介入，不可避免地與政工系統產生了衝突。

5 月 23 日，美籍顧問柯克向蔣介石轉達美國軍事顧問對「國防部」設置總政治部之意見。美方對政治部制度極為懷疑，認為是「俄國之制度」。〔註20〕6 月，美方派美軍顧問鮑伯（Bar Ber）中校與總政治部進行接觸，瞭解政工制度具體內容。15 日，蔡斯就初步考察臺灣軍事的結果擬訂出一份報告，幾天後有關部門翻譯成中文交蔣介石，率直批評三軍之缺點，對政治工作尤表不滿，主張盡力提用留學歐美之人員。〔註21〕7 月初，美國駐臺臨時代辦藍欽向國務院報告了有關情況，其中重點提出政治工作問題及臺美雙方的不同認識。他指出，「政治委員會的問題接近於差距的中心」，這種差距將美國和臺灣「在一個意識形態和實踐領域分開」。藍欽雖然認為臺灣當局需要有能力應對「顛覆和間諜活動」，需要在部隊進行精神建設、鼓舞士氣，但也指出知情的美國人和許多（如果不是大多數）臺灣軍官認為「目前在這兩個領域

〔註17〕據 1950 年 2 月的報告，現有校尉級政工幹部 11000 人。見「鄧文儀呈蔣中正請核定所修訂建立政工制度方案及其相關措施」（1950 年 2 月 12 日），「中央政工業務（一）」，「蔣中正總統文物」，「國史館」藏，典藏號：002-080102-00014-005。

〔註18〕陳鴻獻：《1950 年代初期國軍政工制度的重建》，《國史館館刊》第四十二期（2014 年 12 月），第 69、71 頁。

〔註19〕即「美國軍事援助技術團」（Military Assistance Advisory Group, MAAG），是美軍派駐在亞洲以訓練當地常規部隊的軍事顧問團。

〔註20〕《蔣介石日記》手稿，1951 年 5 月 23 日。

〔註21〕《王叔銘日記》（1951 年 6 月 23 日），「王叔銘檔案」，中研院近史所檔案館藏，館藏號：063-01-01-008。

使用的方法都是嚴重缺陷的」。除了對間諜的實際逮捕之外，在軍事機構的有效性方面，似乎弊大於利。〔註22〕

7月28日，香港工商日報刊出消息，因「總政治部」不獨深達整個軍事機構，而且深入保安隊各部門及國民黨當局各機構作廣泛活動，以及游擊隊及其他地下組織與大陸情報人員之活動之內，政工人員比部隊長官具有相同或較大之權力。傳蔡斯向蔣介石建議撤消或改組「總政治部」，並稱據傳蔣經國立即提出抗議，並令草擬意見書送交顧問團。次日該報刊出消息更正傳言，謂蔡斯發表聲明否認建議改組臺灣軍隊，但謂正與臺灣參謀當局討論研究。此類消息無疑對人心不利，31日，臺灣的《中央日報》刊出消息，謂蔡斯否認改組臺灣軍事機構的傳言，證實軍援正源源運到。〔註23〕

「總政治部」的觸角不但伸到防守臺灣的各部隊，還伸到潛伏於大陸的游擊隊中。協助國民黨在大陸進行游擊活動和情報工作的「西方公司」人員貝亞士（R. W. Pears）對此提出抗議。9月27日，貝亞士給蔣介石一封信，稱自己雖曾同意蔣介石以派遣政工方式肅清游擊隊中間諜問題的提議，但經認真考慮，希望對政工工作內容和方式有進一步瞭解後，再決定是否採納建議。貝亞士提出五點疑問：

「1. 在軍事機構或半軍事機構中，政工人員之任務為何？2. 政工人員之專責及職掌為何？3. 政工人員以何種方法執行其職責？4. 政工人員對何人負責？——部隊長抑或政治部某一直屬長官？5. 政工人員是否另有其單獨之行文系統？」〔註24〕

「總政治部」設立後的三年間，美方對政治工作在軍隊的運行不斷表示著疑惑。1951年10月，負責中國經濟事務的官員巴尼特（Robert W. Barnett）給遠東事務助理國務卿臘斯克的備忘錄中，指出根據孫立人和蔡斯的說法，秘密警察、反情報、舉報人和軍隊中的政工活動對良好的軍事紀律、高昂的士氣和

〔註22〕The Chargé in the Republic of China (Rankin) to the Department of State, July 6, 1951, United States Department of State. Aandahl, Fredrick, Editor, *Foreign relations of the United States, 1951. Korea and China (in two parts)*, Volume VII, Part 2, Washington, D.C.: U.S. Government Printing Office, 1983, p1732.

〔註23〕香港《工商日報》1951年7月28日剪報、1951年7月29日剪報，《中央日報》1951年7月31日剪報，「美國協防臺灣（二）」，「蔣中正總統文物」，「國史館」藏，典藏號：002-080106-00049-008。

〔註24〕貝亞士呈蔣介石函（1951年9月27日），「國防部總政治部任內文件（三）」，「蔣經國總統文物」，「國史館」藏，典藏號：005-010100-00052-008。

有效的戰鬥潛力構成了一個幾乎無法克服的障礙。〔註25〕部隊政治訓練占訓練時間 15%～25%，蔡斯擔心政治教育佔用時間過多，因此邀「總政治部」派人與顧問團人員商談。〔註26〕1952 年 9 月，在與蔣介石討論預算政策及軍事方案時，蔡斯批評臺灣武裝部隊的指揮系統薄弱，權力過分集中在「國防部」，部隊指揮官逃避責任的一個原因是政治部門的存在。蔡斯指出政工人員干涉人事程序，政工人員通常負責全面的人事職能，而他們並沒有受過這方面的培訓。〔註27〕蔡斯認為，參謀組織內的政治部造成參謀作業的混亂，在各級司令部內存在著政治與軍事雙重參謀制度，這與美國現行每一軍事部門只有一個參謀長或執行官的參謀原則不一致。〔註28〕1953 年 6 月，美國參謀首長聯席會議主席雷德福（Arthur W. Radford）訪問臺灣時指出，他擔心：「過度政治灌輸和控制對年輕軍官造成的愚弄影響」。「政治前景似乎高於軍事技能，由此導致廣泛的不安全感和小集團的養成，削弱了指揮系統」。〔註29〕

　　政工制度也成為蔣介石政敵的武器，在因毛邦初事件而引發的對臺灣當局的攻擊中，李宗仁堅稱美國軍事援華顧問團團長蔡斯曾一再促使蔣氏廢除政工，但未獲實現。〔註30〕李宗仁的說法反映了當時輿論界一個較主流的看

〔註25〕 Memorandum by the Officer in Charge of Chinese Economic Affairs (Barnett) to the Assistant Secretary of State for Far Eastern Affairs (Rusk), October 3, 1951, United States Department of State. Aandahl, Fredrick, Editor, *Foreign relations of the United States, 1951. Korea and China (in two parts)*, Volume VII, Part 2, Washington, D.C.: U.S. Government Printing Office, 1983, p1820.

〔註26〕 蔣經國電蔣介石（1951 年 10 月 3 日），「一般資料——蔣經國致蔣中正文電資料（三）」，「蔣中正總統文物」，「國史館」藏，典藏號：002-080200-00626-096。

〔註27〕 The Chargé in the Republic of China (Jones) to the Department of State, September19, 1952, United States Department of State. Glennon, John P., Editor, *Foreign relations of the United States, 1952～1954. China and Japan (in two parts)*, Volume XIV, Part 1, Washington, D.C.: U.S. Government Printing Office, 1952～1954, pp106～107.

〔註28〕 「參謀區分及職業規定」，「國軍檔案」，「國防部」藏，總檔案號：00055506，轉見陳鴻獻：《1950 年代初期國軍政工制度的重建》，《國史館館刊》第四十二期（2014 年 12 月），第 76 頁。

〔註29〕 The Chargé in the Republic of China (Jones) to the Department of State, June18, 1953, United States Department of State. Glennon, John P., Editor, *Foreign relations of the United States, 1952～1954. China and Japan (in two parts)*, Volume XIV, Part 1, Washington, D.C.: U.S. Government Printing Office, 1985, p207.

〔註30〕 「蔣氏之政敵謂國軍不足廿萬人」（原文載 1952 年 3 月 3 日芝加哥日報），「毛邦初與李宗仁」，「外交部」，館藏號：11-07-02-10-23-042，影像號：11-NAA-04902。

法，這個看法迄今為止，也是學界的一個普遍性看法。事實究竟如何？閱讀檔案，我們會發現，雖然蔡斯等美國軍方人物在不同場合表達對政治工作的疑問和不滿，但其實他們的表述並不強硬，往往留有餘地，有時甚至是十分婉轉地表達疑慮。〔註31〕對於媒體流出的若干言論，美國軍方也是對臺灣當局採取了一定的保護。

正如 1951 年 12 月藍欽致國務院的報告中所言，考慮到國民黨軍隊相對低的政治成熟度，以及對軍事部門滲透的可能性一直存在，人們認為政工的存在是有用的。美國軍援顧問團一般採取這樣的立場，即不反對政治培訓，只要它不消耗太多時間，並且只要它不在軍事組織內引入單獨的指揮系統。因此，其工作方法是與臺灣當局一起討論修改和改進政治部門組織的基礎，「以便在不影響其有用活動的情況下消除其令人反感的特徵」。〔註32〕

三、蔣氏父子的應對

在 1951 年 5 月最初得知美方對政治部的疑慮後，蔣介石甚為憤慨，認為美國務院對自己無計可施，開始轉而攻擊蔣經國。自然，這是蔣介石書寫日記時對美方常用的憤懣口吻。痛恨之餘，蔣介石仍理性地吩咐宣傳組擬訂材料為美方解惑。〔註33〕29 日，美國軍援顧問團與「國防部總政治部」舉行了一次會談，蔣經國親自向美方解釋政治部的工作內容及性質。蔣經國首先說明「反共抗俄戰爭」的三個特點：作戰目標方面，蘇聯常用「中國人不打中國人」作宣傳，這使臺灣軍隊思想模糊，不知為何而戰，為誰而戰；敵人除武力外，特別側重思想組織與間諜戰。1946 年 6 月 1 日，撤銷軍事委員會及軍政部等組織，改設國防部後，根據美國顧問團建議設置新聞局、監察局、民事局及特勤署等單位，現在的政治部主要工作正是這四個

〔註31〕如在與「總政治部」就政治教育佔用時間過多的問題進行洽談時，蔡斯首先聲明報上關於顧問團批評政治部的話完全是記者的話，表明美方的友好態度。提出問題時，又聲明美國無意干涉，只因與作戰訓練時間有連帶關係，故而提出。（「美國顧問團蔡斯團長與國防部總政治部主任蔣經國及第五廳洪廳長會談紀要（1951 年 11 月 6 日）」，「國防部總政治部任內文件（三）」，「蔣經國總統文物」，「國史館」藏，典藏號：005-010100-00052-020。）

〔註32〕The Chargé in the Republic of China (Rankin) to the Department of State, December 11, 1951, United States Department of State. Aandahl, Fredrick, Editor, *Foreign relations of the United States, 1951. Korea and China (in two parts)*, Volume VII, Part 2, Washington, D.C.: U.S. Government Printing Office, 1983, p1865.

〔註33〕《蔣介石日記》手稿，1951 年 5 月 23 日。

部門業務的合併。合併為政治部的理由是提高工作效率，並節省經費人力。政治部的主要任務是鞏固軍心提高士氣，主要工作是推行四大公開，實施政治教育，提倡康樂活動。蔣經國強調，各級政工主管是「絕對跟從各該級部隊長的指揮，而斷不破壞軍隊的指揮系統，參謀長是部隊長的軍事幕僚長，政治部主任是部隊長的政治幕僚長」。在接下來的提問環節，顧問團首先問到的就是指揮權的問題，問部隊長發布命令是否須由政治主管副署？蔣經國予以否認，並指出各級部隊政工不會影響同級參謀長職權，「政工主官不過問軍政和軍令」。〔註34〕

　　蔣經國對美國軍援顧問團的解釋態度誠懇，在壓制美方第一波牴觸情緒方面起到了作用。關於副署權的問題，在起初的工作綱領中確實是規定了政工「對其主管業務」的副署權。但這一問題引起美方對部隊長職權受到干擾的擔憂。蔣經國一再對美方進行解釋後，〔註35〕又下令修改「政治工作綱領」中有關副署權的文字，以減少美方疑慮。1951 年 11 月 3 日，「國防部」發布命令，廢除政工副署權並修正「政治工作綱領」，如下：

　　　　一、依照「國軍政治工作綱領」貳之第四項「各級政治單位，為各該部隊機關學校醫院之幕僚機構，政治部主任為各該單位主官之政治幕僚長、團以下政工主官，為各該單位之副主官。」各級政工主官，已確定為幕僚長或副主官，行之既屬有效，則政工主官之副署權，自無繼續賦與之必要，應予取消。

　　　　二、修正「國軍政治工作綱領」肆之第一項「政治部主任直隸參謀總長，負責策劃政治工作之責，國防部所屬各級政工單位之命令文告，政治部主任應副署，在其主管業務範圍內得對外行文。」將原條文中間之「國防部所屬各級政工單位之命令文告，政治部主任應副署」兩句刪去。又肆之第三項「軍事機關部隊學校醫院一切

〔註34〕「美國軍援顧問團與國防部總政治部會談紀要」（1951 年 5 月 29 日），「國防部總政治部任內文件（三）」，「蔣經國總統文物」，「國史館」藏，典藏號：005-010100-00052-019。

〔註35〕繼 5 月的解釋工作後，10 月還有一次會談，蔣經國向蔡斯表示，「總政治部」舉行過一次調查，69 個團長以上部隊長中有 62 個認為政工配合得很好。並謂顧問團可以去訪察核實。（「美國顧問團蔡斯團長與國防部總政治部主任蔣經國及第五廳洪廳長會談紀要（1951 年 11 月 6 日）」，「國防部總政治部任內文件（三）」，「蔣經國總統文物」，「國史館」藏，典藏號：005-010100-00052-020。）

有關政治之命令文告，政治部主任均應副署」，全條刪除。〔註36〕

美方對部隊中是否存在政工與軍事兩個系統存有疑慮，代表蔡斯到臺灣陸軍總部工作的魏雷（John I. Willey）提出陸軍中政工權責似有超越指揮官的表現等問題。1951年11月19日，蔣經國一行到蔡斯辦公室向蔡斯、魏雷等人答疑。關於是否政工的某些決定可以不經過部隊長？是否意味著部隊中存在兩個系統？蔣經國指出政工政策計劃等均須經部隊長核定，工作實施歸部隊長監督，工作成果向部隊長報告，只是技術上的事可逕與政治部聯絡，這種程序與通信署的業務一樣。蔣經國稱部隊長知道政工人員所做的所有事，士兵雖可直接向政工彙報，但政工人員接獲報告後須轉告其指揮官，「政工人員猶如美軍中的牧師」，對士兵生活康樂特別注意，並指出30%～35%的政工並非國民黨員。蔣經國講述過去軍隊政治工作存廢的歷史，指出現在設立政工的必要性，稱1950年在部隊中發現了400餘間諜案件，其中300餘起發生於陸軍。有些政工在工作方法上發生了錯誤或偏差，「此非制度問題，乃人的問題，有許多政工人員的程度還不夠標準」。蔡斯指出，美國軍隊也有反間諜機構擔任保密防諜工作，但不干涉指揮系統，一切事務均報告其指揮官。聲明其本人並不是反對軍隊有此組織，美方的意見只是因為臺灣方面的政治工作似乎干涉到指揮權。蔣經國再次邀約美方派員共同研究該制度，以便改進完善。〔註37〕

經蔣經國邀約，美方派鮑伯前往政治部瞭解情況。蔣經國表示，希望鮑伯與其共同調查是否部隊中真的存在「兩個系統」，若真有此事，要設法改正，不過他覺得，這是對政工技術指導的「一種誤解」。並希望無論有何不確實消息皆能與其本人直接討論，不要聽信傳言，因為「過耳之言，常會引起誤解」。〔註38〕

在政工是否妨礙軍隊的一元化指揮之外，蔡斯還擔心政治教育佔用時

〔註36〕「國防部一般命令（1951年11月3日）」，「國防部總政治部任內文件（三）」，「蔣經國總統文物」，「國史館」藏，典藏號：005-010100-00052-024。

〔註37〕「美國顧問團蔡斯將軍與本國防部總政治部主任蔣經國談話紀要」（1951年11月19日），「國防部總政治部任內文件（三）」，「蔣經國總統文物」，「國史館」藏，典藏號：005-010100-00052-023。

〔註38〕「國防部總政治部主任蔣經國與鮑柏談話紀要」（1951年11月30日），「國防部總政治部任內文件（三）」，「蔣經國總統文物」，「國史館」藏，典藏號：005-010100-00052-039。為與前文一致，此處文中將「鮑柏」統一寫成了「鮑伯」。

間太多，蔣經國親自前往晤談。蔣經國解釋說，政治訓練包括士兵識字教育、保防訓練軍隊衛生、時事講述及思想等項，其中識字教育保防訓練占時最多，有成效，現士兵 90% 以上能識字，今後可考慮將政訓時間減少至 10% 左右。〔註39〕

貝亞士向蔣介石表示對游擊隊設立政工的疑問後，蔣經國也報告了此事，說貝亞士曾經非正式反對在游擊隊中設立政工，以免為「總政治部」所控制。蔣經國指出為向游擊隊灌輸革命思想，「非設置政工不可」。「國防部」已有正式命令，已成定案。建議針對貝亞士所提問題准備對案，並派「總政治部」副主任張彝鼎前往解釋。為保密起見，此事不可見諸文字。〔註40〕

在雷德福表示政治工作過度控制思想、造成不安全感時，蔣介石反駁說，高級官員和海軍中現存的小集團可能會有一些不安全感。但年輕軍官沒有反對政治訓練，政治信念只占他們評分的 10%，而且這項計劃的目的是在部隊內部實現更大的統一目標。對此說法雷德福並不能完全理解，於是邀請蔣經國訪問美國，以瞭解輿論的重要以及美國是如何解決類似問題的。〔註41〕

1953 年 10 月，蔣經國應邀訪美，訪問了美國中情局、司法部等相關機構，考察罪犯偵查實驗、特工人員訓練等業務，並與有關人員進行了交流。〔註42〕1954 年 1 月，蔣介石指示周至柔組織政工干涉指揮權與控制人事之調查小組，如美國軍援顧問團能有人參加更好，可請蔡斯保選，若由其本人參加尤為歡迎。〔註43〕周至柔旋即組織政治工作調查委員會，下設人事、訓練、作戰 3 個調查小組。周至柔任主任委員，蔡斯擔任顧問，陸、海、空、聯勤

〔註39〕「美國顧問團蔡斯團長與國防部總政治部主任蔣經國及第五廳洪廳長會談紀要（1951 年 11 月 6 日）」，「國防部總政治部任內文件（三）」，「蔣經國總統文物」，「國史館」藏，典藏號：005-010100-00052-020。

〔註40〕蔣經國電蔣介石（1951 年 10 月 1 日），「一般資料──蔣經國致蔣中正文電資料（三）」，「蔣中正總統文物」，「國史館」藏，典藏號：002-080200-00626-095。

〔註41〕The Chargé in the Republic of China (Jones) to the Department of State, June18, 1953, United States Department of State. Glennon, John P., Editor, *Foreign relations of the United States, 1952～1954. China and Japan (in two parts)*, Volume XIV, Part 1, Washington, D.C.: U.S. Government Printing Office, 1985, p207.

〔註42〕「蔣經國訪美期間電文暨報導及陳誠訪美會談資料」，「蔣經國總統文物」，「國史館」藏，入藏登錄號：005000000544A。

〔註43〕「蔣介石電周至柔」（1954 年 1 月 28 日），「籌筆──戡亂時期（二十二）」，「蔣中正總統文物」，「國史館」藏，典藏號：002-010400-00022-008。

之各軍總司令及「總政治部」主任為委員。蔡斯認為這或許是個解決問題的辦法，於是接受顧問職位。隨後，在美國軍援顧問團派駐政治部人員的建議下，政治官員職業指導課程開始設立，每期為期四周，目的就是讓政治官員熟悉美國工作人員的程序和戰術學說。〔註44〕這種人員互派和相關業務的交流一定程度上有助於化解隔膜和誤解。

蔣經國親自主持政治部一點似亦為美方部分人士所不滿。國民黨退臺前後，蔣經國的權力有很大加強，蔣介石有意「傳位」的議論沸沸揚揚。蔣介石的政敵也利用此點對其進行攻擊，如李宗仁對《芝加哥日報》表示：「蔣氏之長子蔣經國，顯然將為蔣氏之朝代繼承人，現負責軍隊政工，此項政工乃仿傚蘇俄體制者。」〔註45〕1952年，蔣經國又建立「青年救國團」的組織，在秘密警察之外，掌握了全臺青年。為減少為外人所詬病的壓力，蔣經國在建立起政治部各項工作秩序以及重要人事後，在1954年夏將「總政治部主任」一職轉交他人。但此後並未失去對政治部的控制力。「總政治部主任」雖數易其人，但「蕭規曹隨」，都沿襲蔣經國定下的制度，〔註46〕且若干重要人事任命仍由蔣經國決定。〔註47〕讓出「總政治部主任」職位之事在1951年就有心腹之人向蔣經國建議，〔註48〕此舉多少有助於減少美方對

〔註44〕 Memorandum by the Director of the Office of Chinese Affairs (McConaughy) to the Assistant Secretary of State for Far Eastern Affairs (Robertson), December 13, 1954, United States Department of State. Glennon, John P., Editor, *Foreign relations of the United States, 1952～1954. China and Japan (in two parts)*, Volume XIV, Part 1, Washington, D.C.: U.S. Government Printing Office, 1985, p1026.

〔註45〕「蔣氏之政敵謂國軍不足廿萬人」（原文載1952年3月3日芝加哥日報），「毛邦初與李宗仁」，「外交部」，館藏號：11-07-02-10-23-042，影像號：11-NAA-04902。

〔註46〕1958年上任的「總政治作戰部主任」羅友倫介紹：「總政戰部是經國先生手創的，幹部都是他找來的，他訓練的，他指揮起來格外得心應手，我擔任主任，一切都依照他的規矩來，安然無事。」（朱浤源、張瑞德訪問，蔡說麗、潘光哲紀錄：《羅友倫先生訪問紀錄》，中研院近史所1994年版，第213頁。）

〔註47〕在任命羅友倫之前，蔣經國曾兩次找羅談話，要其任總政治部主任職，羅未答應，後來未徵求其意見便直接宣布。（見朱浤源、張瑞德訪問，蔡說麗、潘光哲紀錄：《羅友倫先生訪問紀錄》，中研院近史所1994年版，第212頁。）

〔註48〕1951年6月24日，王叔銘曾與蔣經國商議如何應對美方不滿，建議將來可增一次長專管政治，至政治部主任可由別人為之，但政工制度必須維持。（《王叔銘日記》（1951年6月24日），「王叔銘檔案」，中研院近史所檔案館藏，館藏號：063-01-01-008。）

政治工作的不滿和懷疑。

四、美國對臺灣政治生態的適應性調整

經過蔣氏父子特別是蔣經國的解釋說服工作，加上美方對政治部工作也有幾分理解的基礎，美國並未採取強硬態度進行反對或壓制。但是這並不表明美方完全接受了政治部。經過幾年的發展，政工系統越來越完備，政工業務日益擴展。雖然蔣經國在美方壓力下，對政治部權責、業務進行過某些調整，但政工制度的根本特徵沒有改變過，政治部令美方反感之處並未消除。現有研究認為是蔣氏父子「不屈服美方壓力」使得政工制度得以維持。〔註49〕此點結論或許可以再來探討。

1954年初，臺灣方面請美方委派陸軍軍官擔任政治部顧問。負責國際安全事務的助理國防部長納什（Frank C. Nash）在致負責遠東事務代理助卿莊萊德（Everett F. Drumright）的信中指出，國防部的軍事部門和辦公室都不相信政治諮詢人員的任命將消除政工對軍事訓練「令人反感的干擾」。〔註50〕1月下旬，通過美方要電，蔣介石瞭解到，美方雖對政工制度之反對「不願取激進行動，但其要求取消之目的，仍將繼續不休」。〔註51〕在美方看來，政治工作對部隊的干擾與政工執行蔣經國的命令有關，因此解決問題的方案應在影響蔣氏父子來採取糾正措施。〔註52〕

此時美方對政工制度還持有較明顯的消極觀點，然而此後，美方對政工制度挑剔或反對的史料似乎瞬間消失。這頗令人費解。固然，蔣氏父子為消

〔註49〕如陳鴻獻：《1950 年代初期國軍政工制度的重建》，《國史館館刊》第四十二期（2014 年 12 月），第 82 頁。

〔註50〕The Assistant Secretary of Defense for International Security Affairs (Nash) to the Deputy Assistant Secretary of State for Far Eastern Affairs (Drumright), February 23, 1954, United States Department of State. Glennon, John P., Editor, *Foreign relations of the United States, 1952～1954. China and Japan (in two parts)*, Volume XIV, Part 1, Washington, D.C.: U.S. Government Printing Office, 1985, p365.

〔註51〕《蔣介石日記》手稿，1954 年 1 月 27 日。

〔註52〕The Assistant Secretary of Defense for International Security Affairs (Nash) to the Deputy Assistant Secretary of State for Far Eastern Affairs (Drumright), February 23, 1954, United States Department of State. Glennon, John P., Editor, *Foreign relations of the United States, 1952～1954. China and Japan (in two parts)*, Volume XIV, Part 1, Washington, D.C.: U.S. Government Printing Office, 1985, p365.

減美方顧慮，設立政治工作調查委員會、開設政工培訓課程，美方部分人士得以對臺灣政治工作的改進不斷地抱有些許希望。是蔣氏父子的若干措施完全消除了美方誤解和擔憂嗎？想來應不盡然。政工體系龐大，人員素質良莠不齊，政工業務的觸角頗有無處不在之勢，美方對此長期容忍，應還有其他的背景。

當不再只將關注點集中在政治部之上時，我們可以看到一些其他的變化。一項重要變化是國民黨敗退臺灣後逐步建立的政治生態正在形成。國民黨經歷大失敗後來到臺灣，在反思失敗的旗幟下進行了一場全面的改造運動。在某些方面改造的效果並不徹底，但是在中央權力的運作方面改造效果頗顯成效。大陸時期，蔣介石行使權力時經常會受到來自各方的掣肘。到臺灣後蔣介石以一個精簡的年輕化的權力核心取代過去龐大臃腫的權力中樞，新的權力核心派系的色彩大為減少，蔣介石的威權得到樹立。為增加凝聚力，退臺後的國民黨特別注重樹立蔣介石的個人威信。這也是「總政治部」在軍隊中進行的工作內容之一。士兵要宣誓效忠，樹立領袖形象是宣傳工作的一項指導原則。伴隨著臺灣新的政治生態的形成，在多變的局勢中美國對蔣氏領導下的臺灣政權產生著新的理解。

從1949到1954五年間美國官方對蔣介石的看法和評價有著很大的不同。1949年美國曾在著名的中美關係白皮書中批評蔣介石集團的腐敗與無能，1950年因遠東局勢變化而不得不繼續與蔣介石打交道。在這一年多的時間裏，美國考慮如何處置臺灣，如何對日媾和，中間經過對「由聯合國託管臺灣」的各方討論和利弊權衡，最後美政府認為當下並沒有一個可行性方案來解決臺灣問題。〔註53〕1951年12月，美國中情局提出「加強臺灣作為反共基地」的建議。〔註54〕這一建議得到決策部門認可，形成一系列基於這一政策的認識，其中一項重要的認識就是：美國應該盡可能加強而非削弱國民黨當局的

〔註53〕The Secretary of State to the Secretary of Defense (Lovett), Dec.7, 1951, United States Department of State. Aandahl, Fredrick, Editor, *Foreign relations of the United States, 1951. Korea and China (in two parts)*, Volume VII, Part 2, Washington, D.C.: U.S. Government Printing Office, 1983, pp.1860~1861.

〔註54〕Letter From Director of Central Intelligence Smith to Secretary of Defense Lovett, December 11, 1951, FOREIGN RELATIONS OF THE UNITED STATES, 1950~1955, THE INTELLIGENCE COMMUNITY, 1950~1955, pp230~232. 參見 https://history.state.gov/historicaldocuments/frus1950-55Intel/d98。該文件並未在已出版的 FRUS 中收錄。

聲望和領導地位。〔註 55〕在此認識基礎上，美國對臺灣事務雖有諸多干涉或施壓，但在臺灣內部事務方面大多留有討論餘地。經過幾年的觀察與磨合，到 1950 年代中期，美國官方呈現出對蔣介石對臺統治的信任感。

在 1954 年 9 月中旬美國中情局、國務院以及軍方情報組織共同參與制定的一份對臺灣當局的評估報告中，他們對蔣介石的統治進行了饒有興趣的審視。他們看到：「蔣委員長在政治舞臺上占主導地位，不是通過直接命令，而是通過政府內部的人物個性和派系間的間接和巧妙的平衡。他的傳統而巧妙的分治實踐可能在很大程度上決定了臺灣目前政治穩定的程度。」同時，他們也意識到，只要美國沒有大幅度減少對臺灣的承諾，臺灣當局便會繼續保留相當大的「獨立行動的能力」，並將「頑固地抵制美國的建議」。〔註 56〕1955年 4 月，在另一份評估中，美國指出目前臺灣的政治模式已與 1949 年以前的大陸情況不同，政權內部可以造成干擾的獨立的權力或影響力很少，政治和個人關係幾乎完全圍繞著蔣介石及其幕僚。他堅定不移地以回歸大陸為目標，不管這個目標是「多麼遙遠或不可行」。〔註 57〕

第一次臺海危機的發生使美國被迫做出勸說蔣介石從大陳撤退的決定，起初美國以為此舉可能嚴重影響臺灣士氣及國民黨在臺統治的穩定性。1955年 3 月，中情局局長致國務卿杜勒斯的備忘錄指出，「仍然有理由相信中國民族主義者對顛覆的脆弱性問題比人們普遍認為的更為嚴重」。〔註 58〕然而，經過觀察，美國的國家情報評估發現臺灣士氣的總體狀況仍然「相當不錯」，並

〔註 55〕 Memorandum by the Joint Chiefs of Staff to the Secretary of Defense (Lovett), March 4, 1952, United States Department of State. Glennon, John P., Editor, Foreign relations of the United States, 1952～1954. East Asia and the Pacific (in two parts), Volume XII, Part 2, Washington, D.C.: U.S. Government Printing Office, 1987, pp15～18.

〔註 56〕 National Intelligence Estimate, Septmber 14, 1954, United States Department of State. Glennon, John P., Editor, *Foreign relations of the United States, 1952～1954. China and Japan (in two parts)*, Volume XIV, Part 1, Washington, D.C.: U.S. Government Printing Office, 1985, p633、642.

〔註 57〕 National Intelligence Estimate, April 16, 1955, United States Department of State. Glennon, John P., Editor, *Foreign relations of the United States, 1955～1957. China*, Volume II, Washington, D.C.: U.S. Government Printing Office, 1986, p479、482、488.

〔註 58〕 Memorandum From the Director of Central Intelligence (Dulles) to the Secretary of State (Dulles), March16, 1955, FRUS, 1955～1957. China, Volume II, Washington, D.C.: U.S. Government Printing Office, 1955～1957, pp380～381.

沒有在臺灣大部分地區發現顛覆活動，整個島上都在採取強有力的對策。美國認為，臺灣士氣之所以沒有因為「外島」危機而低落，蔣介石及其「反攻」口號在其中起到重要作用。「蔣介石是回歸大陸希望的傑出象徵，也是這種希望的主要創造者和延續者。蔣在保持臺灣團結和目標感方面取得了獨特的成功。」若蔣介石死亡或退休，「將給臺灣局勢帶來嚴重的不確定性。」〔註59〕1957年，美國的情報評估指出，迄今為止，有成效的顛覆活動及其引發的叛逃很少，臺灣當局的安全措施「似乎足以防止任何對政權穩定的威脅」。同時認為，臺灣當局的長期維持將取決於美國的政策、中國大陸的發展以及國民黨領導人治臺的能力。若美國在支持國民黨統治方面失去興趣，或中國大陸穩定發展將加速臺灣的分裂和失敗主義傾向。〔註60〕

1950年代中期，美國評論著蔣介石的統治哲學和政治手腕，並不是以指責的態度。美國需要一個穩定、有力量的臺灣來配合自己的遠東政策，蔣介石的存在大大減少了臺灣渙散無力的傾向。美國要的是一個結果，不管這個結果是如何實現的。美國對蔣氏父子採取的安全舉措給予充分肯定，這個「反顛覆」的重要部門自然是「總政治部」。同時，在美國看來蔣介石的「反攻」主張是其維持臺灣士氣和政治穩定的重要武器，是其個人權威得以樹立的基礎。

對於蔣的「反攻」主張，美國內部是意見紛紜的，鑒於其可能造成的大戰風險，美國主流意見是慎重的。然而，美國基於對「反攻」主張是蔣介石聚攏民心士氣的法寶之認識，盡可能地避免公開正面表態，以免對蔣造成打擊。第一次臺海危機後，美國雖然被迫調整對「外島」的定位，提高了對臺灣當局輕舉妄動的警惕，但仍未以官方立場明白表達美國反對「反攻」以及「反攻無望」的看法。1958年第二次臺灣危機發生，臺灣當局的「反攻」宣傳加劇著國際上的恐戰情緒，美國無法再持續其模糊立場。美國對臺灣當局「反攻大陸」的消極說法被西方媒體大肆解讀，引起臺灣民心不安。美方將原來的「待機反攻」主張進一步推演，構思出讓「反攻大陸」精神化的說辭，來游

〔註59〕 National Intelligence Estimate, April 16, 1955, United States Department of State. Glennon, John P., Editor, *Foreign relations of the United States, 1955～1957. China*, Volume II, Washington, D.C.: U.S. Government Printing Office, 1986, p.479、482、488.

〔註60〕 The prospects for the Government of the Republic of China, August 27, 1957, *FRUS, 1955～1957. China*, Volume III, U.S. Government Printing Office, 1986, pp591～592.

說蔣介石。〔註61〕美國原本就有與政治部等部門聯合進行的所謂「心戰」計劃，現在為配合對臺新主張更要支持臺灣方面進行「心理戰」〔註62〕、「政治戰」。如此，政治部的存在也就更加順理成章。

五、結論

　　國民黨帶著大批軍隊退踞臺灣，為解決軍隊沒有凝聚力和戰鬥精神的問題，重建政工制度。蔣經國以低調實幹精神主持政治部工作，實施保防，進行思想教育，懲處貪腐、關心士卒，拉近官兵關係與軍民關係。不久，美國開始積極援助臺灣，向臺灣派駐軍事援助顧問團，對臺灣的軍隊進行整編。美國軍援顧問團剛到臺灣，即對「國防部總政治部」的工作產生嚴重懷疑。蔣介石決心抵抗美國的壓力，在回應的態度上卻非一意孤行，而是採以配合方式。蔣經國對美方的意見表現出足夠的耐心與誠意，並以加強雙方瞭解和溝通的方式化解美方不滿。對於美方反對意見的核心問題——副署權問題上，蔣經國採取了讓步的方法來獲取美方諒解。為解除美方疑慮，蔣經國以美國人身邊的「牧師」形象對政工這一角色進行說明，並在完成政工系統的組建工作後退居幕後，以減少政治部「師俄」的色彩。

　　美方對政治部工作從開始就沒有抱著堅決取締的態度。美國對國民黨所治軍隊軍心渙散、將士變節的歷史有所瞭解，亦知共產黨宣傳工作和政治工作的力量，認為國民黨在軍隊中設立政工是有用的。以蔡斯為首的美國軍援顧問團對政工是在接納的立場上進行反對，希望在不影響其有效性的前提下消除其令人反感的方面。並試圖通過軍隊的逐步重組、美國軍事人員方法的指導以及旨在修改政治官員職能和運作的新協議來克服這些問題。美方意識到這個任務的實現其實是很困難的，因為它將妨礙到蔣介石「最強烈欲望」即「保持對軍隊指揮的嚴密控制」的實現。〔註63〕儘管如此，美國還是容忍了這顆「沙子」的存在。

〔註61〕張淑雅：《臺海危機與美國對「反攻大陸」政策的轉變》，《中央研究院近代史研究所集刊》第 36 期（2001 年 12 月），第 267～278 頁。

〔註62〕1958 年 10 月 23 日，在臺美發表聯合公報當日，美方將領對臺灣軍方表示願意協助加強心理作戰工作。見《王叔銘日記》（1958 年 10 月 23 日），「王叔銘檔案」，中研院近史所檔案館藏，館藏號：063-01-01-017。

〔註63〕National Intelligence Estimate, Septmber 14, 1954, *FRUS, 1952～1954. China and Japan (in two parts)*, Volume XIV, Part 1, Washington, D.C.: U.S. Government Printing Office, 1985, p636.

　　這個容忍是以美國對臺政策調整和對臺灣逐步形成的政治生態的適應和接受為背景的。第二次國共內戰時期，美國曾深以國民黨的腐敗為慮，抱著「棄蔣」的念頭。美國未能阻止國民黨黨政集團及大批軍隊退臺，在朝鮮戰爭引起的遠東局勢劇變之下，臺灣的困境令美國憂心。美國政府逐漸認為應在臺灣樹立領導核心，美國對臺灣若干改革的協助和建議，應在加強而非削弱這個領導核心的基礎之上。在當時這個領導核心無疑就是蔣介石。蔣介石倡導反共抗俄，雖然極端而過火，卻符合美國的需要。蔣介石的統治手法雖不民主，卻能成功地維持臺灣的穩定和凝聚力。1955 年前後，在蔣介石 68 歲時，美國便開始擔憂因蔣的殞沒而帶來的臺灣局勢的不穩。〔註 64〕正是這種心理最終使美國對政工制度採取了一定的寬容與讓步。蔣介石「反攻大陸」的號召在造成凝聚力的同時也讓美國頭痛。為約束臺灣當局的軍事冒進，美國不得不鼓勵臺灣推動「政治作戰」，將「反攻大陸」的目標精神化。1958 年第二次臺海危機中，蔣介石向公眾做出「不憑藉武力」返回大陸的承諾，美國對臺灣政工制度的包容立場亦由此確立。

〔註 64〕National Intelligence Estimate, April 16, 1955, *FRUS, 1955～57. China*, Volume II, Washington, D.C.: U.S. Government Printing Office, 1986, p488.

第六章　從假調解到真介入：李彌撤軍問題下美國對臺態度轉變

　　國民黨集團撤退臺灣後，在雲南的李彌殘部撤退至相鄰的緬甸，成為侵擾緬甸邊境的游擊隊。因緬甸已於 1949 年 12 月承認中華人民共和國政權，並與臺灣當局中斷官方聯繫，有關問題多通過美國進行交涉。〔註 1〕從 1950 年 7 月美國出面斡旋，勸說臺灣當局令李彌部隊撤離緬境，到 1953 年 11 月臺灣當局開始實施第一批撤退，中間三年有餘，在國民黨剛剛經歷了大失敗、對美國多有依靠背景之下，這其實頗有超乎想像的意味。其中原因何在？本章擬加以還原與解析。

〔註 1〕早期研究有：曾藝：《滇緬邊區游擊戰史》（上、下）（臺北：「國防部史政編譯局」，1964）等。近年來研究如：覃怡輝：《李彌部隊退入緬甸期間（1950～1954）所引起的幾項國際事件》（《人文及社會科學集刊》（臺北）2002 年第 4 期，第 561～604 頁）；胡禮忠、張紹鐸：《國民黨軍隊殘部在滇緬邊境的活動及第一次撤退臺灣始末（1950～1954）》（《史林》2011 年第 5 期，第 125～133 頁）；范宏偉：《緬北蔣軍撤臺與蔣介石「反攻大陸」：臺灣與美國的分歧和妥協》，（《南洋問題研究》2012 年第 2 期，第 78～85 頁）；傅敏：《分歧與抉擇：從「蔣廷黻資料」看臺灣圍繞緬甸控訴案的交涉》（《社會科學輯刊》2016 年第 4 期，第 115～122 頁）；Kaufman, Victor S, "Trouble in the Golden Triangle: The United States, Taiwan and the 93rd Nationalist Division" in *The China Quarterly*, No.166, June 2001, pp440～456 等。李彌滯留緬甸軍隊有關資料很多，上述研究不同程度地使用了英文資料、臺灣當局「國防部」、「外交部」等方面資料和部分日文資料，使該項研究在某些角度呈現出較為豐滿之態，但在另一些方面尚存不足。隨著開放史料日多，仍有必要對這些不足進行探討，同時匡正以往研究中不確之處。李彌軍自緬撤臺，實際有前後兩次分批操作，1953 年 11 月至 1954 年 5 月曾有三批撤退，是為第一次。此次撤退與 1961 年的撤臺工作雖有關聯，但實有各自不同的主因與背景。本章重點放在 1950～1953 年美國居間調解的態度轉變及對臺交涉經過方面。

一、美國對臺傾向於理解

1949 年 12 月至 1950 年春，國民黨第二十六軍與第八軍殘部一千四百餘人〔註2〕自雲南輾轉抵達泰緬邊境。此時，第二十六軍軍長余程萬已前往香港，第八軍軍長李彌則赴臺北向蔣介石請纓前往泰緬邊境收容舊部，並提出在中國西南邊區建立反共基地。〔註3〕獲蔣介石首肯後，〔註4〕李彌在 1950 年 4 月抵達曼，在臺灣駐泰人員掩護與幫助下展開工作。臺灣當局「國防部」同意自 5 月起，以每月泰幣十萬銖補助這支游擊隊。〔註5〕

在緬甸正式向聯合國控訴臺灣當局之前，李彌部隊的處境即已十分困難。李彌所部在泰緬邊境的活動，使地方不安，為兩國帶來困擾。緬甸承認中華人民共和國後，中緬著手互建大使館，建立外交關係。為安定雲南邊境，新中國向緬甸表示，若無力驅離李彌殘部，中國人民解放軍可以代勞。為儘量減少境內戰事與不安，緬甸政府決定盡速解決此事。在緬甸撣邦（Shan State）、肯東（Keng Tung）、大其力（Tachi-leik）的李彌部隊一再被緬軍壓迫著繳械或離境。在 6 月 13 日緬機四架向其投彈後，臺灣「外交部」致電「駐美大使」顧維鈞，令其嘗試洽商美政府，望能電飭其駐緬大使出面斡旋，准許李彌部隊假以時日「徐圖遷移」。〔註6〕

〔註2〕1950 年 7 月美國據駐仰光使館過去幾個月的報告，認為緬甸邊境的國民黨殘部在 2000～5000 之間。(Memorandum by the Deputy Assistant Secretary of State for Near Eastern, South Asian, and African Affairs (Hare) to the Assistant Secretary of State for Far Eastern Affairs (Rusk), July 1, 1950, *FRUS, 1950. East Asia and the Pacific*, Volume VI, Washington, D.C.: U.S. Government Printing Office, 1976, p244.) 1951 年 9 月，據 CIA 情報，肯東、大其力等地的國民黨部隊略超過 1 萬人。(CIA-RDP82-00457R008600340011-2)

〔註3〕李彌呈蔣介石（1950 年 4 月 7 日），「李彌入滇工作計劃」，「國防部史政檔案」，檔號：0042897／003。

〔註4〕蔣介石在 1950 年 1 月 11 日即召見李彌，「訓示其回滇努力與革命自強之道」，見《蔣介石日記》手稿，1950 年 1 月 11 日。

〔註5〕李彌呈陳誠（1950 年 12 月 28 日），「雲南反共救國軍經費撥補案」，「國防部史政檔案」，檔號：00012007／001。這個數字後來有變化，1953 年時李彌稱每月從臺灣當局拿到 20 萬泰國貨幣的補貼。The Chargé in the Republic of China (Rankin) to the Department of State, March 3, 1953, *FRUS, 1952～1954. East Asia and the Pacific (in two parts)*, Volume XII, Part 2, Washington, D.C.: U.S. Government Printing Office, 1987, p61.

〔註6〕「外交部」電顧維鈞（1950 年 6 月 18 日發），「顧維鈞檔案」，檔號：Koo_0144_B81_0116。

　　為與美方交涉，顧維鈞覆電詢問李彌部隊情況，人數是否如報紙所載為兩千人？是否擬攜械離境？大約擬遷至何處？需時多久？當時，「外交部」的答覆是「我軍二千人擬攜械離境移往滇南，需時一月」。〔註7〕這一答覆實為一願望而已，中國人民解放軍駐守邊境，滇南無法進入。自6月起，緬甸軍隊與李彌所部戰事不斷，持續到8月中旬，以緬甸軍的失敗告終。

　　在軍事行動之外，緬甸也在進行一系列外交行動。一方面緬甸總理塔金努（Thakin Nu）透過印度總理尼赫魯（Jawaharlal Nehru）勸說新中國給緬甸足夠時間來解除李部武裝；一方面透過美國，使其向臺灣方面施壓，令李部向緬甸繳械，接受集中看管。6月29日，緬甸總理在電報中正式請美國政府出面斡旋。〔註8〕7月，緬甸政府又多次與美方交涉，保證會善待繳械士兵，並邀請美國駐仰光官員參觀拘留營。同時，緬甸也放出風聲，若李部拒不繳械，緬甸將於7月29日向聯合國安理會提出控訴。〔註9〕

　　在緬甸正式請託之前，美國就已就李部事與臺灣當局進行了接觸。駐泰國美大使史丹頓（Edwin E. Stanton）指出如事態擴大，恐中共將以剿滅國民黨殘部為由，對泰緬不利。〔註10〕7、8月間，緬甸不斷要求美國向臺灣施壓，並試圖將此事提交聯合國，面對此種壓力，美國多次同臺灣當局交涉。

　　7月下旬，美國將緬甸欲在二三日內訴諸聯合國之事告知，勸臺灣當局盡快令游擊隊繳械，以阻緬甸控臺之舉。顧維鈞認為「聯合國自公法與和平觀點判斷，恐將認我立場有不公」，因而主張配合美國要求。〔註11〕雖然美國也認為，若緬甸將此事訴諸聯合國，臺灣當局勢必陷於尷尬境地，為避免此種

〔註7〕顧維鈞電「外交部」（1950年6月18日發），「顧維鈞檔案」，檔號：Koo_0144_B81_0115；「外交部東亞司」來電（1950年6月23日發），「顧維鈞檔案」，檔號：Koo_0144_B81_0114。

〔註8〕Memorandum by the Deputy Assistant Secretary of State for Near Eastern, South Asian, and African Affairs (Hare) to the Assistant Secretary of State for Far Eastern Affairs (Rusk), July 1, 1950, *FRUS, 1950, East Asia and the Pacific*, Volume VI, Washington, D.C.: U.S. Government Printing Office, 1976, pp244～245.

〔註9〕The Secretary of State to the Embassy in China, July 28, 1950, *FRUS, 1950, East Asia and the Pacific*, Volume VI, Washington, D.C.: U.S. Government Printing Office, 1976, p246.

〔註10〕「外交部東亞司」來電（1950年6月23日發），「顧維鈞檔案」，檔號：Koo_0144_B81_0114。

〔註11〕顧維鈞電葉公超（1950年7月27日發），「顧維鈞檔案」，檔號：Koo_0144_B81_0109。

尷尬，理想的做法是立即令李部解除武裝並接受緬方看管，〔註12〕但「外交部」並未認真考慮顧維鈞和美方的意見。繼6月18日「外交部」發出希望美方為「徐圖遷移」進行斡旋的電文後，7月28日，「外交部」又向「駐美大使館」發出望「稍寬時日」的請求。臺灣方面不但認為此事需要「徐圖」，而且認為緬甸已承認中共，李部不應向緬甸繳械。〔註13〕幾日後，又進一步解釋說，「恐一經繳械有被緬政府送交中共之虞」。〔註14〕

　　7月28日臺灣再言「稍寬時日」時已不再說要潛入雲南，而是表示正在與有關方洽商新的落腳點。據臺「駐泰代辦」孫碧奇稱，法國駐泰國官員曾有意允李彌所部轉入法國控制下的越南老撾北部。〔註15〕此時其實已頗緊迫，臺灣方面已獲悉緬甸政府即將在安理會發聲的消息，但臺當局並未慌亂答應美國關於速令李部和平繳械的勸告，而是試圖為李部尋找新的落腳點。這個落腳點未能落實，法國拒絕了允許李部進入老撾的請求。此外，臺灣方面還曾與泰國政府交涉，擬以彈藥供應，使部隊潛入雲南，但泰國也拒絕了該項提議。〔註16〕

　　在美國的調停之下，李部並未能順利繳械，緬甸與李部仍在互相攻擊。8月4日，在駐美機構轉達美方催促之意後，臺「外交部」語氣強硬，答覆如下：

美外部（一）我現正設法勸告我入緬部隊，避免與緬政府繼續衝突，覓致和平解決方法；（二）緬甸業已承認中共，如政府逼令該部國軍向緬方繳械，恐引起該部官兵反感，命令執行難期順利，甚或挺而走險，另滋事端；（三）盼美方婉勸緬政府勿操之過急，徒為中共或緬境非政府軍隊製造機會，希迅洽電覆。〔註17〕

　　8月8日，美駐緬大使館八日電稱，緬內閣對向聯合國控訴行動的展期

〔註12〕The Secretary of State to the Embassy in China, July 28, 1950, *FRUS, 1950, East Asia and the Pacific*, Volume VI, Washington, D.C.: U.S. Government Printing Office, 1976, p246.

〔註13〕「外交部」電譚代辦（1950年7月28日發），「顧維鈞檔案」，檔號：Koo_0144_B81_0108。

〔註14〕「駐美大使館」電「外交部」（1950年8月9日發），「顧維鈞檔案」，檔號：Koo_0144_B81_0104。

〔註15〕「外交部」電譚代辦（1950年7月28日發），「顧維鈞檔案」，檔號：Koo_0144_B81_0108。

〔註16〕The Chargé in China (Strong) to the Secretary of State, August 11, 1950, *FRUS, 1950, East Asia and the Pacific*, Volume VI, Washington, D.C.: U.S. Government Printing Office, 1976, p249.

〔註17〕「外交部」電「駐美大使館」（1950年8月5日發），「顧維鈞檔案」，檔號：Koo_0144_B81_0105。

頗多反對，決定：如八月十四日前臺灣當局不訓令其軍隊繳械，則於十五日提出聯合國。美外部中國事務局局長將此意轉告臺灣當局，稱如提出聯合國，必使臺灣當局難堪。〔註18〕

在緬甸政府壓力下，8月間，臺灣當局確也有要求李部撤出緬境的指示。但鑒於泰國邊境交通一度封鎖，李部糧食斷絕，傷患收容請求被拒等因，李部未能按緬甸要求時間撤離。經交涉泰國邊境重開，8月23日，李部撤出大其力，向滇邊進發。〔註19〕

有研究認為美國自始即十分重視李部之事，基本上美國採取同情緬甸立場，反對李彌停留緬境。〔註20〕從美國多次以不同渠道勸說臺灣當局令李部繳械來看，這一結論似乎是成立的。然而，細而觀之，美國調處的措辭是婉轉的，立場是傾向於理解的，勸李部繳械態度並不堅決。8月11日，美國駐臺臨時代辦藍欽一行就李彌事訪問臺北「外交部」。在與美方洽談時，臺「外交部長」葉公超指出，曾與李彌溝通，李寧可辭職、不肯繳械。山高路遠、聯絡不便；緬甸已承認中共，向其繳械確有苦衷；臺灣當局不能完全控制李部；李部被緬甸軍襲擊……美方對這些困難均有所理解。藍欽等人並向華盛頓建議，若緬甸向聯合國提出控訴，可以說李部拒絕服從命令，可以回應說緬甸人採取軍事措施對待李部，並表示歡迎聯合國部隊採取行動。〔註21〕

聯絡不便、指揮不靈倒也是事實，在美國並不甚強硬的情況下，李彌本不情願的撤退在困難處境下自然遲滯緩慢。當時李部已與反緬勢力取得協議，獲得基地與資助，〔註22〕有在地生根之勢。同時，隨著東亞局勢劇變，美國

〔註18〕「駐美大使館」電「外交部」（1950年8月10日發），「顧維鈞檔案」，檔號：Koo_0144_B81_0103。因緬甸政府對提交聯合國一事尚有種種顧慮，實則於1952年方在聯合國大會口頭控訴國民黨當局侵略，1953年3月正式提出控訴案。

〔註19〕臺軍方函電（周至柔電「外交部」（1950年9月7日收），「緬境國軍」，「外交部檔案」，館藏號：11-01-09-06-02-009，影像號：11-EAP-05058）稱向滇邊進發，實則滯留於緬甸撣邦東部城鎮猛撒（Mong Hsat）。

〔註20〕覃怡輝：《李彌部隊退入緬甸期間（1950～1954）所引起的幾項國際事件》，《人文及社會科學集刊》（臺北）2002年第4期，第568頁。

〔註21〕The Chargé in China (Strong) to the Secretary of State, August 11, 1950, *FRUS, 1950, East Asia and the Pacific*, Volume VI, Washington, D.C.: U.S. Government Printing Office, 1976, p249.

〔註22〕「外交部」電「國防部」（1950年7月11日發），「緬境國軍」，「外交部檔案」，館藏號：11-01-09-06-02-009，影像號：11-EAP-05058。

某些勢力出於戰略需要開始秘密支持李部，李部在緬泰邊境滯留並發展。出於對美國居間調處仍懷希望等方面的因素，緬甸政府向聯合國控訴之事拖延了兩年有餘。

二、神秘的助力

1950 年夏朝鮮半島戰火燃起，這一事件使美國對其遠東政策進行調整。有研究認為，美國欲使李部牽制中共，以減輕美軍在韓國戰場的壓力。〔註 23〕不少西方研究描述了美國中央情報局（CIA）在總統杜魯門支持下秘密援助李彌之事。〔註 24〕臺灣地區較有代表性的覃怡輝的研究認同這一說法，指出中情局向杜魯門提出白紙方案（Operation Paper），並得到批准。從此，到 1952 年 4 月，中情局多次秘密為李彌所部提供援助。1951 年 11 月底美國國務院才從遠東事務助理國務卿墨錢特（Livingston T. Merchant）整理的備忘錄中獲悉事件始末。〔註 25〕然而，查閱檔案後筆者發現有些說法頗有疑問。此行動在臺「外交部」檔案中也有提及，只是美國這一行動的名稱與覃文有差異，為「Operation G」，且未指明是中情局所為，僅言「美方」。〔註 26〕因本人在中情局檔案及美國外交文件（FRUS）中均未看到有關行動名稱的資料，〔註 27〕故無法作出判斷。然而，從 FRUS 的一系列文件中，可發現，美國國務院

〔註 23〕Taylor, Robert H., *Foreign and Domestic Consequences of the KMT Intervention in Burma*, Ithaca, New York: Dept, of Asian Studies, Cornell University, 1973, p33.

〔註 24〕Leary, William M., *Perilous Missions: Civil Air Transport and CIA Covert Operations in Asia*. Alabama: The University of Alabama Press, 1984, p129; McCoy, Alfred W., *The Politics of Heroin: CIA Complicity in the Global Drug Trade*. Chicago: Lawrence Hill Books, 1991, p166; Fineman, Daniel, *A Special Relationship: The United States and Military Government in Thailand 1947～1958*. Honolulu: University of Hawaii Press, 1997, p137.

〔註 25〕覃怡輝：《李彌部隊退入緬甸期間（1950～1954）所引起的幾項國際事件》（《人文及社會科學集刊》（臺北）2002 年第 4 期，第 569～572 頁。

〔註 26〕孫碧奇電「外交部次長」（1951 年 2 月 8 日發），「緬境國軍」，「外交部檔案」，館藏號：11-01-09-06-02-009，影像號：11-EAP-05058。

〔註 27〕有人指出，「白紙方案」實際上是美國在泰國和緬甸的秘密從事的販毒活動。啟動「白紙方案」的決定是由政策協調辦公室（OPC）內部的一個小集團做出的，CIA 支持該項目。因與官方反毒品的政策不一致，因而保持絕密，即便是其中的重要事件也根本沒有官方記錄。在美國空運和武器支持下，李彌部隊非法走私的毒品幾乎占到世界鴉片供應量的三分之一。（Peter Dale Scott, Operation Paper: The United States and Drugs in Thailand and Burma, The Asia-Pacific Journal, Vol 8, Issue 44, Number 2, November 1, 2010, pp1～2.）

自 1951 年 7 月底經英方交涉，就發覺有美國人暗中支持李彌所部一事，且進行了調查，沒有中情局支持的確切證據。在 11 月底墨錢特的文件中並沒有中情局如何援助李彌的確切信息，也沒有所謂事件始末。〔註 28〕當時中情局的報告所言情況不但不能證明它支持李彌所部的活動，卻恰恰相反地表明中情局希望杜絕中緬邊境有限軍事行動的意圖和建議。

1951 年 7 月，英國大使館公使史提爾（Christopher Steel）、參贊托姆林森（F. S. Tomlinson）與美國國務院遠東局墨錢特、菲律賓及東南亞事務局局長萊斯（William S. B. Lacy）會談。史提爾指出緬甸人確信美國參與武裝並可能指揮中國國民黨在緬甸的軍隊，英國政府擔心，除非採取一切可能的措施將國民黨的軍隊趕出緬甸，否則在不久的將來，英美可能要面對中國共產黨人和緬甸軍隊對國民黨軍隊的一致行動。墨錢特認為英國政府也像緬甸政府一樣，確信美國政府參與了武裝李彌部隊的行動。墨錢特聲明並不知道任何美國參與李彌所部的事，並且他以為國民黨軍隊大部已進入雲南，在那裡牽制中共，這對英美應該是個好消息。〔註 29〕

8 月 1 日，中情局的備忘錄認為國民黨軍隊在中緬邊境地區的存在，給緬甸政府以外交壓力，甚至為中共軍隊進入緬甸領土提供了藉口。由於無法成功鎮壓這種軍事行動，國民黨部隊在緬甸的活動削弱了緬甸政府的威信，也有助於中共對緬甸共產黨的援助。因此，中情局認為緬甸「邊境地區有限的軍事行動必須被視為持續的危險」。〔註 30〕

8 月 10 日，墨錢特告訴托姆林森，他已在內部進行了徹查，無法確認英方提出的美國參與武裝或指揮國民黨留緬軍隊之事。墨錢特說，美國國務院

〔註 28〕1951 年 11 月 28 日墨錢特提供的備忘錄確曾提過，據人介紹，泰國總理提到美國中情局人員曾接洽過他，請其為李彌提供幫助。（Memorandum by the Special Assistant for Mutual Security Affairs (Merchant), November 28, 1951, *FRUS, 1951, Asia and the Pacific (in two parts)*, Volume VI, Part 1, Washington, D.C.: U.S. Government Printing Office, 1977, pp316～317.）但這一情況經中間人轉述，且並無詳細情況或確切證據。

〔註 29〕Memorandum of Conversation, by the Deputy Assistant Secretary of State for Far Eastern Affairs (Merchant), July 31, 1951, *FRUS, 1951, Asia and the Pacific (in two parts)*, Volume VI, Part 1, Washington, D.C.: U.S. Government Printing Office, 1977, pp277～278.

〔註 30〕Memorandum by the Central Intelligence Agency, August 1, 1951, *FRUS, 1951, Asia and the Pacific (in two parts)*, Volume VI, Part 1, Washington, D.C.: U.S. Government Printing Office, 1977, pp283～284.

收到過有關美國武器通過私人渠道從泰國偷運到李部的傳聞，美國與英國一樣對此不安。幾周以來，美方一直在促使緬甸政府保持冷靜；同時在臺灣向國民黨當局作出強有力陳述，以期臺北向李彌發出指示，留在雲南，並遠離緬甸邊境。〔註31〕

8月22日，在給駐緬大使館的密函中，國務卿艾奇遜明確表示已對美國支持李彌部隊的謠言進行詳細調查，基於這個調查國務院授權駐緬使節斷然向緬甸政府否認美國政府目前或將來與該部隊有任何官方或非官方的聯繫。此外，已採取有效措施消除和在將來防止美國公民私人以槍支或以其他方式支持這些游擊隊員的可能。函中，艾奇遜表示美國並不掩飾對中國境內反共力量的希望，但李彌所部除外，美國和緬甸政府一樣急於消除李部對緬甸國內安全構成的威脅。〔註32〕

總之，從已公開出版的 FRUS（《美國外交文件》）看出，美國國務院雖然在 1951 年 7、8 月間就已應英、緬要求，調查美國與李部聯繫之事，但並沒有確認此事，且表達了希望盡快平息李部在緬甸邊境所造成威脅的心情。結合此間臺灣方面檔案觀之，美國確實數次詢問李部下落，望其撤離緬境，〔註33〕與美方同英、緬方面的表述沒有背離之處。至於中情局在隱瞞國務院情況下秘密援助李部之事，聯繫到中情局提交的備忘錄所示之意以及筆者在中情局解密檔案中並未發現援助李彌的線索來看，似亦匪夷所思。〔註34〕

經整理出版的 FRUS 不但未能證實美方支持李彌的傳聞，反有種種相悖之處。有三種可能：1. 中情局在極為機密之下援助李彌，且向國務院提供了

〔註31〕Memorandum of Conversation, by the Deputy Assistant Secretary of State for Far Eastern Affairs (Merchant), August 10, 1951, *FRUS, 1951. Asia and the Pacific (in two parts)*, Volume VI, Part 1, Washington, D.C.: U.S. Government Printing Office, 1977, p287.

〔註32〕The Secretary of State to the Embassy in Burma, August 22, 1951, *FRUS, 1951, Asia and the Pacific (in two parts)*, Volume VI, Part 1, Washington, D.C.: U.S. Government Printing Office, 1977, pp289～290.

〔註33〕駐泰孫碧奇在函電中指出，美方對李彌事極為重視，數次造訪，要求：1. 命令李彌部隊撤離緬境，2. 命令駐泰「大使館」不得以現金或軍械接濟李彌部隊。（見孫碧奇電「外交部」（1951 年 5 月 14 日發），「緬境國軍」，「外交部檔案」，館藏號：11-01-09-06-02-009，影像號：11-EAP-05058。）

〔註34〕由上文提到的 1951 年 11 月 28 日墨錢特備忘錄，美國國務院輾轉得知，泰國總理曾言 CIA 代表聯繫過他，希望其幫助李彌。此為筆者看到的關於中情局有意援助李彌的唯一線索。這與中情局提供給國務院的備忘錄表達之意是相悖的。

並不能完全體現其真實態度的備忘錄；2. 中情局若干人員以私人身份對李彌部隊持有同情，並暗中協助；3. 中情局於 1951 年 8 月 1 日的備忘錄並非最終觀點，隨著遠東局勢發展，中情局又有了新的看法。

經查閱有關資料，筆者又發現兩則史料。1951 年 12 月，中情局局長 W.B. 史密斯（Walter Bedell "Beetle" Smith）致國防部長洛維特（Robert A. Lovett）一封密函，由於預期韓國可能出現軍事停火，以及談判破裂的可能性，W.B. 史密斯提出對國民黨當局及其游擊隊如何運用的建議。W.B.史密斯認為應積極運用國民黨的游擊隊，「在軍事、經濟、政治和心理上加強臺灣作為反共基地的政策」。〔註35〕美國防部長將此信提交參謀長聯席會議，要求從軍事角度審查其建議，提出對策。參謀長聯席會議表示從軍事角度完全贊成中情局局長觀點，認為美國目前在遠東（包括東南亞）的秘密行動計劃應該繼續，並應在可行的情況下加速。文件最後提到，參謀長聯席會議注意到緬甸北部邊境地區「中國民族主義勢力所固有的軍事潛力」。〔註36〕由此，可看出 1. 美國確有充分運用國民黨散兵遊勇的想法，2. 美國在東南亞確有某些秘密行動，3. 李彌部隊對美國反共計劃的潛在價值曾被參謀長聯席會議肯定。基於這三點肯定的判斷，似可看出美國高層並非對秘密支持李彌事毫不知情。但由於此事在機密狀態下執行，美國政府也刻意地在公開的史料中抹去其痕跡，我們只能隱約看到一鱗半爪。

1951 年初，關於李彌部隊的傳言不斷，外傳泰國已依照美國指示，將逃入泰國約三師的國民黨軍隊改編為一支反共軍隊。1 月 14 日臺《工商日報》刊載曼 8 日合眾社電，臺當局駐泰代辦孫碧奇否認此傳言，說「絕對不確」。〔註37〕這只是對外之言，不足為信。從孫碧奇與臺「外交部」的函電往來，確實看到李彌部隊接受了美方的若干援助。1950 年 7 月初，美國派出考察團，

〔註35〕Letter From Director of Central Intelligence Smith to Secretary of Defense Lovett, December 11, 1951, FOREIGN RELATIONS OF THE UNITED STATES, 1950～1955, THE INTELLIGENCE COMMUNITY, 1950～1955, pp230～232. 參見 https://history.state.gov/historicaldocuments/frus1950-55Intel/d98。該文件並未在已出版的 FRUS 中收錄。

〔註36〕Memorandum by the Joint Chiefs of Staff to the Secretary of Defense (Lovett), March 4, 1952, *FRUS, 1952～1954, East Asia and the Pacific (in two parts)*, Volume XII, Part 2, Washington, D.C.: U.S. Government Printing Office, 1987, pp15～18.

〔註37〕「外交部」電陳誠、周至柔、王世杰（1951 年 1 月 19 日發），「緬境國軍」，「外交部檔案」，館藏號：11-01-09-06-02-009，影像號：11-EAP-05058。

訪問印度支那、印度尼西亞、馬來亞、緬甸、泰國和菲律賓，調查美國在這些地區所需軍援多少，軍援項目的優先次序，以及該地區需要美國軍援諮詢小組的特點。代表國防部長的軍事小組組長是厄斯金（Graves B. Erskine）少將。〔註38〕9月初，李彌與厄斯金接觸，厄斯金密告若美海軍部同意，將在援助泰軍之外酌予接濟。但此言只是假設情況下的意向表達。到1951年1月傳言紛起時，尚未有美方曾提議的視察員前往游擊隊，亦未有援助送達。〔註39〕但不久，孫碧奇致電表示，李彌於緬境修建一處機場，1951年2月，首批美方軍援由飛機運達。〔註40〕在1953年2月，李彌呈蔣介石的一封信中，也可瞭解到，1951年美方為刺激中共促成朝鮮停戰談判，曾資助李彌部隊軍械武器若干，令其進攻雲南，並派兩美國人隨行。在進攻雲南時，又在滄源接受美方空投槍支彈藥若干。〔註41〕可見，李部確曾獲得美方支持，只是這些支持是來自中情局還是美國私人途徑似難以查證。

在接受美方援助的同時，李部也在接受臺灣當局軍需品的供應。〔註42〕1951年4月14日、16日，李彌所部自猛撒（Mong Hsat）分兵兩路向雲南邊境推進。5月下旬開始進軍雲南。但7月下旬，李彌部隊因槍械彈藥和補給不足，部隊缺乏訓練，無法抵擋中國人民解放軍的強大壓力，只得再度退回緬境。作此嘗試後，臺灣方面向美方表示，李彌部隊嘗試進入雲南旋又被迫回緬，表明再次命令李部返回雲南是「毫無意義的」。由於緬甸集中營食物不足和虐待情況，緬甸的李彌部隊不會自願服從那裡的拘禁。除了其他阻力外，由於必須穿越緬甸，李彌部隊才能到達臺灣、印度支那或泰國，所以那些嘗試都將是不切實際的。〔註43〕

〔註38〕The Secretary of State to the Legation at Saigon, July 5, 1950, *FRUS, 1950, East Asia and the Pacific*, Volume VI, Washington, D.C.: U.S. Government Printing Office, 1976, pp114～115.

〔註39〕「外交部」電陳誠、周至柔、王世杰（1951年1月19日發），「緬境國軍」，「外交部檔案」，館藏號：11-01-09-06-02-009，影像號：11-EAP-05058。

〔註40〕孫碧奇電「外交部次長」（1951年2月8日發），「緬境國軍」，「外交部檔案」，館藏號：11-01-09-06-02-009，影像號：11-EAP-05058。

〔註41〕李彌呈蔣介石（1953年2月26日），「金馬及邊區作戰（五）」，「蔣中正總統文物」，「國史館」藏，典藏號：002-080102-00104-009。

〔註42〕「外交部」電孫碧奇（1951年2月16日發），「緬境國軍」，「外交部檔案」，館藏號：11-01-09-06-02-009，影像號：11-EAP-05058。

〔註43〕The Chargé in China (Rankin) to the Secretary of State, October 3, 1951, *FRUS, 1951, Asia and the Pacific (in two parts)*, Volume VI, Part 1, Washington, D.C.: U.S. Government Printing Office, 1977, p300.

臺灣當局的表態令美國無可奈何。由臺灣方面的資料看，美國某種勢力確實對李部進行了援助；而美國外交文件顯示，美國國務院調查無果，對緬甸並無令人信服的交待。緬甸政府不滿於美方說辭，不斷向美方表示，緬甸並不相信美國與李部無關。英國作為與緬甸政府有著密切聯繫的昔日的宗主國，也不能接受美國的說法，並也不斷地表示關注和疑問。

1951 年 11 月 20 日，美國駐緬甸代辦戴伊（Henry B. Day）與緬甸外交部長的談話中，外交部長對美國政府對共產黨分子的威脅〔註 44〕如此關注表示驚訝，並表示他認為緬甸比以往任何時候都處於更強大的地位。外長認為美國可以做的最有幫助的事，就是促使臺灣當局斷絕與李彌軍隊的一切溝通和支持。緬甸政府對共產黨分子的威脅採取樂觀態度，並強調國民黨軍隊帶來的麻煩，美國駐緬甸代辦認為，緬甸當局仍然懷疑美國政府以某種方式參與這些部隊的行動，並向他們提供武器和裝備，或者說緬甸相信美國政府本可採取更積極有效的行動。〔註 45〕

墨錢特在 11 月中旬訪問倫敦時，美國駐倫敦外交人員有多人向其詢問美國與李彌部隊是否有關係之事，墨錢特對此予以否認。然而，墨錢特獲知，泰國總理頌堪（Plaek Phibunsongkhram）曾跟英國大使說，美國情報局的一名代表已接洽過他，要求其提供某些設施來支持李彌。〔註 46〕關於泰國總理的說法無疑給英國外交人員以及美國駐英人員帶來許多困惑。

11 月 28 日，美國駐緬甸代辦進一步總結緬甸人對美國與李彌部隊的看法，指出緬甸當局在緬甸境內捕獲的國民黨士兵手中，發現了現代步槍和其他美國製造設備。緬甸人認為這些武器來自美國向臺灣提供的美援物資。被捕的國民黨官員表示，美國正在幫助他們。在過去的一年中，一再有報導說至少有兩名穿著制服的美國人在緬甸看過李彌部隊。人們相信這些傳聞是真

〔註 44〕1948 年 1 月 4 日，緬甸脫離英國六十多年的殖民統治，正式成立緬甸聯邦共和國，蘇瑞泰為首任總統。1948～1958 年，以吳努為首的反法西斯人民自由同盟為緬甸聯邦的執政黨。吳努政府於 1950 年 4 月至 1951 年底間，對緬甸共產黨發動三次大規模進攻，緬共武裝被迫全部轉入農村。

〔註 45〕The Chargé in Burma (Day) to the Secretary of State, November 20, 1951, *FRUS, 1951, Asia and the Pacific (in two parts)*, Volume VI, Part 1, Washington, D.C.: U.S. Government Printing Office, 1977, pp311～312.

〔註 46〕Memorandum by the Special Assistant for Mutual Security Affairs (Merchant), November 28, 1951 *FRUS, 1951, Asia and the Pacific (in two parts)*, Volume VI, Part 1, Washington, D.C.: U.S. Government Printing Office, 1977, pp316～317.

的。緬甸人得出的結論是，如果美國政府不是直接援助李部者，那麼至少可以施壓給臺灣當局阻止他們向李部供給武器。緬甸人認為李彌是根據臺北的直接命令行事的，美國政府本來可以採取堅定有效的措施，促使臺灣當局中斷與李彌之間存在的聯繫。〔註47〕

　　儘管美國政府一再向緬甸政府表達，願意與緬甸合作並希望有所幫助的善意，相當多的緬甸民眾及部分官員，以及英方部分官員都認為美國在支持李彌部隊的問題上難脫干係。在與美方交涉同時，緬甸再次對李彌部隊進行轟炸，〔註48〕並開始在聯合國就此事發聲。

三、美國態度在搖擺中轉向明朗

　　1952年在李彌留緬部隊問題上，美國的態度在搖擺中轉向明朗。起初，美國仍覺還有轉圜餘地，部分美媒及官員仍對李彌有所聲援和期待，美政府在觀望中並未施壓給臺灣當局。但，隨著英、緬等國對美國在李彌部隊事上的信任與接受度日益降低，緬甸開始在國際場合譴責李部，蘇聯等國予以聲援，美國承受的壓力加大。在觀察中，美國也越來越降低對李彌擾亂雲南的期許，更加注意到李部自身的種種問題以及它對東南亞及美緬關係可能帶來的負面影響。經過搖擺和觀察，1952年冬，在美國遠東事務助理國務卿艾利森（John Moore Allison）等人的推動和運作下，美國開始採取某些有實質意義的活動，擬訂遣返計劃、進行多部門間的溝通等等。

　　1952年初，在巴黎聯合國大會上，緬甸代表對李彌部隊提出口頭控訴，蘇聯外長維辛斯基（Andrey Yanuaryevich Vyshinsky）指責美國協助國民黨軍隊輸往泰國轉入緬甸。紐約前鋒論壇報社論為此撰文駁斥，稱維辛斯基「造謠生事」，並稱國民黨軍隊「首要職責維在保臺，但倘拒其參與世界抗共行動則屬錯誤」，調用國民黨軍隊「協助東南亞防務，實大有裨益」〔註49〕2月初，杜魯門的外交顧問杜勒斯在NBC節目中稱美應撤除對臺灣軍隊的限制，「俾

〔註47〕The Chargé in Burma (Day) to the Secretary of State, November 20, 1951, *FRUS, 1951, Asia and the Pacific (in two parts)*, Volume VI, Part 1, Washington, D.C.: U.S. Government Printing Office, 1977, pp314～315.

〔註48〕據李彌稱，1951年11月8、9兩日緬甸軍對李部進行轟炸，其後數度轟炸。（見「外交部」電顧維鈞（1951年12月1日發），「顧維鈞檔案」，檔號：Koo_0144_B81_0091。）

〔註49〕顧維鈞電葉公超（1952年1月7日發），「顧維鈞檔案」，檔號：Koo_0144_B81_0090。

可反擊中共」。〔註50〕同時，美國國務院仍在對緬甸施以拖延之策。艾奇遜親自寫信給緬甸大使館，指出國務院認為向聯合國控訴國民黨軍隊沒有任何作用，且會讓緬甸政府和其他政府感到尷尬。根據國務院獲得的情報，李彌部隊所獲得的武器和裝備已完全消除或減少到微不足道。經國務院調查美國與李彌關係，未能找到任何涉及的美國公司。〔註51〕此時，美國輿論似乎出現對李彌部隊有利的言論，美國政府似乎仍在堅持對臺灣當局和李彌部隊的隱性庇護。

2月1日，美國駐英大使吉福德（Walter Sherman Gifford）致函美國國務院，指出李彌軍隊襲擊雲南可能給緬甸乃至整個東南亞帶來的危險遠大於它所取得的短暫而模糊的優勢。駐英大使館特別注意到是謠言的持續存在，儘管美國當局一再否認官方同謀，但仍有持續不斷的報導指出美國國民在繼續參與援助這些國民黨軍隊，這令美國政府的否認蒼白無力。美國飛行員不定期為李彌部隊運輸物資，泰國在提供港口作為國民黨部隊後勤支持的集結區。李部對雲南小規模的襲擊會為中國共產黨提供進入緬甸的理由。更為重要的是，若美國幫助李彌的謠言不能澄清，會對東南亞國家造成重大影響，美國將在這個問題上失去印度等國的支持，而維辛斯基仍會繼續對此譴責。〔註52〕2月11日，英外交部發言人稱，英已向美緬兩國建議由聯合國派員調查緬北國民黨軍隊活動情形，並設法使其撤退。〔註53〕2月15日，美國駐緬甸代辦戴伊向國務院提供了一份詳盡的關於緬甸中立性〔註54〕的報告。指出緬甸大多數官員和人民仍在懷疑美國默許支持李彌的活動，因而懷疑到美國對緬甸

〔註50〕顧維鈞電葉公超（1952年2月11日發），「顧維鈞檔案」，檔號：Koo_0144_B81_0088。

〔註51〕The Secretary of State to the Embassy in Burma, January 15, 1952, *FRUS, 1952～1954, East Asia and the Pacific (in two parts)*, Volume XII, Part 2, Washington, D.C.: U.S. Government Printing Office, 1987, p3.

〔註52〕The Ambassador in the United Kingdom (Gifford) to the Department of State, February 1, 1952, *FRUS, 1952～1954, East Asia and the Pacific (in two parts)*, Volume XII, Part 2, Washington, D.C.: U.S. Government Printing Office, 1987, pp5～6.

〔註53〕顧維鈞電葉公超（1952年2月12日發），「顧維鈞檔案」，檔號：Koo_0144_B81_0087。

〔註54〕1949年12月，緬甸總理吳努宣布奉行獨立和不結盟的外交路線，但該政策的出臺有安撫反政府的緬共之意，實際態度最初有明顯親西方的傾向。朝鮮戰爭後緬甸政府開始頻繁強調中立，表示不會介入冷戰，維護國家獨立和主權。

勸說和努力的動機，不願接受美國的主張。大使館不斷接到關於李彌走私黃金和鴉片的報告，李彌部隊在當地人看來「與強盜沒有太大區別」。若美國不能打消緬甸人的疑慮，對美國強烈的敵對反應會隨之而來，緬甸政府如果不被親共政權所取代，也會被迫從中立轉為更加親共。〔註55〕3月26日，緬甸總理宣稱因李彌部隊留緬，緬政府「久感焦慮」，緬軍已開始向李部進攻，必可將李部驅出緬境。〔註56〕

　　李彌部隊潛入雲南的嘗試在1951年已告失敗，其走私活動在輿論界造成巨大的不良影響，為數不小的、不守法紀的殘兵遊勇給當地居民帶來困擾和負擔。英、緬等國對其可能帶來的東南亞的動盪惴惴不安。美國若繼續採取輕描淡寫的態度，可能使緬甸政府轉向更為親共的狀態或被親共政權取代。在此情形下，美國政府不得不逐漸轉變態度。1952年3月底，美國務院發言人稱緬政府已聲明該政府對李彌部隊有解除武裝及予以拘禁之國際義務，該國「自有維持其境內法律與秩序之一切權利」。〔註57〕當然，在一段時間裏，美國仍處在觀望期，此類貌似挺緬的聲明實際並無多大意義。美國態度的真正改變從1952年冬開始。

　　1952年10月，在第6屆聯合國大會，緬甸代表發言控訴國民黨當局侵略，蘇聯及亞非各國表示認同，對國民黨政權予以譴責。緬甸政府於11月1日，宣布撣邦24地區軍事戒嚴；並接受英軍事代表團建議，進一步於12月取銷土司制度，建立九個軍警區，分派高級警官擔任各區長官，以斷絕李部所能獲得的地方援助。

　　與此同時，李彌部隊在緬甸的活動增多，並更趨猖獗。有報導稱，約有500名中國國民黨軍人進入了孟休（Monghsu）地方政府所在地（距離肯東約90英里），佔領了執政的Sawbwa官邸並接管了稅務。有報告還稱，300～500名中國民族主義者已經轉而效忠共產黨，並在尋求與馬來亞共產黨人的接觸。同時，李彌部隊與克倫（Karen）族聯盟的危險也仍然存在。將李部遣離緬境

〔註55〕The Chargé in Burma (Day) to the Secretary of State, February 15, 1952, *FRUS, 1952～1954, East Asia and the Pacific (in two parts)*, Volume XII, Part 2, Washington, D.C.: U.S. Government Printing Office, 1987, pp12～18.

〔註56〕顧維鈞電葉公超（1952年2月26日發），「顧維鈞檔案」，檔號：Koo_0144_B81_0086。

〔註57〕顧維鈞電葉公超（1952年4月1日發），「顧維鈞檔案」，檔號：Koo_0144_B81_0084。

成為美國政府共識，各部門人員相繼加入，制定和修改遣返計劃，考慮如何應對臺灣當局的不合作，考慮如何誘使李部士兵離開等等。〔註58〕

　　助卿艾利森認為李彌部隊「對反共活動的潛在用處已被證明是非常輕微的，並且隨著時間的推移越來越少」。臺灣當局與泰國某些人員對李彌部隊援助損害著緬甸政府的權威。至少兩年來，緬甸的信念越來越強烈，認為美國可以而且應該為解決這個問題作出貢獻。來自緬甸官方和公眾的意見壓力正變得幾乎無法忍受。為維護美緬關係，應以行動證明：美國與緬甸境內的國民黨殘部沒有關係，並且美國在盡可能地幫助緬甸將他們清理出去。〔註59〕艾利森開始了積極的行動，一面試圖說服臺灣當局，一面聯絡中情局、駐曼及仰光大使及駐臺北的代辦。

　　10月30日到11月4日，艾利森赴臺與蔣介石討論李彌的問題。蔣介石要求援助這些部隊，並且似乎非常反對任何疏散計劃。艾利森表示，無論這些部隊過去曾有過什麼價值，很明顯他們現在是東南亞的破壞性因素，應將其從緬甸撤回。〔註60〕艾利森也與葉公超進行了一次長談，力勸臺當局撤退李彌留緬軍隊，謂此事可能影響美緬關係，並謂若臺灣接受建議，美方可保證李彌軍隊能攜械安全退出。葉公超仍以臺灣方面對李彌軍隊「實無調動控制能力」搪塞，且表示絕不贊成解散任何中國人民之反共組織。〔註61〕

　　11月初，緬甸國防部長巴斯瑞（U Ba Swe）向美國國防部副部長福斯特（William C. Foster）指出李彌部隊的存在成為緬甸安全的主要問題之一，若李部不願向緬甸繳械，可以美方作為中立的第三方，接受其投降，並通過空運和海運方式不借道泰國進行內部遣返。美國國防部所找的中間人將此遣返

〔註58〕Memorandum by the Assistant Secretary of State for Far Eastern Affairs (Allison) to the Under Secretary of State (Bruce), January 9, 1953, *FRUS, 1952～1954. East Asia and the Pacific (in two parts)*, Volume XII, Part 2, Washington, D.C.: U.S. Government Printing Office, 1987, pp42～46.

〔註59〕Memorandum by the Assistant Secretary of State for Far Eastern Affairs (Allison) to the Under Secretary of State (Bruce), November 18, 1952, *FRUS, 1952～1954. East Asia and the Pacific (in two parts)*, Volume XII, Part 2, Washington, D.C.: U.S. Government Printing Office, 1987, pp36～39.

〔註60〕Editoral Note, *FRUS, 1952～1954. East Asia and the Pacific (in two parts)*, Volume XII, Part 2, Washington, D.C.: U.S. Government Printing Office, 1987, p35.

〔註61〕葉公超電「胡次長」轉呈陳誠（1952年11月25日發），「顧維鈞檔案」，檔號：Koo_0147_B44-2b_0009。

方式帶話給李彌時，遭到了拒絕。〔註62〕這個方案成為美方考慮遣返計劃的底本。後來，藍欽等人又提出意見，認為從交通考慮，由肯東向南到曼而後通過泰國遣返要比從肯東翻過西南山脈到仰光簡單；並提出可考慮給每個軍官和士兵一筆錢，以誘使他們離開緬甸。總之，在蔣介石不願召回李彌的情況下，美方認為有必要先研究出具體計劃，然後使蔣介石接受。〔註63〕

該月18日，艾利森向副國務卿布魯斯（David K. E. Bruce）提交備忘錄，建議授權國務院遠東事務局與中央情報局接觸，以確定其對擬議遣返李部計劃的反應，尋求該機構的充分同意和合作。〔註64〕

1953年1月，李彌部隊的消息仍不斷從仰光流出，關於可能引起中共入緬的猜測以及李彌與吉仁叛軍〔註65〕合作的報導尤令美國不安。30日，美國副國務卿指示駐臺北「大使館」以有力措施來消除國民黨留緬部隊帶來的「爆炸性局勢」。有力措施的第一步是向蔣介石強烈表達美國政府的看法。雖然美國理解和同情國民黨對抗中共的願望，但它不能成為李彌部隊留緬的理由。〔註66〕美方明確告知臺灣方面，若此一問題在聯合國大會提出，美國政府歉難支持臺灣當局立場。〔註67〕

〔註62〕Memorandum by the Assistant Secretary of State for Far Eastern Affairs (Allison) to the Under Secretary of State (Bruce), November 18, 1952, *FRUS, 1952～1954. East Asia and the Pacific (in two parts)*, Volume XII, Part 2, Washington, D.C.: U.S. Government Printing Office, 1987, p38.

〔註63〕Memorandum by the Assistant Secretary of State for Far Eastern Affairs (Allison) to the Under Secretary of State (Bruce), January 9, 1953, *FRUS, 1952～1954. East Asia and the Pacific (in two parts)*, Volume XII, Part 2, Washington, D.C.: U.S. Government Printing Office, 1987, pp45～46.

〔註64〕Memorandum by the Assistant Secretary of State for Far Eastern Affairs (Allison) to the Under Secretary of State (Bruce), November 18, 1952, *FRUS, 1952～1954. East Asia and the Pacific (in two parts)*, Volume XII, Part 2, Washington, D.C.: U.S. Government Printing Office, 1987, pp36～39.

〔註65〕即克倫族（Karen），是一個居住在緬甸東部及泰國西部的民族，在安達曼群島也有少量克倫族移民，總人口約600萬人，其中40萬在泰國境內，其餘在緬甸克倫邦、克耶邦和撣邦。代表克倫族的政治組織——克倫民族聯盟自1949年起以武裝對抗緬甸中央政府，對抗的目的起初是獨立，之後則為爭取建立聯邦制度。

〔註66〕The Acting Secretary of State to the Embassy in the Republic of China, January 30, 1953, *FRUS, 1952～1954. East Asia and the Pacific (in two parts)*, Volume XII, Part 2, Washington, D.C.: U.S. Government Printing Office, 1987, pp48～49.

〔註67〕葉部長與美代辦藍欽公使談話簡要紀錄，「顧維鈞檔案」，檔號：Koo_0144_B81_0071。

四、撤退計劃的簽訂

1953 年 3 月，緬甸政府因不能解決留緬李彌部隊問題，幾至無法維持之地步，內閣總理擬辭職，或另組容共內閣。〔註68〕緬甸政府一面向美國攤牌，要在問題解決之前拒絕美援，一面正式向聯合國提出控訴。美國不得不轉向強硬，促使臺灣當局撤回李彌部隊。美國態度雖然明朗了，但臺灣方面仍試圖繼續搪塞拖延，蔣介石不接受建議，李彌拒不離緬，繼續交涉似困難重重。

3 月 17 日，緬甸外長藻昆卓（Sao Hkun Hkio）約見美國駐緬甸大使塞巴爾德，聲明從 6 月 30 日起緬甸終止美國技術合作署（Technical Cooperation Administration，簡稱 TCA）的協議，直到國民黨殘部留緬之事獲得解決為止。〔註69〕25 日，緬甸政府正式向聯合國秘書長提出控訴國民黨當局侵略案，案名為「緬甸聯邦所提關於臺灣國民黨政府侵略緬甸之控訴（Complaint by the Union of Burma Regarding Aggression against Her by Kuomintang Government of Formosa）」。控訴案除說明李部侵略事實外，要求安理會對國民黨當局的侵略行為予以譴責和制止。

自 1952 年 7 月，李彌收到最後一筆來自臺灣當局之外的援助款項 25000 美金之後，便不再有外援收入。〔註70〕美國的神秘助力消失，1952 年冬美國務院開始積極介入。1953 年 3 月緬甸政府的表現令美政府再次感受到壓力，唯有以更有效的方式繼續推進已經開始的行動。

美方同臺灣當局就李彌事的交涉是分兩條線進行的，一條是同蔣介石以及李彌本人的直接聯繫，一條是外交系統間的聯絡。據美方觀察，李彌只聽蔣介石一人的命令，因此，第一條線是最關鍵的，但也是最難有突破的。蔣介石認為李彌是西南游擊隊的靈魂，即便如美國的要求先撤離李彌所部 2000 人，也會對東南亞的反共局勢造成大的影響。蔣表示自己不會下命令撤離，

〔註68〕葉部長與美代辦藍欽公使談話簡要紀錄，「顧維鈞檔案」，檔號：Koo_0144_ B81_0071。

〔註69〕The Ambassador in Burma (Sebald) to the Department of State, March 17, 1953, *FRUS, 1952～1954. East Asia and the Pacific (in two parts)*, Volume XII, Part 2, Washington, D.C.: U.S. Government Printing Office, 1987, pp74～75.

〔註70〕The Chargé in the Republic of China (Rankin) to the Department of State, March 3, 1953, *FRUS, 1952～1954. East Asia and the Pacific (in two parts)*, Volume XII, Part 2, Washington, D.C.: U.S. Government Printing Office, 1987, p61.

除非事先徵求李彌本人的意見。〔註71〕而李彌回臺與蔣及美方人員面談後，表示絕不會發出撤離命令。經過幾年的發展，李彌部隊從開始的幾千人，發展到 26000 人。中緬未定界處的游擊隊皆以李彌馬首是瞻。為求生存，部隊已有在地化發展，從事農業，大部分在雲南有家庭，或者與當地婦女結合。李彌指出這些士兵都不願離開。〔註72〕

　　第二條線相對於第一條線而言是次要的，它的進行取決於第一條線的交涉。但第二條線的交涉涉及具體事項的討論和落實，亦不能忽略。因細節繁多，此處就不詳述，僅總結其概況如下：

　　一、臺灣當局外交人員欲繼續拖延的意圖明顯。李部問題畢竟已成功拖延了大約三年，臺灣外交人員已有思維慣性，想當然地存著繼續拖延的心理。當然，這與最高當局態度有關，在蔣介石未改變想法之前，外交部門只能盡力維持局面。葉公超曾向藍欽指出，臺灣當局雖曾屢召李彌回臺報告，但該部隊之生存並不依賴臺灣當局之補給，且因李彌屢向當局請求接濟而終未獲得結果，故臺灣方面對該部隊之控制權從未建立。〔註73〕這與李彌自己所述事實有出入。李彌稱每月從臺灣當局拿到 20 萬泰國貨幣的補貼，且大約 50 名無線電操作員和其他技術人員從臺灣乘機前往支持，還有臺灣提供的 21 次每次大約 1 噸的醫療用品和通訊設備。〔註74〕對於李彌部隊無法依賴臺灣當局所提供援助生存一點可能為事實，但葉公超的其他說法似有誇大。不難看出，以葉公超為首的外交人員在竭力應付美國的施壓。因「極峰（蔣介石）對即承諾下撤退命令一節不能同意」，〔註75〕「外交部」不得不支撐局面，有時會有言過其實的表現。

〔註71〕The Chargé in the Republic of China (Rankin) to the Department of State, February 22, 1953, *FRUS, 1952~1954. East Asia and the Pacific (in two parts)*, Volume XII, Part 2, Washington, D.C.: U.S. Government Printing Office, 1987, p57.

〔註72〕The Chargé in the Republic of China (Rankin) to the Department of State, March 3, 1953, *FRUS, 1952~1954. East Asia and the Pacific (in two parts)*, Volume XII, Part 2, Washington, D.C.: U.S. Government Printing Office, 1987, pp61~62.

〔註73〕葉部長與美代辦藍欽公使談話簡要紀錄（1953 年 3 月 2 日），「顧維鈞檔案」，檔號：Koo_0144_B81_0076。

〔註74〕The Chargé in the Republic of China (Rankin) to the Department of State, March 3, 1953, *FRUS, 1952~1954. East Asia and the Pacific (in two parts)*, Volume XII, Part 2, Washington, D.C.: U.S. Government Printing Office, 1987, p61.

〔註75〕「外交部」電顧維鈞（1953 年 3 月 11 日發），「顧維鈞檔案」，檔號：Koo_0144_B81_0060。

二、臺灣方面刻意強調對反共大局的影響，希望美國改變主意，不再促使離緬。臺外交人員指出，「今若反將已多年久占滇緬邊界艱苦支持之李軍撤退，難保予我軍心打擊視為不榮譽撤退，此與美最近推進對敵心理戰之政策，亦未免相背。且滇為我大陸西南後門重山峻嶺，一朝退出，將來為我恢復大陸計，再欲派兵進佔實非易事。」〔註76〕「緬北十分之七已為緬共控制而緬政府反共意志並不堅決，李部撤退後，緬北部是否即可解除共產黨之威脅，抑或將全部赤化，此點對美領導東南亞反共將極重要」。〔註77〕駐臺北的藍欽觀察到，臺灣當局認為美國的思想是短期的，考慮到美國在滇緬地區的政策波動，他們預計未來六個月或一年情況將會變化，屆時美國或將歡迎李彌入侵雲南。〔註78〕因此，在目下刻意強調李彌部隊對中共的現有的以及潛在的牽制作用，等待和加速美國政策變化，在臺灣外交人員看來是應有之策。

三、臺灣外交當局竭力討價還價。在 1952 年底 1953 年初美國方面經過討論已決定先撤離其中的一小部分，也就是 2000～3000 人。〔註79〕即便是一小部分，如果撤離成功，對美國也是有利的。因此在交涉中，美國並未要求一步到位，全部撤離。然而，在臺灣方面看來，先撤離一小部分也是不願接受的，許多細節都成為討價還價的內容。如，臺灣外交人員提出，「應聽其攜帶武器回臺」等。美方表示最切之希望是臺灣當局「決定可以遣回臺灣之原則，至於一切實施辦法頭緒紛繁須與各方詳為商定」。〔註80〕在最高層決定原則上接受遣返建議之前，討論細節是為拖延時間。後來，最高層雖然原則上接受遣返，但仍留有餘地，希望只是「象徵性」撤軍，因此外交人員的討價還價仍要繼續，這使臺美間就李彌問題上的交涉顯得十分艱難阻滯。

面對臺灣方面由上而下不配合的態度，美方拋出殺手鐧，提出此事與美援的關聯。3 月 21 日，藍欽向蔣介石申明美國的立場是高層機構間的決定；

〔註76〕顧維鈞電葉公超並呈轉(1953 年 3 月 4 日發)，「顧維鈞檔案」，檔號：Koo_0144_B81_0066。

〔註77〕「外交部」電顧維鈞(1953 年 3 月 11 日發)，「顧維鈞檔案」，檔號：Koo_0144_B81_0060。

〔註78〕The Chargé in the Republic of China (Rankin) to the Department of State, March 9, 1953, *FRUS, 1952～1954. East Asia and the Pacific (in two parts)*, Volume XII, Part 2, Washington, D.C.: U.S. Government Printing Office, 1987, pp66～67.

〔註79〕這個數字較緬甸政府的要求是有很大差距的。

〔註80〕顧維鈞電葉公超並呈轉(1953 年 3 月 4 日發)，「顧維鈞檔案」，檔號：Koo_0144_B81_0066。

在「可能存在增加或加速美國援助可能性」的當下，如果華盛頓討論此類問題的氣氛受到臺灣方面拒絕接受美國本案願望的不利影響，這將是最不幸的。同時，美方也退讓一步，放棄此前要求蔣介石向李彌正式下達撤離命令一點，只要蔣介石原則上同意。並保證，不管最終能否實施，只要原則上同意，就不是他的錯。〔註81〕蔣介石要求美方對其所言者作書面保證，然後再定。〔註82〕實際上已有讓步準備。3月28日，「外交部」向蔣介石彙報說，緬甸政府已向聯合國提出控訴。這也證明了緬甸政府的決心，使蔣介石打消此前所抱有的「緬甸只是嚇唬美國，不一定真會在聯合國控訴」〔註83〕的僥倖心理。當日，蔣介石對葉公超鬆了口，表示對美國要求李部撤退原則應允答覆，但仍必須強調說明李彌為反共游擊隊，臺灣當局無法指揮控制。〔註84〕

聯合國大會於4月23日通過將李部撤出緬境的決議案，由美、緬、泰與臺灣當局在曼成立一個聯合軍事委員會，以討論如何執行撤退李部的任務。此間，因蔣介石態度又有變化，執行的過程亦一波三折。

蔣介石在反共一事上抱有執念，並認為臺灣當局高舉反共大旗是美國所需要和歡迎的。在美國要求撤回李彌部隊問題上，蔣介石以為並非美國本意，而是「緬共所迫之使然，而英自亦從中慫恿」、「緬甸受俄共壓迫與鼓惑之甚」。〔註85〕6月，蔣介石向美國總統艾森豪威爾提出建立「亞洲反共國家組織」的建議，並調整對李彌部隊的處理意見，決定以「象徵性之撤退」來「容納美政府之意見」，但「不能保證我民眾對李部今後之斷絕接濟」。〔註86〕蔣介石以為美國只是被迫做出姿態，因此只以象徵性撤退來緩解美國壓力即可。由於臺灣方面始終抱有僥倖，不肯輕易放棄在中國西南留下的這支孤軍。李彌部隊方面也對外表現出負隅頑抗的姿態，不予配合。因在撤退人數問題上爭執不下，到9月15日聯合國第八屆常會開會之時，李彌部隊還沒開始撤退。

〔註81〕 The Chargé in the Republic of China (Rankin) to the Department of State, March 21, 1953, *FRUS, 1952～1954. East Asia and the Pacific (in two parts)*, Volume XII, Part 2, Washington, D.C.: U.S. Government Printing Office, 1987, p79.
〔註82〕《蔣介石日記》手稿，1953年3月21日。
〔註83〕 The Chargé in the Republic of China (Rankin) to the Department of State, March 9, 1953, *FRUS, 1952～1954. East Asia and the Pacific (in two parts)*, Volume XII, Part 2, Washington, D.C.: U.S. Government Printing Office, 1987, p66.
〔註84〕《蔣介石日記》手稿，1953年3月28日。
〔註85〕《蔣介石日記》手稿，1953年3月反省錄。
〔註86〕《蔣介石日記》手稿，1953年6月7日、6月10日。

　　此種情況下，美國代表於聯合軍事委員會中，堅請臺灣方面提出撤退人數估計數字，並謂如拒絕提出此項數字，會使人懷疑臺灣當局企圖「以象徵性撤退敷衍聯合國」。〔註 87〕17 日，緬代表不滿於臺灣方面的態度，宣布退出會議。9 月 18 日臺灣當局決定停止接濟李彌部隊，但不肯在撤退人數上讓步，堅持撤退 1500～2000 人為「最大努力之結果，無法再增」。〔註 88〕30 日，美國務院主管遠東助理國務卿面交顧維鈞密函一件，囑為轉遞。密函是艾森豪威爾寫給蔣介石的，大意為其本人對李彌在緬游擊隊事至為關切，亟盼設法早得盡可能最大數額之撤退。〔註 89〕「撤退計劃」終於在 10 月 12 日完成簽字。

　　「撤退計劃」從 1953 年 11 月 7 日開始實施，到 12 月 7 日完成第一批撤退，兩千餘人。在這個過程中，撤離士兵或故意逗留，或將武器留於猛撒（Mong hsat）委員會，以期重行組織別種隊。緬甸方面繼續施壓，印度方面也認為蔣介石並沒有「誠實地實施撤離」，只有少數強壯男子和可以忽略不計的設備被撤離。而各方均認為若美國願意，完全可以迫使蔣介石做得更多。〔註 90〕美方不得不向臺灣方面再加壓力，望臺當局表示誠意。〔註 91〕美國壓力下，加上李彌患重病，未撤之人生存困難，12 月 5 日，蔣介石令緬甸李彌部反共游擊隊參謀長柳元麟實行「全撤」。〔註 92〕

五、結論

　　國民黨在大陸失敗後，西南邊境殘部經李彌整合成為一支活躍於緬泰邊境的孤軍。緬甸欲將其驅離或使其繳械，美國是為主要的調停者。美國幾番

〔註 87〕「外交部」電顧維鈞（1953 年 9 月 15 日發），「顧維鈞檔案」，檔號：Koo_0144_B81_0036。

〔註 88〕顧維鈞電「外交部」（1953 年 9 月 26 日發），「顧維鈞檔案」，檔號：Koo_0144_B81_0030。

〔註 89〕顧維鈞電蔣介石（1953 年 9 月 30 日發），「顧維鈞檔案」，檔號：Koo_0144_B81_0023。

〔註 90〕The Ambassador in India (Allen) to the Department of State, March 9, 1953, *FRUS, 1952～1954. East Asia and the Pacific (in two parts)*, Volume XII, Part 2, Washington, D.C.: U.S. Government Printing Office, 1987, pp178～179.

〔註 91〕顧維鈞電葉公超（1953 年 11 月 24 日發），「顧維鈞檔案」，檔號：Koo_0144_B81_0005。

〔註 92〕蔣中正致柳元麟手諭（1953 年 12 月 5 日），「籌筆——戡亂時期（二十一）」，「蔣中正總統文物」，「國史館」藏，典藏號：002-010400-00021-072。

勸說、催詢，但調停作用有限。特別是在 1950 年 7、8 月間，美國的調停基本沒有發揮實質作用。根本原因在於美國立場貌似中立，實則傾向於臺灣當局，對其藉口與託辭持同情性理解的態度。對臺灣當局偏袒動機是出於美國在遠東的利益，正如一份絕密文件所揭示，李彌部隊一度被美國認為具有以游擊作戰潛入中國或防禦中國共產黨向東南亞發展的潛在價值。〔註 93〕臺灣當局不接受美國建議，甚至不惜在聯合國面對尷尬，原因何在？一方面，美國態度並不強硬，且採取了對臺當局理解的立場。另一方面，臺灣當局認為李部留在中國西南邊境有用。1950 年 6 月，朝鮮戰爭開始後，臺灣方面輿論以及若干重要領導人都認為第三次世界大戰不遠，「另一次美蘇攤牌即將在遠東發生」。〔註 94〕李彌所部在遠東局勢的動盪之中，承載了蔣介石的些許希望。

隨著朝鮮戰局發展，對李彌所部寄予希望的，不只是臺灣當局，若干美國人似也成為秘密支持李彌的幕後者。在一段時間內，美國國務院對此事並不知情，後來輾轉由泰國總理之口得知中情局人員曾參與此事。臺灣方面資料顯示，美國務院確實反對李彌留緬，也反對駐泰人員對其提供任何援助，但，也確有某美方勢力秘密援助過李彌。然而解密的中情局檔案缺乏線索，美國外交文件中亦無確切證據。這一神秘力量的參與令美國在外交上頗顯被動。美國國務院督促臺灣當局令李彌離開緬境，卻被臺灣方面以種種理由搪塞。美國只能以「臺灣當局是獨立的，美國無法控制」答覆緬方。〔註 95〕緬甸和英國對美國的作為頗為不滿，認為美國至少可以施壓給臺灣當局，使之斷絕與李彌的聯繫，或者至少可以採取措施防止美方某種力量給李彌的支持。在表達此種不滿的同時，緬甸再次對李部採取軍事措施，並準備在聯合國發聲。美國雖不斷向緬方表達願意合作、積極促成之意，卻已在李彌部隊事上逐漸失去緬甸信任。美國某種力量的「陽奉陰違」使美國務院在遠東遭遇尷尬；而臺灣當局的「不配合」，使美國這一反共陣營的「老大」經歷了一次不大不小的威望之挫。

〔註 93〕 Memorandum by the Assistant Secretary of State for Far Eastern Affairs (Allison) to the Under Secretary of State (Bruce), January 9, 1953, *FRUS, 1952～1954. East Asia and the Pacific (in two parts)*, Volume XII, Part 2, Washington, D.C.: U.S. Government Printing Office, 1987, p43.

〔註 94〕《各方密切注視 驟起暴風雨》，《中央日報》1950 年 7 月 9 日，第一版。

〔註 95〕1951 年 11 月 23 日，美國務院通知仰光大使館，見 https://history.state.gov/historicaldocuments/frus1951v06p1／d161 注 1。該文件在經過編輯的 FRUS 中，並無該注。

　　隨著緬甸、英國以及國際輿論給美國的壓力加大，美國在搖擺觀望中發生著改變。經過觀察，美國認為李彌部隊並不能在牽制中共兵力上發揮多大作用，而該部隊缺乏紀律約束，參與走私，擾亂地方。更為重要的是，它可能使緬甸政府更為親共，可能引起緬甸乃至東南亞的動盪，使美國在東南亞的反共立場得不到支持。此前，美國會為臺灣當局的搪塞和自己的不作為找藉口，諸如無法控制、無法撤離、不知情、不願捲入等等，但現在美國無法再以「查無此事」來敷衍外界對美方秘密援助李彌的質疑。國民黨敗退臺灣，已不同往昔，若說過去尚且需要承擔一定大國責任，現在更傾向於孤注一擲。蔣介石態度強硬，不願撤回緬甸孤軍，美國若不想使更為嚴重的後果發生，只能以更為明朗的態度介入此事。

　　1952 年夏美方對李部支持的神秘助力撤出，該年冬，美國務院改變不痛不癢從旁調停的姿態，更為積極地介入此事，不但要說服蔣介石同意從緬甸撤出李部，還制定計劃，承諾協助撤離。在最終達成「撤退計劃」的過程中，美國起到關鍵作用。若不是美國表明這是共和黨新政府的態度，若不是美國背後有巨大美援計劃的誘惑，蔣介石斷難同意撤回李部。然而，也應看到即便是在轉變態度之後美國對臺灣當局也還是懷有一定諒解與默許的成份。在美國看來，事情只要做到可以過關的程度即可。正因如此，無論是交涉過程還是執行過程，臺灣當局總有僥倖拖延或「象徵性」實施的心理。當然，在各方關注之下，蒙混過關或是暗度陳倉是難以實現的。

第七章 奄美群島予日事件

　　奄美群島是琉球群島的一部分，地理位置在北緯 27 度與 29 度之間，包括奄美大島、德之島、沖永良部島、喜界島、枝手久島、加計留麻島、與路島、請島、與論島等島嶼。明洪武五年（1372 年），琉球中山國王嚮明太祖稱臣。此後，琉球作為中國的藩屬國達數百年。1609 年以後，日本薩摩藩開始染指琉球，強迫琉球在向中國納貢的同時也向薩摩藩納貢。日本明治維新後國力大增，於 1875 年強行中斷中琉間的冊封關係，1879 年侵佔琉球，將奄美群島劃歸鹿兒島縣大島郡。二戰後，琉球由美國控制。1953 年，美將奄美群島「歸還」日本，[註1] 實為日本再據琉球的開端。

一、事件的發生

　　戰後不久，美國遠東司令部與國務院曾有將琉球行政管理權「歸還」日本的主張。1946 年 6 月，國務院、陸軍部、海軍部協調委員會（the State-War-Navy Coordinating Committee）在 SWNCC 59／1 號文件中提議琉球群島由日

〔註 1〕學界對戰後琉球問題的有關研究中，尤淑君：《戰後臺灣當局對琉球歸屬的外交策略》（《江海學刊》2013 年第 4 期），褚靜濤：《1951 至 1972 年蔣介石政權的琉球政策》（《安徽史學》2013 年第 5 期）從臺灣當局的角度進行了論述；羅歡欣：《琉球問題所涉「剩餘主權」論的歷史與法律考察》（《日本學刊》2014 年第 4 期），胡德坤、沈亞楠：《對盟國的抵制與索取：戰後初期日本的領土政策（1945～1951）》（《世界歷史》2015 年第 1 期），隋淑英：《戰後初期日本對琉球的領土政策——兼論釣魚島問題》（《近代史研究》2013 年第 5 期）等則涉及了「剩餘主權」論及日本對琉球的領土政策等問題。這些文章對於 1953 年奄美大島群島予日一事研究不充分。該事件是戰後日本佔據琉球的重要開端，有必要進行系統整理和再探討。

本保有，並解除武裝。但該觀點被主張美國應對這些地區單獨託管的美國參謀長聯席會議強烈反對。

1946 年 11 月，美國向聯合國提出將琉球同小笠原群島等交由美國託管的要求。1947 年 4 月，聯合國安理會通過《戰略防區之託管決定》，同意美國提案，認為琉球群島為無主之地，交由美國託管。

1948 年，防止日本軍國主義復活的目的從美國決策層的考慮中淡出，在太平洋某些島嶼長期保有基地和軍事設施，成為美國制定對日政策和未來和約方針的重要意圖。3 月，美國國務院政策計劃室形成兩個政策報告 PPS28 和 PPS28／1，對美國對日政策的調整發生了作用。國務院開始支持在琉球群島長久性軍事基地的建設，並謀求今後對群島處置的國際間的安排。〔註2〕10 月 7 日，國家安全委員會會議通過 NSC13／2 中除第 5、9、20 三段以外的內容，制定了美國對日本的一系列政策。其第 5 段是關於琉球處置的問題。26 日，代理國務卿洛維特致國家安全委員會執行秘書索爾斯（Sidney W. Souers）信函，提供了一份關於琉球處置的最新修改意見，指出美國應在沖繩及 29 度以南的琉球群島和馬庫斯島（Marcus Island，也叫南鳥島）、孀婦岩以南之南方諸島（NanpoShoto south ofSofuGan）長期保留設施，沖繩基地需立即發展起來。美國管理上述島嶼的部門需為經濟和社會福利以及在一個實際的程度上為居民的最終自治，立即制定並執行一個方案。美國需在合適時機為對這些島嶼的長期戰略控制謀求國際認可。〔註3〕

1950 年 1 月 12 日，美國國務卿艾奇遜在對國家記者俱樂部的即興講話中指出，美國認為琉球群島在防衛上佔據著並將繼續佔據著重要地位，考慮到琉球民眾的利益，美國會在合適時間將其交予聯合國託管。〔註4〕

1951 年 1 月 22 日，臺灣當局駐美「大使」顧維鈞致杜勒斯節略表示「中國政府對於琉球及小笠原群島，置於聯合國託管制度之下，而以美國為管理

〔註2〕Memorandum by Myron M. Cowen, Consultant to the Secretary of State, to the Secretary of State, Jan.25, 1952, *FRUS, 1952～1954, China and Japan (in two parts)*, Volume XIV, Part 2, U.S. Government Printing Office, 1985, p.1117.

〔註3〕The Acting Secretary of State to the Executive Secretary of the National Security Council (Souers), Oct. 26, 1948, *FRUS, 1948, The Far East and Australasia*, Volume VI, U.S. Government Printing Office, 1974, pp.876～878.

〔註4〕Memorandum by Myron M. Cowen, Consultant to the Secretary of State, to the Secretary of State, Jan.25, 1952, *FRUS, 1952～1954. China and Japan (in two parts)*, Volume XIV, Part 2, U.S. Government Printing Office, 1985, p.1117.

當局一節，在原則上可予同意」。〔註5〕

　　9月，在未邀請中國政府參加的情況下，部分盟國與日本締結的《舊金山和約》第二章第三條規定了琉球群島的地位：「日本對於美國向聯合國提出將北緯 29 度以南之南西諸島（包括琉球群島與大東群島）、孀婦岩島以南之南方諸島（包括小笠原群島、西之島、硫磺列島）及沖之鳥島與南鳥島置於聯合國託管制度之下，而以美國為唯一管理當局之任何提議，將予同意。在提出此種建議，並對此種建議採取肯定措施以前，美國將有權對此等島嶼之領土及其居民，包括其領海，行使一切行政、立法與司法權力」。〔註6〕

　　10月17日，駐日盟軍最高司令和遠東美軍總司令李奇微（Matthew Bunker Ridgway）將軍向參謀長聯席會議遞交了一份關於美國對琉球群島長期戰略的研究報告，指出美國在西太平洋離島鏈條上戰略地位的安全並不依靠美國憑藉託管等辦法取得的對琉球群島的政治控制，沒有理由認為美日間不能達成一項使得美國長期控制參謀長聯席會議所看重的琉球群島有關設施的令人滿意的協議。因此，他建議美國開始將這些島嶼「歸還」日本的行動。1952 年 1 月 25 日，新上任的國務卿顧問考恩（Myron Cowen）致艾奇遜備忘錄，詳細介紹了上述研究報告的結論，建議國務院採取這樣的立場：美國不應尋求對琉球和小笠原群島的託管，而應就美國保留其軍事設施控制權前提下將其「歸還」日本的問題進行雙邊安排。〔註7〕

　　1953 年 8 月 8 日，美國務卿杜勒斯由韓赴日，與日本首相吉田茂在東京美大使官邸會晤。會晤中杜勒斯代表美國政府宣布了一項美國放棄在奄美群島權利的聲明。隨後，杜勒斯向媒體宣布了同一聲明，稱：「美國政府切望在它和日本政府完成必要手續後，盡速放棄和約第三條所規定其對於奄美群島的權利，俾使日本恢復對該島嶼的統治權。」〔註8〕隨後，日本政府設立特別聯絡委員會，以準備接收奄美大島。該委員會派遣實地調查隊，調查瞭解該島現狀，以便制定相應對策。〔註9〕11 月 25 日，日本外務省發言人田付景一

〔註5〕《琉球地位問題說帖》，嚴家淦檔案，尚無檔號，中國社科院近代史所檔案館藏。

〔註6〕世界知識出版社編《國際條約集（1950～1952 年）》，世界知識出版社，1959，第 335～336 頁。

〔註7〕Memorandum by Myron M. Cowen, Consultant to the Secretary of State, to the Secretary of State, Jan.25, 1952, *FRUS, 1952～1954. China and Japan (in two parts)*, Volume XIV, Part 2, U.S. Government Printing Office, 1985, pp.1116～1120.

〔註8〕《杜勒斯抵日聲明美放棄奄美群島》，《中央日報》，1953 年 8 月 9 日。

〔註9〕《奄美大島交還日本　美日即將談判》，《中央日報》，1953 年 10 月 13 日。

宣稱，美日關於「歸還」奄美大島的會談已於 24 日正式開始。〔註10〕12 月
24 日，日本外相岡崎勝男與美駐日大使艾利森分別代表日美兩國在協定上簽
字，奄美群島被作為聖誕「禮物」移交日本。

二、日本蓄意為之

　　戰後美軍佔領琉球，著眼於其戰略價值，而對其政治歸屬沒有野心，也
無定見。而日本則處心積慮，欲將琉球攬入囊中。六、七十年代日本野心終
獲實現，而奄美大島歸日為其重要開端。

　　為在關涉利益問題上盡快達成一致並表明盟國的正義性，盟國在開羅宣
言表示：「此次進行戰爭之目的，在於制止及懲罰日本之侵略。三國決不為自
己圖利，亦無拓展領土之意思」。〔註11〕波茨坦公告也聲明「吾人無意奴役日
本民族，或消滅其國家」。〔註12〕戰後，日本在各種場合援引盟國的此類言論，
確保自身獨立完整和民族利益之意本無可厚非，但後來事實證明，日本在守
住自身利益之外，還有更多的圖謀。而波茨坦公告有「日本之主權必將限於
本州島、北海道、九州島、四國，及吾人所決定其他小島之內」一條，「及吾
人所決定其他小島之內」一語給日本部分有領土野心者留下了復萌餘地。

　　日本國內一股勢力本就不甘於失敗，戰爭結束後即開始秘密研究如何應
對領土問題，如何最大限度保住和重獲太平洋島嶼。1945 年 11 月，日本外務
省成立和約問題研究幹事會。1946 年 5 月底，日本和平條約問題研究幹事會
提交了第一次研究報告，明確提出對於將由盟國決定的、與日本本土附近的
其他小島，應基於各種理由，極力謀求擴大日本保有的範圍。關於琉球群島，
他們認為交與盟國共同託管或由美國單獨託管的可能性最大，而成為中華民
國領土的可能性較小。若是前者，則不加以反對；若是後者，應強烈主張其
缺乏依據，即使作最壞打算也應力爭以當地居民投票的方式決定歸屬。〔註13〕

　　隨著冷戰局勢發展，美國逐漸放鬆對日約束。1950 年以後，更欲逐步調

〔註10〕《奄美島交日事美日開始談判》，《中央日報》，1953 年 11 月 26 日。

〔註11〕秦孝儀主編，張瑞成編輯《光復臺灣之籌劃與受降接收》，中國國民黨中央委
　　　　員會黨史委員會，1990 年 6 月，第 35 頁。

〔註12〕秦孝儀主編，張瑞成編輯《光復臺灣之籌劃與受降接收》，中國國民黨中央委
　　　　員會黨史委員會，1990 年 6 月，第 38～40 頁。

〔註13〕外務省：《日本外交文書：舊金山和約——對策準備》，白峰社，2006，第 95
　　　　～96 頁。

整對日靖和的基調。日本對琉球群島的政策也在隨之調整，由較為隱蔽轉為
公開，並欲索取更多權益。10 月 14 日杜勒斯向記者透露對日和約七原則，在
此次提出的七原則中沒有表明其託管區域主權歸屬日本之意。很快，日本外
務省就以傷害了日本「國民感情」為由表達了強烈不滿。10 月 25 日，外務省
提出《關於美國對日講和七原則》，稱：「將小笠原、琉球群島從日本分離出
去，日本國民感情上難以接受」。〔註14〕12 月 27 日，外務省制定出「D作業」
的計劃，準備在 1951 年 1 月杜勒斯訪日時，對領土等問題提出意見，建議為
顧及日本國民的感情，應決定小笠原、琉球群島的歸屬。〔註15〕1951 年 1 月
5 日與 19 日，外務省對「D作業」又進行了兩次修訂，使其更能迎合美國心
理。為獲美國信任與支持，日本政府向美國表明「對抗共產主義勢力」的立
場，強調「在沖繩、小笠原群島不得已而託管的情況下，無論以何種形式都
要表明其軍事上所需的地域應限制在最小範圍，日本要成為共同施政方，進
而在解除託管時，這些島嶼再次歸屬日本」。〔註16〕

　　1 月 25 日杜勒斯訪日，美日啟動關於戰後媾和的領土議題的討論。期間，
吉田向杜勒斯提交《日方的見解》，希望美國重新考慮將琉球、小笠原群島置
於聯合國託管之下的提案。倘若必須託管，則希望日本與美國共同託管，允
許這些群島的居民保留日本國籍，託管期滿後將其「交還」日本。〔註17〕在
嘗試直接索要琉球、小笠原，被美拒絕後，日本以「抓小放大」的策略，改為
要求將北緯 29 度以南地區劃歸日本，並掩蓋其暴力侵佔的歷史，稱這些島嶼
上的居民都是日本人。〔註18〕美國接受了其後來的提議。接著，日本又偷換
概念，將「北緯 29 度以南的琉球群島」改為「北緯 29 度以南的南西諸島」。
將「其以暴力或貪欲所攫取」的琉球群島塞進日本的南西諸島，掩蓋其殖民
擴張吞併琉球王國的侵略歷史，將琉球群島變成日本「固有領土」，為日後要

〔註14〕外務省：《日本外交文書：舊金山和約——對美交涉》，白峰社，2007，第 75
　　　　頁。

〔註15〕外務省：《日本外交文書：舊金山和約——對美交涉》，白峰社，2007，第 114
　　　　頁。

〔註16〕外務省：《日本外交文書：舊金山和約——對美交涉》，白峰社，2007，第 140
　　　　頁。

〔註17〕外務省：《日本外交文書：舊金山和約——對美交涉》，白峰社，2007，第 183
　　　　～184 頁。

〔註18〕外務省：《日本外交文書：舊金山和約——對美交涉》，白峰社，2007，第 225
　　　　頁。

求美國將琉球群島「交還」日本埋下伏筆。〔註19〕

　　1951 年前後，日本一面促使旅夏威夷群島的琉球人比嘉秀平等人返回琉球，取得議會會長等職位，利用琉球議會中親日的社會大眾黨議員策動「重歸日本」運動；一面策動琉球左翼份子攻擊美國，說美國佔領琉球，欲將琉球變為美國殖民地，使琉球人以為自治獨立無望，轉而支持「重歸日本」運動。〔註20〕1941 年 8 月，美英參與簽署的《大西洋憲章》有「不追求領土或其他方面的擴張」的承諾。〔註21〕美國不願捲入政治漩渦，一再強調美國對琉球無領土野心和殖民觀念，並暗示以後可將此地「歸還」日本。

　　1953 年 7 月，朝鮮停戰協定簽訂後，日本更加速著軍國主義復活的進程。在日多次向美表達將「舊有領土」奄美大島「歸還」日本的意圖後，美國終於開始實施滿足其願望的行動。日本宣稱，「日本政府認為奄美群島自歷史上言，也有若干世紀為日本的領土」，因此，即便沒有臺灣當局的表態，美日關於移交奄美群島的談判亦可進行。〔註22〕

三、冷戰背景下的美日靠近

　　1947 年 9 月，日本以「天皇口信」向美方傳遞信息，希望美軍繼續在包括沖繩在內的琉球諸島駐軍，排除蘇聯勢力與中國的權利要求；建議美國對沖繩的軍事佔領以從日本長期租借的形式。此後，日本在允許美國於對日媾和之後繼續保有琉球軍事基地方面不斷示好，主動表示願意在和約中加上允許美軍駐紮的條款，以解決美國不便自行提出的難題。以此，日本將自己從戰敗國變為美國的「盟國」，以向美國提供軍事基地的方式逐步換取了美國對日本保有琉球「領土主權」的認同。〔註23〕

　　這一年，由於馬歇爾在中國調停的失敗，美國逐漸失去對國民黨和動盪中的中國的信心。馬歇爾回國後，出任國務卿，眼光轉向日本，欲使日本取代中國，成為美國在亞洲對抗蘇聯的幫手。1948 年 2 月底，美國國務院政策

〔註19〕 參見胡德坤、沈亞楠《對盟國的抵制與索取：戰後初期日本的領土政策（1945　～1951）》，《世界歷史》2015 年第 1 期，第 50 頁。

〔註20〕《日本處心積慮企圖取得琉球》，《中央日報》，1953 年 11 月 27 日。

〔註21〕《國際條約集，1934～1944》，世界知識出版社，1961，第 337 頁。

〔註22〕《奄美島交日事美日開始談判》，《中央日報》，1953 年 11 月 26 日。

〔註23〕 隋淑英、陳芳：《戰後初期日本對琉球的領土政策》，《近代史研究》2013 年　　第 5 期，第 7～10 頁。

計劃室主任喬治・凱南赴日考察，期間向駐日的佔領軍司令麥克阿瑟游說，未來美國對日佔領政策的核心是實現日本社會最大限度的穩定，強調恢復日本經濟重要性。〔註 24〕返回美國後，凱南提交了一份報告，指出在日本推行社會改革和盡快締結和平條約不應是美國的目標，美國應提高日本的自主能力、維護其社會穩定、防止共產主義者的滲透。並提出繼續在日本保持駐軍和長期使用日本軍事基地、讓日本政府承擔更多行政管理責任等建議。〔註 25〕

1949 年，中共中央採取向蘇聯「一邊倒」的外交方針，蘇聯也在鐵托等事件促使下向中共靠近。1950 年 2 月 14 日，《中蘇友好同盟互助條約》在莫斯科簽訂，中蘇正式結盟。〔註 26〕美國急於將日本塑造成美國政策的追隨者和與蘇聯在亞洲對峙的陣地，因而在經濟上扶持日本，在外交政策上施以恩惠、加以籠絡，在戰爭責任上為日本減負，盡力弱化甚至解除日本的戰敗國地位，使其成為自己的忠實盟友。1949 年 5 月，美國停止日本的拆遷賠償。1950 年 6 月，美國發動朝鮮戰爭後，日本發揮了美國軍事基地與戰爭物資倉庫的作用。11 月，美政府向遠東委員會成員國提出參與締結對日和約的各方放棄 1945 年 9 月 2 日以前因戰爭行為而產生的權利要求。

奄美群島行政權最終予日與 1951 年的舊金山和會有密切關係，其實施的依據便是舊金山和約第三條。而這個對日靖和會議的實現形式在冷戰背景下已有重大變異，與戰時盟國的設想大相徑庭。參加反法西斯戰爭的 26 個盟國曾鄭重發表宣言，表明要全面靖和，「不與敵人締結單獨停戰協定或和約」。〔註 27〕而 1951 年的舊金山和會卻是蘇聯和中國（包括中華人民共和國和臺灣當局）均未參加的片面靖和。為在戰後佔領和管制日本，蘇美英莫斯科外長會議也在 1945 年決定設立遠東委員會，其決議須經半數表決通過，美蘇中英擁有否決權。事實上，卻因美國在單獨執行對日佔領，美蘇無法一致，遠東委員會並未發揮應有作用和職責，並於 1952 年 4 月舊金山和約生效後，即被美國單方面解散。舊金山和約的內容也喪失了對戰敗國的管制和剝奪（解除武裝、賠

〔註 24〕 Anna Kasten Nelson ed. *The State Department Policy Planning Staff Papers*, 1947 ～1949, Vol. II, pp187～196.

〔註 25〕 Anna Kasten Nelson ed. *The State Department Policy Planning Staff Papers*, 1947 ～1949, Vol. II, pp203～243.

〔註 26〕 《人民日報》，1950 年 2 月 15 日。

〔註 27〕 見 1942 年 1 月 1 日中美英蘇等 26 個反法西斯國家在華盛頓簽署的《聯合國家宣言》。王鐵崖、田如萱、夏德富編：《聯合國基本文件集》，中國政法大學出版社 1991 年版，第 1 頁。

償等）之意，美國佔領軍亦未在和約生效後撤走，而是繼續留駐日本。

在美國操縱下，1951 年 9 月，日本與美國為首的數國簽訂了排斥中、蘇等主要參戰國的媾和條約，以及允許美國在日本幾乎無限制地設立及使用軍事基地的「美日安全保障條約」。舊金山和會中，因盟國對琉球意見不一，美國公開表示為協調分歧，應將琉球置於託管制度之下，同時准許日本保有「剩餘主權」。〔註 28〕此後，日本更不斷表達琉球應早日「歸還」日本統治的要求，聲言：舊金山和約第三條所規定應交付聯合國託管之領土與第二條所規定日本應放棄主權之領土有所區別；琉球地位乃於第三條所規定，日本對其仍保有「剩餘主權」。〔註 29〕

四、所謂「剩餘主權」說

所謂「剩餘主權」（residual sovereignty 有的地方譯為「殘餘主權」、「潛在主權」、「殘存主權」）說是 1953 年美國將奄美群島予日的一個關鍵說辭，也是後來美國陸續將琉球群島「交還」日本的重要依據。〔註 30〕

考察歷史，在戰時美英中等國商討戰後處置時並未有所謂「剩餘主權」的考慮，開羅宣言、波茨坦公告等重要文件中也沒有「剩餘主權」一說。戰時及戰後各主要同盟國的共識是琉球及日本本土四島以外之其他島嶼，除非所有有關國家共同決定，否則均不復為日本領土。1951 年美國一手策劃的對日多邊和約第三條規定，關於琉球處置僅有兩項辦法：「第一，在目前由美國對琉球及琉球人民行使一切行政、立法及司法之權；第二，在將來即將琉球置於聯合國託管制度之下，仍由美國受託管理。」〔註 30〕可見，「剩餘主權」一詞並無任何歷史依據。而在法律意義上，有學者也進行過考證，認為杜勒斯提出的「剩餘主權」概念在詞語構成上與 "reversion"、"reversionary" 相似，

〔註 28〕《琉球地位問題說貼》，嚴家淦檔案，尚無檔號，中國社科院近代史所檔案館藏。

〔註 29〕《琉球地位問題說貼》，嚴家淦檔案，尚無檔號，中國社科院近代史所檔案館藏。

〔註 30〕1971 年美日簽訂《琉球與大東群島協定》，以日本擁有「剩餘主權」為由將琉球及大東群島區域「歸還」日本。此時所稱「剩餘主權」與 1951 年提出的「剩餘主權」雖是同樣用詞，內涵並不一致，甚至有自相矛盾之處。（參見羅歡欣《琉球問題所涉「剩餘主權」論的歷史與法律考察》，《日本學刊》2014 年第 4 期，第 73 頁。）

〔註 30〕《琉球地位問題說貼》，嚴家淦檔案，尚無檔號，中國社科院近代史所檔案館藏。

「但它不過是將這些類似詞語加以拼湊、混淆視聽，其實質內涵在國際法上毫無淵源」，在國際法上既無先例，亦無特定內涵可言。〔註31〕該詞的出現與日本擴大領土的野心與陰謀有關，是戰後美日間利益交換的結果。〔註32〕

一方面，「剩餘主權」說源於日本領土野心驅使下割斷中琉關係、混淆概念的陰謀。17 世紀，日本開始覬覦琉球。19 世紀後半期，因其實力增強而將侵佔琉球的隱蔽性變為公開性，並於 1879 年將琉球國王擄至日本，強行「廢琉置縣」：以北緯 27 度線為界，將北部奄美群島等地劃歸鹿兒島縣，南部諸島則改置為所謂的沖繩縣。琉球王國被一分為二，琉球王國長期為中國藩屬、中琉淵源深厚關係密切的歷史被切斷。此後，日本以「沖繩」一詞取代原來的「琉球」，而被併入鹿兒島縣的奄美群島與琉球王國的關係被掩蓋，日本侵佔琉球、「廢琉置縣」過程中的武力與陰謀〔註33〕也被掩蓋。另一方面，美國為籠絡日本，選擇相信日本片面之辭，認為奄美群島不屬於琉球，依仗強權違背國際公約自行處理群島行政權。1951 年 3 月 27 日，日本政府提出關於對日和約草案的意見，指出奄美群島不屬於琉球，屬於薩南諸島（Satsunan Islands），而南西諸島（Nanseim Islands）則是包括了薩南和琉球諸島在內的琉球和臺灣之間的所有島嶼。〔註34〕美國接受了日本的說法，亦聲稱奄美群島原屬日本，故而在贈送「聖誕禮物」時竟有理直氣壯之態。

「剩餘主權」一說的誕生過程更將美日利益交換的意圖暴露無遺。

1950 年 9 月 7 日，美國國務院與國防部為總統提供了一份聯合備忘錄，提出美國應著手與日本開始和平條約的初步談判，談判中美國須確保在北緯 29 度以南的琉球群島、南鳥島以及孀婦岩以南的南方群島具有排他性戰略統治權。〔註35〕

〔註31〕參見羅歡欣《琉球問題所涉「剩餘主權」論的歷史與法律考察》，《日本學刊》2014 年第 4 期，第 75 頁。

〔註32〕有文指出所謂「剩餘主權」「是日美政治交易的怪胎」。（胡德坤、沈亞楠：《對盟國的抵制與索取：戰後初期日本的領土政策（1945～1951）》，《世界歷史》2015 年第 1 期，第 51 頁。）

〔註33〕參見米慶餘：《近代日本強行佔有琉球》，《日本研究論集》1999 年第 1 期，第 183～205 頁。

〔註34〕The United States Political Adviser to SCAP (Sebald) to the Secretary of State, Apr.4, 1951, *FRUS, 1951, Asia and the Pacific (in two parts)*, Volume VI, Part 1, U.S. Government Printing Office, 1977, p961.

〔註35〕Memorandum for the president, Sept. 7, 1950, *FRUS, 1950, East Asia and the Pacific*, Volume VI, U.S. Government Printing Office, 1976, p.1263.

　　在與日本進行了某些接觸後，杜勒斯想出既滿足上述原則，又符合美日利益的解決辦法，即提出「剩餘主權」的說法。1951 年 6 月 27 日，杜勒斯在備忘錄中指出，為履行 1942 年 1 月 1 日不擴大領土或其他的諾言，美國自身並無意於琉球主權。如果日本被強制放棄主權後，沒有對任何國家有利的傾向，特別是如果聯合國不同意美國的託管提案，那麼國際環境將會產生混亂。而日本已同意如果聯合國同意琉球由美國託管，美國將在這些島嶼的土地、領水和居民行使行政、立法、司法之權，完全符合 1950 年 9 月 7 日關於和約的聯合備忘錄的精神。如果日本對這些島嶼的主權完全放棄、是為真空，則它許諾給美國的上述權利也將隨之受到損害。在這一備忘錄中，杜勒斯首次在文件中提出 "residual sovereignty" 一詞，以期符合美國對某些區域「排他性戰略控制」的要求。〔註 36〕

　　8 月 10 日，杜勒斯致吉田的信中指出：「在對日和約第二條與第三條的規定中，第二條要求日本放棄（朝鮮、臺灣以及澎湖列島的）所有權利以及請求權，而在第三條中則完全沒有類似規定。也就是說，第三條對南西諸島及其他南方諸島的處置沒有特別規定，我不認為第三條的措辭在日本擁有剩餘主權這一點上並非沒有意義」。〔註 37〕

　　9 月 5 日，在對日媾和的第二次全體會議上，美國代表杜勒斯對和約第三條解釋說：「自投降以來，這些島嶼（琉球與日本南方及東南方其他群島）一直由美國單獨管理。一些盟國強烈要求日本應當在和約中放棄這些島嶼的主權並同意美國的主權，另外一些則建議這些島嶼應完全歸還日本。面對這些不同意見，美國感到最好的方案是允許日本保留剩餘主權，而將這些島嶼置於聯合國託管制度下，以美國為管理當局。」〔註 38〕

　　按照聯合國憲章第 12 章所稱「國際託管制度」，聯合國把某些殖民地交付一個或幾個國家或聯合國本身按照一定的程序和條件管理並監督，基本目

〔註 36〕Memorandum by the Consultant to the Secretary (Dulles), Jun.27, 1951, *FRUS, 1951, Asia and the Pacific (in two parts)*, Volume VI, Part 1, U.S. Government Printing Office, 1977, pp.1152～1153.

〔註 37〕外務省：《日本外交文書：舊金山和約——對美交涉》，白峰社，2007，第 611 頁。

〔註 38〕Japan, San. Francisco, California, Sept. 4～8, 1951, Record of Proceeding (Department of State publication 4392, 1951), pp. 73, 77～79, 84～86. 轉見羅歡欣《琉球問題所涉「剩餘主權」論的歷史與法律考察》，《日本學刊》2014 年第 4 期，第 68～69 頁。

的在於「增進託管領土居民的政治、經濟、社會及教育的發展，及其逐步走向自治或獨立的進程」。〔註39〕既然託管目的是要被託管地逐步走向自治或獨立，就不該有所謂「剩餘主權」之說，託管國家也不存在對被託管地的主權享有，更無權將其移交或贈送。美國自知該說不符合國際法常規，因而未曾在和約或其他文件中明確寫入，但又通過模糊措辭，在舊金山和會上徵求若干國家的認可或默許，以減少將來實施行動時的阻力。

實際上，在拋出「剩餘主權」說之前，美國已有琉球將會「歸還」日本的暗示和行動。1950 年 4 月，美國便允許日本在首邑名瀨設置「南方事務所」，負責接洽辦理「復歸」事務〔註40〕。因沖繩戰略價值更為重要，美國已花大筆款項將其建為遠東最主要的空軍基地，琉球群島中面積僅次於沖繩的奄美群島就成了美國向日本表示誠意的第一份「禮物」。

此後，「剩餘主權」說繼續成為日美間關於琉球群島的說辭和臺灣方面不斷抗議卻無任何作用的一個痛處。1969 年 11 月 21 日美日發表聯合公報，聲明在不妨礙美國對遠東包括日本安全承諾的情況下，於 1972 年將琉球交予日本管轄。此舉雖與「歸還」奄美大島一樣僅是美日雙方行為，並不符合國際法，但相關島嶼的實際管轄權由美移交於日本，為包括兩岸在內的中華民族維護領土主權完整帶來莫大困擾。

五、臺灣當局的反應

在對奄美群島的處置問題上，雖然中國人民共和國政府已取代國民政府成為代表中國的唯一合法政府，但因美國對新中國採取不承認政策，將新中國政府排斥在遠東委員會的工作和有關媾和的外交談判之外，並仍支持臺灣當局在對日媾和等問題上代表中國，故臺灣當局的態度在較大程度上影響著事態發展。

整體而言，臺灣當局在此事上並沒有強硬立場，這也是 1953 年奄美大島得以順利予日的原因之一。臺灣方面在戰後一段的時間內，根據與英美協商後的結果，認為琉球地位需要包括中國在內的主要盟國共同決定，而不能單憑美日間的交涉解決。在美國為應對冷戰局勢而拉攏日本、拋出有關琉球的不當言論時，臺灣方面沒有及時給予警惕和抗議。1951 年以後事態發展明朗

〔註39〕錢其琛主編《世界外交大辭典》（下冊），世界知識出版社，2005，第 2036 頁。
〔註40〕《杜勒斯送禮奄美群島擬先交日》，《中央日報》，1953 年 11 月 27 日。

後，臺灣當局亦未能採取有效行動阻止奄美群島行政權歸日，究其原因，與臺灣當局的尷尬處境與不敢開罪美國之心態有關。當時，中華民國已被新中國取代，退居臺灣的國民黨當局需仰仗美國的援助和在代表權問題上的支持。而中國在歷史上僅為琉球王國的宗主國，琉球並非中國法理意義上的屬地。為表明自己沒有領土之心，臺灣當局不敢在奄美大島予日問題上強硬表態，為此事得罪美國過甚似更沒必要。〔註41〕

　　1953年8月，美國將向日本「交還」奄美群島的聲明發出後，臺灣「立法委員」35人臨時動議稱此舉有違波茨坦宣言及對日和約規定，並與中國有重大關係，自應不予同意，請「行政院」迅採有效措施。「行政院」覆函辯解，稱「琉球目前似尚未能具備完全獨立之條件，恢復我國原有之宗主權，既為國際現勢所不許，歸還日本，又非我國所甘願，似唯有暫由美國繼續統治，留待將來解決」。〔註42〕此時，臺灣官方及輿論都未對此事做出有力回應。甚至在10月間報界傳出美日將展開關於奄美大島移交談判，下月中旬有望實施的消息時，輿論也沒有重大反響。

　　在與日本進入正式談判前，美國政府以簡單的備忘錄遞交臺灣「外交」部門，表示已經知會。11月15日，「美國駐華大使」藍欽致函臺灣「外交部長」葉公超，稱舊金山和約第三條未取消日本對琉球主權，並引述舊金山和會上杜勒斯的發言，說明美國將奄美群島交予日本之依據。等待數日後，24日，美日不管臺灣當局是否表態而進入了談判。同日，臺灣方面才做出反應。「外交部」遞交備忘錄於藍欽，指出，依照舊金山和約第三條，美國政府將向聯合國建議將琉球群島置於託管制度之下而以美國為唯一之管理當局，在作此建議以前美國有權對此等島嶼之領土及居民行使一切及任何行政、立法及管轄權。但和約中並無任何規定，足以解釋為授權美國得在該約第三條明文規定之辦法以外另訂關於琉球群島之處置辦法。奄美群島直至日本武力侵並以前，為琉球群島一部分，中國在1372至1879年間對琉球群島享有宗主權，美國政府承諾將奄美群島「歸還」日本，已引起中國人民之深切「關懷與焦慮」。建議在向聯合國提出託管建議之前，維持島嶼現狀和領土完整。「鑒

〔註41〕參見1953年11月25日《立法院外交委員會函》中某些「立委」的發言，《反對將奄美島交與日本》，「外交部檔案」，檔號：019.1／0001，影像號：11-EAP-01440，中研院近史所檔案館藏。

〔註42〕《反對將奄美島交與日本》，「外交部檔案」，檔號：019.1／0001，影像號：11-EAP-01440，中研院近史所檔案館藏。

於中國與琉球群島之歷史關係及地理上之接近，中國政府對於此等島嶼之最後處置，有發表其意見之權利與責任。關於此項問題之任何解決，如未經與中國政府事前磋商，將視為不能接受。」〔註43〕此後幾日，官方報紙《中央日報》才有較多的介紹和評論，但已於事無補。

12月14日，「美國大使館」再次致函臺灣「外交部」謂：舊金山和約中，日本並未聲明放棄琉球群島，且根據和約第三條日本被視為對琉球有「剩餘主權」。此項立場已由美國代表在舊金山和會第二次會議中闡明，和約其他簽字國政府及臺灣當局均未提出異議。更為重要的是，1952年4月28日達成的日臺雙邊和約亦未提及琉球，僅證實日本業已放棄其對臺灣澎湖以及南沙群島及西沙群島之一切權利、權利名義與要求。據此，美得對日本放棄其依據和約第三條所享有之權利。〔註44〕23日，臺灣方面答覆說，舊金山和約第三條僅規定美國管理琉球，並未賦予美國將琉球群島交予日本或其他任何一國的權力。中國政府因未參加舊金山對日和會，未獲得和約以外有關文件、記錄，故不承認日本對琉球有所謂「剩餘主權」。退一步言，即便出席舊金山和會各國對日本享有琉球群島之所謂「殘餘主權」一節，予以默認，也不能增加或減少美國政府根據和約所取得之權利。日臺和約未提及琉球，僅表明中國政府對琉球無領土要求，不表示放棄對琉球群島未來地位的發言權與一貫立場。次日，葉公超發表聲明，提出中國雖曾在琉球群島享有長期宗主權，但「並無意對該群島提出任何領土主權」，而是願見琉球群島居民得以逐步自治。重申美國無權單獨決定將奄美大島或任何琉球島嶼交予日本或其他國家，對美國之舉表示遺憾。〔註45〕

不得不承認，臺灣方面的抗議過於無力，特別是24日「外交部長」的聲明，僅以「遺憾」一詞表示立場，令人唏噓。細讀史料，「外交部」葉公超等人面對此事已有無力回天、只得接受的心態。在葉公超答覆「立法院」質詢時，曾言，「開羅會議時，我們的觀念所謂琉球係指鹿兒縣治以外的其他島嶼」。因此美國有權據舊金山和約第三條將奄美島交日。〔註46〕以開羅會議時的「觀

<hr>

〔註43〕《反對將奄美島交與日本》，「外交部檔案」，檔號：019.1／0001，影像號：11-EAP-01440，中研院近史所檔案館藏。

〔註44〕《反對將奄美島交與日本》，「外交部檔案」，檔號：019.1／0001，影像號：11-EAP-01440，中研院近史所檔案館藏。

〔註45〕《反對將奄美島交與日本》，「外交部檔案」，檔號：019.1／0001，影像號：11-EAP-01440，中研院近史所檔案館藏。

〔註46〕《反對將奄美島交與日本》，「外交部檔案」，檔號：019.1／0001，影像號：11-EAP-01440，中研院近史所檔案館藏。

念」為由為「外交部」的不作為辯解，著實有些牽強。

臺灣「外交部」未就奄美群島「歸還」日本一事與美進行頑強抗爭，與蔣介石態度有關。1951 年 4 月，臺灣當局發現美國對日和約稿有將琉球與小笠原群島「交還」日本的提議。蔣介石僅在日記中寫道：「此為美之求好日本，無微不至矣」。〔註 47〕4 月 8 日，琉球與小笠原群島皆將歸還日本的消息由報紙刊出，蔣介石亦僅感歎「美國政府之無政策」，〔註 48〕並未有更多強烈的情緒。1952 年，當美國開始就琉球群島事與日交涉，並有預定於 1954 年將琉球「交還」於日本僅保留軍事基地的表示時，蔣介石在日記中寫道「琉球對臺灣關係太大，不能不特別注重也」。〔註 49〕但 1953 年 8 月，美國聲明向日本放棄奄美群島時，蔣介石並無激憤表示，僅以一句話簡單記下這一事件。〔註 50〕在蔣日記中，不乏對美國所為「痛斥」或不滿之語，但對此事件，蔣介石似無憤慨之意，並不打算去力爭改變。11 月下旬，蔣介石在日記中明確表示：「對奄美交日不加反對，但琉球其他島（尤其那霸島及其以西各島）我國應保留有與美共同處理之權」的態度。〔註 51〕

1950 年代，蔣介石最重要的意圖是建立和擴大遠東反共聯盟，以利於「反共復國」。蔣介石希望美國介入領導遠東反共陣線，並爭取英國也能參與其中。1952 年 11 月，蔣發表聲明：「只要英國主在反共陣線方面，雖其已承認中共，余亦不以其為敵」，對英示好，〔註 52〕希望英支持自己反共，至少做到不阻礙美國的反共決策。而亞洲的日韓菲泰等國更是蔣介石力圖拉攏的對象，而「亞洲反共總方案之重點應置於中日韓」。〔註 53〕因日本為其力爭籠絡的對象，對日自然要示以善意，這就不難理解其對奄美大島予日問題上的隱忍心態。

當時威權體制下，蔣介石個人意志在很大程度上影響著臺灣當局的決策，蔣對琉球特別是奄美群島的主張自然反映出臺灣當局的政策傾向。究其原由，除認為勝算不大外，還有一點就是他們認為「現時尚非根本解決此項問題之適當時機」，更鑒於來自中共的威脅「有加無已」，故僅主張最好能

〔註 47〕《蔣介石日記》手稿，1951 年 4 月 7 日上星期反省錄。
〔註 48〕《蔣介石日記》手稿，1951 年 4 月 8 日。
〔註 49〕《蔣介石日記》手稿，1952 年 6 月 28 日。
〔註 50〕《蔣介石日記》手稿，1953 年 8 月 7 日上星期反省錄。
〔註 51〕《蔣介石日記》手稿，1953 年 11 月 25 日。
〔註 52〕《蔣介石日記》手稿，1952 年 12 月 5 日。
〔註 53〕《蔣介石日記》手稿，1953 年大事年表。

維持現狀。〔註54〕而若申訴立場無效，便只得接受事實，而圖保留對於琉球其餘各島與美國的共同處理之權。陰謀被成功開啟後，此點想法近於天真。12月24日午夜，美國正式將奄美群島移交日本管轄。隨後，美國繼續以「剩餘主權」說為由，將琉球群島各島「交還」日本。

六、餘論

依據《開羅宣言》，日本「以暴力或貪欲所攫取之所有土地」均應被剝奪，〔註55〕奄美群島於1879年被日本強行佔據，並劃歸鹿兒島縣，自然屬於應被剝奪的範圍。況且在日本吞併琉球後，清政府立即提出了抗議，並與日展開交涉。1887年總理衙門大臣曾紀澤還聲明，琉球問題並未了結。只是因為甲午戰敗，琉球問題被淹沒在陰雲之中。中國宣布廢除《馬關條約》後，根據《開羅宣言》琉球問題應該再議。〔註56〕美國將琉球之一部——奄美群島私相授受於日本，缺乏歷史與國際法的依據。

美國未顧及中國立場，忽略二戰時盟國的共同諾言，不但單獨處理琉球問題，還在無視歷史的情況下隨意拋出日本對琉球有所謂「剩餘主權」的說法，為奄美群島歸日及後來的琉球問題埋下禍端。在就此事與美國的交涉過程中，臺灣當局苦惱於美國錯誤的歷史與地理概念，認為美國糊塗，難以溝通。殊不知，在這場交易中本是美國甘願被日牽著鼻子走。日本混淆歷史、偷換概念，恰為美國「送禮」提供了託辭。同時，美國也在想方設法炮製「剩餘主權」概念，並授意日本，以為配合。

曾在數百年間接受中國冊封的琉球王國的一部分經盟國之手轉予戰敗國，此事雖不尋常，但考慮到各方力量與當時情勢，倒也並不令人費解。因覺無力回天，蔣介石與「外交部」態度消極，奄美大島終於在聖誕節前夕被作為「禮物」送了出去。臺灣當局不便發聲，固然有某些客觀因素存在：琉球王國僅長期為中國藩屬國，並非主權範圍內的屬地，為表明無領土野心，不便發聲。然，此點不堪推敲。琉球王國既然在歷史上、地理上與中國關係密

〔註54〕《反對將奄美島交與日本》，「外交部檔案」，檔號：019.1／0001，影像號：11-EAP-01440，中研院近史所檔案館藏。

〔註55〕秦孝儀主編，張瑞成編輯《光復臺灣之籌劃與受降接收》，中國國民黨中央委員會黨史委員會，1990年6月，第35頁。

〔註56〕張海鵬、李國強：《論〈馬關條約〉與釣魚島兼及琉球問題》，《臺灣歷史研究》第一輯，社會科學文獻出版社，2013，第29頁。

切，中國自然有權發聲阻止將其「交還」日本的國際陰謀。臺灣當局確實是懷著善良的想法，想讓琉球經過一段時間的託管之後，能夠自治或獨立。既然本無領土野心，何妨運用一切能力與資源，來阻止美日間的交易？

　　統觀蔣介石執政時期歷史，在對內問題上，如是否防守金馬、是否保留政工、是否撤換吳國楨孫立人等，尚能抵制壓力、堅持立場，並運用一定手段和策略達到自己目的。但在對外問題上，蔣介石對美國就顯得更為順服，其因在於：因多有依仗故而不願得罪過甚。在奄美大島予日的問題上，臺灣方面沒有強硬反對，自然還有不願過於開罪於日本的顧慮。此時，「反共」是蔣介石心中最重之癡念，蔣希望向日本表示善意，使日本斷絕與新中國的關係而與自己結盟，進而實現亞洲反共聯盟的設想。因需依仗或是籠絡，臺灣當局對美日的交易採取了溫和態度。豈料，交易一旦開始，便難以終止。十幾年後，琉球諸島及大東諸島的施政權也被美日私相授受，此間，釣魚島亦納入「歸還區域」，由此造成中華民族利益的重大損失和中日矛盾的禍根。

第八章　吳國楨案與孫立人案

一、吳案與孫案

　　1940 年代末，國民黨敗退臺灣。美國欲棄蔣保臺，看好孫立人、吳國楨。吳與孫原本也曾為蔣看重〔註1〕，為獲美國支持與援助，蔣介石投其所好，將二人委以臺灣關鍵要位，任命孫為「臺灣防衛總司令部總司令」，隨後升任「陸軍總司令」，吳為「臺灣省政府主席兼保安司令」。1953～1955 年吳案與孫案先後發生。

　　由於任職不愉快且受到無形脅迫，1953 年 3 月，吳國楨提出病辭。蔣介石面慰，准養病一月後再定。〔註2〕4 月，蔣批准辭呈。5 月 24 日，吳攜妻赴美〔註3〕，父親和幼子被迫滯臺。1954 年 1 月，報界盛傳王世杰去職與吳有關，要求吳盡速返臺。吳拒絕回臺，並要求闢謠。因得不到答覆，吳欲在臺灣登報澄清，未能如願，於是開始通過美國媒體向國民黨發難。

　　1954 年 3 月，臺灣「行政院」呈文稱：吳國楨「藉病請假赴美，託故不歸，自本年二月以來，竟連續散播荒誕謠諑，多方詆毀政府，企圖淆亂國際視聽，破壞反攻復國大計，擬請予撤職處分」。並言，「據各方報告，該員前在臺灣省政府主席任內，多有違法與瀆職之處，自應一併依法查明究辦」。3 月

〔註1〕吳曾為蔣私人秘書，為蔣信任，幾度出任重要省市長官。孫立人曾在抗戰時立下赫赫戰功，並為蔣介石在臺灣訓練軍隊，蔣對孫有一定的信任基礎，對其才能有一定認可。

〔註2〕《蔣介石日記》（手稿），1953 年 3 月 4 日，斯坦福大學胡佛檔案館藏，下同。

〔註3〕*K.C. Wu For U.S.*, South China Morning Post (Hong Kong), May 25, 1953, p16.

17 日，蔣介石在國民黨中常會檢討「用人不當」，指示中央「徹底檢討，研究改進」。中常會認為吳在美發表荒謬言論，肆意詆毀黨與「政府」，觸犯黨章第七十一條第一、五兩款。決議：「吳國楨開除黨籍，並交從政主管同志依法查辦。」同日，蔣發布「總統令」，稱吳國楨「背叛國家，誣衊政府，妄圖分化國軍，離間人民與政府及僑胞與祖國之關係，居心叵測，罪跡顯著」，「應即將所任行政院政務委員一職，予以撤免，以振綱紀。至所報該吳國楨在臺灣省政府主席任內違法與瀆職情事，並應依法徹查究辦。」〔註4〕臺灣當局要求美國引渡吳回臺，遭拒絕。

　　1955 年 6 月初，蔣準備在臺南屏東閱兵。5 月 28 日，蔣獲情報說孫立人慫恿借閱兵發動兵變。〔註5〕6 月 6 日，「總統府」衛隊在閱兵前抵達校閱廣場警戒，並檢查現場。原定參加檢閱部隊被重新整編，閱兵時間被推遲，兩棲作戰演習亦被取消。當局稱孫的老部下郭廷亮、江雲錦等預謀在屏東閱兵時配發實彈，發動「兵諫」，因預謀不慎而被告發。臺灣保安機構逮捕了郭廷亮等一百多名官兵，孫隨後被監管偵訊。

　　8 月 3 日，臺灣報刊登出孫立人的「辭職書」，說郭廷亮「利用職之關係肆行陰謀。陷職入罪，職竟未警覺，實為異常疏忽，大虧職責。」對「兵諫」問題，孫稱：「兩年前鑒於部隊下級幹部與士兵中，因反攻有待，表示抑鬱者，為要好心切，曾指示督訓組江雲錦等於工作之便，從側面聯絡疏導，運用彼等多屬同學友好關係，互相策勉，加強團結，以期領導為國效忠。原屬積極之動機。不意誨導無方，竟至變質。該江雲錦等不但有形成小組織之嫌，且甚至演成不法之舉動。推源究根，實由職愚昧糊塗，知人不明，幾至貽誤國家，百身莫贖。」孫立人自請「賜予免職。聽候查處。」〔註6〕20 日，蔣介石以「縱容」部屬武裝叛亂、「窩藏共諜」、「密謀犯上」的罪名，革除孫「總統府參軍長」職務。又指定陳誠、吳忠信、許世英、俞鴻鈞、何應欽、黃少谷、俞大維、王雲五、王寵惠等九人組成孫立人案調查委員會，進行審查。10 月，調查委員會提交報告，認為主犯是「共諜」郭廷亮，孫對「共諜」失察，客觀上被敵利用。20 日，「中央社」電臺播放全文。同日，蔣介石出

〔註4〕中國國民黨第七屆中央委員會常務委員會第九三、九〇、九三次會議紀錄，RuanYicheng, Box No.5, Accession No.2007C49-141.03／04, Hoover Institution Archives。
〔註5〕《蔣介石日記》（手稿），1955 年 5 月 28 日。
〔註6〕汪泗淇、戴健、錢銘：《孫立人傳》，安徽人民出版社，1998，第 267 頁。

具手令，說孫立人「久歷戎行，抗戰有功，且於該案發覺之後，即能一再肫切陳述，自認咎責，深切痛悔，茲特准於自新。毋庸另行議處，由國防部隨時察考，以觀後效。」蔣隨即軟禁孫立人，將其部屬親信調離軍職或查辦，受牽連者達 336 人。〔註7〕

二、案前種種之因

20 世紀 50 年代，吳案與孫案引起不小震動，撥開歷史迷霧，我們發現它們的發生並非突如其來。

（一）福兮禍兮：吳、孫之美國背景

吳案與孫案之所以備受關注，不只是因為二人為臺灣當局高官。他們的美國背景亦使兩事件具有別樣的意味。

孫立人與吳國楨是當時美國寄予期望的兩個人。1949 年 11 月，美方建議：吳國楨接任省主席，孫立人統率臺灣軍事，蔣介石清除累贅的政府組織，並除去舊式軍人與政客干擾。〔註8〕在某種程度上，「託美國之福」，吳國楨成為退臺後第一任「臺灣省主席」，孫立人成為「陸軍總司令」。

1949 年 9 月，美國國家安全會議曾有附條件提供美援之議。在此前後，美國拋出「臺灣地位未定論」和由聯合國「託管」臺灣之說，還曾多次研究直接出兵佔領臺灣的可行性。但以艾奇遜為首的國務院認為，此舉「政治上代價太大，不值得」。〔註9〕在中國大變動的時代，應以觀望態度「等待塵埃落定」，與蔣介石政權拉開距離以確保行動自由。這樣，儘管 12 月吳國楨被委以要職，因美國國防部與杜魯門的援臺計劃為國務院反對，美援並未到來。

1950 年初，美國官方態度欲將臺灣排除在遠東防禦體系之外〔註10〕，但蔣介石在感到壓力的同時，深信美國不會真正放手，自記「艾其遜之政策在

〔註7〕劉育嘉：《五〇年代白色恐怖政治案件審判結果之研究》，南投《臺灣文獻》第 56 卷第 2 期，2005 年 6 月，第 344 頁。

〔註8〕吳昆財：《1949 年的臺灣：以〈美國外交文件〉（Foreign Relations of the United States）為論述主軸》，《中華人文社會學報》第 2 期，2005 年 3 月，第 33 頁。

〔註9〕資中筠：《歷史的考驗——新中國誕生前後美國的對臺政策》，中美關係史叢書編輯委員會主編《中美關係史論文集》第 1 輯，重慶出版社，1985，第 359 頁。

〔註10〕The President's News Conference of January 5, 1950, *Public Papers of The Presidents of the United States*, (United States Government Printing Office, Washington, 1965), p11.

最近期內如不改變，則其政治必失敗無疑。」〔註11〕不久，美國的搖擺政策在朝鮮戰爭的炮火中宣告終結。蔣與杜魯門仍需繼續打交道，但二人之間存有芥蒂。在杜魯門任上，蔣始終有份提防美國對臺疏遠的小心。〔註12〕對於美國欣賞的吳與孫，蔣只得繼續施以包容。

這種忍耐與小心在杜魯門卸任時，終於獲得釋放。1952 年 11 月共和黨艾森豪威爾當選，蔣介石頓有揚眉吐氣之感。雖然此後在具體問題上蔣對共和黨也有不滿之處，但至少在 1953 年前後艾森豪威爾取代杜魯門之初，蔣心情大悅，認為共和黨政策堅定〔註13〕，將會積極支持臺灣。在此心境之下，長期以來蔣礙於美國而壓抑著的對吳、孫的情緒也開始釋放。

1953 年 2 月，艾森豪威爾任命藍欽為首位駐臺「大使」，4 月，藍欽呈遞「國書」。蔣鬆了口氣，感歎「四年之苦鬥與忍辱」終有結果，認為「從此國際地位亦將逐漸恢復」。亦在同日，他決心撤換吳國楨，改組「省政府」。〔註14〕其日記中透出這樣的訊息：蔣撤換吳國楨與改組「政府」的想法由來已久，只是此前礙於美國態度尚未明確而不得不忍耐，美國的「塵埃落定」讓他終於可以不必容忍。

美國對吳的支持，其實早就引起蔣之不滿。1950 年，因為蔣提出的「財政部長」人選不能與「省政府」合作，吳要求自兼「部長」。美「使館」亦間接表示支持吳。蔣介石認為吳多半受美國在臺使館人員的影響。蔣告訴吳，名單已定，且已提常會，不能改動。最終雖仍依蔣意通過原定名單，但蔣介石「心滋不快」。到 1954 年 4 月，令蔣更加惱怒的是，藍欽剛走馬上任，就關注到吳國楨之事，曾與王世杰、葉公超就此事進行溝通，認為應妥善處理，以免「美友之不良推測」。4 月 7 日，蔣在日記中流露出對此之不滿，決定展期約見藍欽，免其「干預人事之嫌」。8 日，報界傳出蔣介石接受吳國楨辭呈，擬以俞鴻鈞代之。9 日，藍欽與陳誠交談，其意與王、葉所談相同，望與吳國

〔註11〕秦孝儀總編纂《總統蔣公大事長編初稿》第 9 卷，1950 年 1 月 5 日，中正文教基金會，2002，第 10 頁。
〔註12〕「杜魯門並無一定之主張，難免他日不為彼艾（艾奇遜）所動搖，故危險仍在也」。《蔣介石日記》（手稿），1950 年 6 月反省錄。
〔註13〕《蔣介石日記》（手稿），1952 年 11 月 8 日。蔣在 1953 年 1 月 31 日上星期反省錄中稱：「（愛克就職宣言深得其心）加之月杪杜勒斯所發表之外交宣言，直稱俄國為美國之敵人，毫不顧忌，更可知美國共和黨新政府之政策積極而堅決，不能再有退縮之餘地。」
〔註14〕《蔣介石日記》（手稿），1953 年 4 月 4 日上星期反省錄。

楨留一餘地，以免美對其友好者誤解。雖藍欽說不以大使地位說話，陳誠等人也說他出於善意，但蔣仍認為其「啟干預人事之端」，決定批准吳國楨辭呈，以免夜長夢多。〔註 15〕美國人的出面求情，反加速蔣下定決心。

關於吳案的研究，一般認為吳國楨去美之初，礙於兒子滯留臺灣成為人質，並未有任何對臺灣不利的言論。〔註 16〕依照這樣的說法，似有一疑點，既然吳已去美，且並未有對臺灣不利的評價，那麼 1953 年 11 月，因何傳出吳國楨涉嫌非法套取巨額外匯的流言？1954 年 1 月受國民黨資助的《民氣日報》又因何有《勸吳國楨從速回臺灣》的社論？蔣介石為何對已去職而對自己並無異議的下屬還要窮追不捨？其實，1954 年 2 月之前，吳雖未借媒體大張旗鼓攻擊臺灣政治，但在其與美國友人的接觸中，「臺灣不民主」的看法早有流露，在蔣看來，吳國楨對臺灣當局的不認同在美國人士中間產生了一定影響。1953 年 11 月 6 日，蔣介石晚宴美參議員 H.A.史密斯，席間 H.A.史密斯談到對臺灣政治的意見，以為臺灣當局不民主。蔣以為「彼受吳國楨影響已深」，感歎「美國之士之先入為主，認吳為天下之第一等人才，而不知其欺騙美國人多少事也」。〔註 17〕隨後王世杰案發生。王原是跟隨蔣多年之人，履任要職，時任「總統府秘書長」，11 月間突遭免職，並未言具體事實真相。學界認為王世杰被免職與吳國楨有關，並認為係蔣介石打擊政學系之舉。〔註 18〕王案在當時引起諸多猜測，以致國民黨中央特地強調：「本案是單純整飭紀綱調免人事而已，並無其他政治因素在內，希黨內同志不要迷惑於外電的誤傳和社會的謠言」。至於他免職的原因，能不能公布，或在怎樣的時機才能公布，須慎重考慮，不能感情用事。〔註 19〕蔣在日記中，既未寫明王世杰案與吳國楨的關聯，亦未詳細寫出對王世杰做如此嚴重處理的理由，開始時僅稱自己

〔註 15〕《蔣介石日記》（手稿），1950 年 3 月 11 日、1953 年 4 月 7 日、9 日。另參 *K.C. Wu Resigns*, South China Morning Post (Hong Kong), Apr 9, 1953, p1。

〔註 16〕如李松林《晚年蔣介石》，九州出版社，2008，第 166 頁。

〔註 17〕《蔣介石日記》（手稿），1953 年 11 月 7 日。

〔註 18〕如何明主編《國民黨四十三位戰犯的最後結局》（上冊），中共黨史出版社 2008 年版，第 408 頁。另外，黃嘉樹認為政學系對國民黨退臺後的各類改造不滿，因而遭到排斥。在吳國楨事件前後，政學系其他主要成員如王世杰等也遭免職等處分，政學系雖仍有張群等個別元老未倒，但離決策中心卻越來越遠，長期活躍於國民黨政壇的政學系「無形無感」地消失了。（黃嘉樹：《1945～1988 國民黨在臺灣》，第 205～218 頁）。

〔註 19〕中國國民黨中央委員會工作會議第六七次會議紀錄，胡佛檔案館藏，Zhong Guo Guo Ming Dang，7.4，Reel 5。

對王的「不盡職守蒙混舞弊」如何痛憤，後來，曾偶然提到，「此次免職為余政策上有衝突，彼乃反對余反美之政策也」。〔註20〕確實，從「反美」之意看，兩者是有關聯的。處理吳是「反美」，處理王也是「反美」。蔣對下屬「痛憤」之意的表達是常有之事，但不是每次都會給予免職處分，何況是追隨自己多年的心腹之人。蔣介石離不開美國支持，但蔣與美之間在為共同利益所綁定的同時，也暗中進行著博弈。即便在臺美最親密的時期，蔣也會在日記中時而流露對美國某些做法的不滿。1953年，是上臺的美國共和黨對臺政策更為堅定之時，卻也是蔣介石開始釋放「反美」情緒的時候。雖然蔣對美的不滿更多來自於阻止其反攻之類的「大事」，但不可否認，吳國楨在美友面前對臺灣民主的微詞也是觸發蔣牴觸情緒的具體方面。

據陳誠回憶，王世杰去職後，吳聽到一些小道消息，說他苛取巨額外匯，並與王去職有關。為洗刷清白，吳函請中央黨部秘書長張其昀轉呈總裁徹查，復又迫不及待地要在臺北各報刊登澄清之啟事，因未得及時登載，而開始大發「叛國謬論」。〔註21〕

同樣，孫立人與美國的親密關係也令蔣介石感覺如芒刺在背。退臺後，蔣在軍中恢復政治部，而孫立人暗中較勁，且有「告洋狀」之嫌。美國反對軍中政工，希望蔣撤消政治部，讓孫掌握全部軍權。這是蔣孫矛盾的最大節點。

抗戰結束後，國民黨曾撤銷政工，但幾年後又把將領變節、士兵離心和大失敗歸為取消政工所致。退臺後，蔣介石在臺灣軍中重建政治部，並讓蔣經國負責此事。孫立人在此問題上，不是很配合，且曾將不滿流露於美友之前。蔣要抵制住美國的干涉推行帶有秘密色彩的政治工作，很忌諱孫「洩露機密」，時有憤懣之感。1950年6月26日，蔣自記：「嚴戒孫立人陽奉陰違及招奸泄機各種不法行動，如其不改則不用他之意，明告之姑視其果，否悔改耳。」〔註22〕對於退臺後的改革，一些人認為是大陸時期做法的翻版。蔣介石很介意別人這麼講，為圖新生，他要在臺灣從頭做起。在聽聞對軍中恢復黨部與政工的消極言論後，蔣一面對孫心生怨氣；一面為政治部辯護，說軍中重建政治部的改革與以往大陸作風不同，否則「等於侮辱領袖與全體將領」；

〔註20〕《蔣介石日記》（手稿），1953年11月17日、21日上星期反省錄。
〔註21〕陳誠：《陳誠回憶錄——建設臺灣》，東方出版社，2011，第269頁。
〔註22〕《蔣介石日記》（手稿），1950年6月26日。

要求孫停止「告洋狀」之言行。蔣介石認為孫「幾無東方軍人之品格」,「不惟希冀挾外自重,而且密告內部之事,原定心跡乃為討好外國而其影響則無異詆毀政府誣陷上官,其害所至將致賣國亡身而有餘」。表示要防制「孫(立人)毛(邦初)等勾結外力要脅上官」。〔註23〕蔣似乎在腦中形成孫立人愛「告洋狀」的慣性思維,一旦有軍中機密洩露於美方,他很容易會認為是孫所為。〔註24〕孫立人甚至成為將領中的反面典型。美國顧問來後,蔣準備再次告誡孫「毋依賴,毋驕矜,勿作挾外自重」,並通告各主官「不作越分親外自賤以能交接外人自豪,應要自力更生」。〔註25〕

美國對於在軍中建立政治部之「蘇派」做法亦不認同,在與臺灣當局的交往中,不時有這樣的意向表達:希望撤消政治部,將軍權交孫立人。對於此點,蔣很警惕。美國非但未能幫孫拿到軍隊統帥權,反增添了蔣介石的戒心。1951年1月,孫立人表示辭職之意。25日,蔣認為孫「行態似有憤憤不平之心」,想以辭職相脅,其意是要獲得國民黨全部軍隊的指揮權,感歎孫「太不自量」,「僅藉美國之感情保護而不知其本人之才德如何」。29日,蔣打算向孫表明他的才品聲望皆不能作「反攻總司令」。〔註26〕9月,臺灣六十七師整編完成,開始美式訓練。隨著美國軍援顧問團對臺灣軍隊事務的更深介入,美對臺的控制「日緊一日」。蔣對美做出讓步,允許其參與軍事預算,而美並不知足,仍提出撤消政治部、軍權全交孫立人的要求。蔣介石很是氣憤,表示別的都可協商,唯獨撤消政工與孫統掌軍權這一關涉「存亡」之事不能商量。〔註27〕

孫立人與美人交好,交友範圍不侷限於軍方,這一點亦讓蔣感到惱怒。1953年7月,蔣聽說孫立人宴請外國教授與不相干之軍人,斥孫為「荒蕩狂妄」,「非嚴教切戒不可」,並為此「心緒又不能安定」。〔註28〕

〔註23〕《蔣介石日記》(手稿),1951年1月29日、2月3日、3月9日、3月10日上星期反省錄。

〔註24〕如1953年1月18日日記:「據至柔報稱,蔡斯面質其石牌高級班由日本教官秘密訓練,認為對其日員不再作訓練工作之諾言背信,並言我國陸軍方面亦甚表不滿云。此當為立人方面對美軍顧問供給消息,其藉外自重乃如此乎。」

〔註25〕《蔣介石日記》(手稿),1951年4月29日。

〔註26〕《蔣介石日記》(手稿),1951年1月21日、25日、29日。

〔註27〕《蔣介石日記》(手稿),1951年9月30日上月反省錄。

〔註28〕《蔣介石日記》(手稿),1953年7月8日。

艾森豪威爾就任後，表現出對臺灣更多的親近。1954 年他對議會新年國情咨文遠東部分，除韓越二戰區以外，獨提對臺灣當局之軍、經援助，蔣對美援信心倍增，以為美國之民意與輿論有利於對臺援助。在此情況下，雖然蔣介石為防孫的惱羞成怒而對其「傲慢無視」耐而不較，仍「期其自反自改」，但耐心是越來越不夠了。他決定在警告孫的同時，亦警告美顧問「勿鼓勵中國軍官違法玩命者，以為助患於美國，須知其不忠於本國者必不能忠於友邦者，結果徒為其自累而已」。〔註29〕

此時，蔣介石對孫立人的任用問題做出判斷，認為若如美國所願，任用孫為參謀總長，則美方會心情愉快，但美援決不會因此增加；孫本來就「對上陽奉陰違，有恃無恐」，若再重用，則其氣勢更盛，對內影響惡劣，且會弄權自用，派系更大，「必形成尾大不掉之勢」。這樣，不但「復國」前途無望，而且「政府重心亦將動搖」。若將其架空，用為參軍長，使其「無權可弄，無勢可恃」，則可敷衍美國，懲戒孫本人，讓其明白「決不能恃外勢以維持其地位」。蔣決定調孫為有名無權之職位，「使之徹悟以轉移其心理，一面再令其在左右學習訓練或可有成全之望」。蔣以為「與其養癰遺患，將有不可收拾之一日，則不如毅然斷臂，早為自立之計」。即使美援受此影響，亦不能顧及。「與其受外援而動搖國本，則此外援無非飲鴆止渴，何足為慮」。況且，以目前美國內外情勢，「決不以孫之關係而減少其援華之方針」。因此 1954 年 6 月，蔣不顧美方意見，任用桂永清為參謀總長。在美援大局穩定後，蔣決定在「陸軍孫立人軍閥形成之初期，乃決操刀一割，以絕後患」。〔註30〕

為獲美援，蔣介石重用親美派，表面實行民主，但骨子裏，蔣並不十分認同民主自由。〔註31〕在美國對臺政策塵埃落定，美援紛至沓來，「大使級外交」亦開始實施的過程中，蔣介石逐漸失去對吳國楨、孫立人的忍耐力。加重吳、孫身價的砝碼——美國背景，亦日漸變為促使其被排斥的負累。1954

〔註29〕《蔣介石日記》（手稿），1954 年 1 月 9 日、9 日上星期反省錄、11 日。
〔註30〕《蔣介石日記》（手稿），1954 年雜錄 6 月 31 日、1954 年 7 月 3 日。
〔註31〕蔣介石曾有這樣一段話：「胡適之來談先談臺灣政治與議會感謝，彼對民主自由高調，又言我國必須與民主國家制度一致，方能並肩作戰，感情融洽，以國家生命全在於自由陣線之中。余特斥之，彼不想第二次大戰，民主戰線勝利而我在民主陣線中犧牲最大，但最後仍要被賣亡國也，此等書生之思想言行要得不為共匪所侮辱殘殺，彼之今日猶得在臺高唱意識之自由，不自知其最難得之幸運而竟忘其所以然也。」《蔣介石日記》（手稿），1952 年 12 月 13 日。

年前後，蔣介石逐漸做出判斷，美援大局已定，美國不會因為一兩個官員的用與捨而增加或中止對臺灣的援助，不必再對吳與孫繼續容忍。

（二）人際與個人

上世紀 50 年代，臺灣實行的是「法治」形式下的威權專制。在這樣的社會，官場中的人際關係是個微妙而重要的問題。吳與孫處理這方面問題都不老練，他們在官場，尤其是在蔣身邊不能如魚得水。

吳國楨與「太子」蔣經國的矛盾由來已久。不但有吳任上海市長時的「打虎」風波，還有 1950 年逮捕王哲甫事件等，這些在已有成果中有過較多介紹。〔註 32〕退臺後的幾年中，吳國楨因不贊同蔣經國、彭孟緝在執行情治與保安工作時的做法，多次提出抗議或辭職意向。

吳與「行政院長」陳誠的矛盾也很深。吳國楨稱，在總理紀念周，陳誠指責吳國楨用欺詐手段獲得「省主席」職位，即在美國掀起個人宣傳，以自己能帶來美援欺騙「政府」。這令吳國楨怒不可遏，從此不論制訂什麼計劃都不同陳誠商量。〔註 33〕而據陳誠所述，當時對於吳，自己是仁至義盡。吳接任省主席時，曾引起社會上種種疑慮，大有「群疑滿腹，眾難塞胸」之勢。「參議會」為廳長與省委人選，竟曾罷會。陳誠從中調解，但不知為何反引起吳的誤會。〔註 34〕

1950 年 3 月，蔣介石「復職」，首先要解決的是「行政院」改組。閻錫山去意已決，繼任人選在局勢艱危情況下很費周折，蔣選中了對自己忠誠又任勞任怨的陳誠。擬任用陳誠出任「行政院院長」時，吳國楨堅求辭職。蔣素知二人矛盾，認為是「意中事」，但當時美國對臺仍只是盡量隔離的態度，臺灣混亂動盪，蔣需要吳爭取美援，亦需要陳披荊斬棘，這時惟有盡力使二人合作。因此蔣「懇慰」吳，設法使之安心。並邀吳國楨夫婦聚餐，「勸告其強勉忍耐，與陳合作」。〔註 35〕陳誠也認為「國家到了今日的地步」，惟有「不惜任何代價」使吳留任並兼任「政務委員」。於是吳陳勉強共事，

〔註 32〕如孫宅巍《對臺灣吳國楨事件的思考》，《學海》第 2 期，1991 年 4 月，第 84
　　　　～85 頁。
〔註 33〕〔美〕裴斐（Nathaniel Peffer）、韋慕庭（Martin Wilbur）訪問整理，吳修垣
　　　　譯《從上海市長到「臺灣省主席」（1946～1953 年）──吳國楨口述回憶》，
　　　　上海人民出版社，1999，第 131 頁。
〔註 34〕陳誠：《陳誠回憶錄──建設臺灣》，第 73～74 頁。
〔註 35〕《蔣介石日記》（手稿），1950 年 2 月 27 日，3 月 6 日。

但終未能相處愉快。據陳誠回憶，吳國楨主臺，有恃無恐，為所欲為，而自己恐被指為小氣，對他尤為容忍，不料卻助長了吳的驕橫之氣。〔註36〕有研究者指出，吳國楨在實力、權位、資望等方面都遜於陳誠，雖然在外有美國人撐腰，在內卻相對弱勢，但吳卻做得非常強勢和張揚，蔣吳決裂是遲早的事。〔註37〕

在人際關係方面，孫立人也不圓通。

政工問題是孫與蔣氏父子產生矛盾的一個癥結。1950年5月1日，蔣經國任「國防部總政治部」主任，在軍隊推行政治工作。軍隊中設政治軍官原是師俄的產物，1945年，軍隊國家化的呼聲越來越高，國民黨乃取消軍隊黨部。大陸失敗之時，國民黨將部分原因歸咎於軍隊政治工作的放棄。「復職」後的次月，在蔣介石支持下，「國防部」4月1日公布《國軍政治工作綱領》，恢復軍中政工。〔註38〕但政治部人員在軍隊落腳之初，就遭到孫的拒絕。蔣氏父子為此事曾有討論。〔註39〕

另一個節點是所謂「共產黨間諜」問題。蔣經國主掌情治，抓捕「間諜」，曾被孫立人干涉。1950年3月22日，蔣經國告訴蔣介石，說孫包庇共產黨「女諜」，不肯遵令解緝。蔣介石聞之，「心懷不平，頗憤激」。4月17日，蔣認為王氏姊妹實有重大嫌疑，而她們與孫關係深切，「可駭」。6、7月間，情治部門又在孫部發現「共產黨間諜重案」，認為李鴻、彭克立等人受共產黨指使來包圍孫立人，以便響應攻臺，蔣感歎孫「野（夜）郎自大粗淺糊塗，不知如何結果矣」。1954年蔣介石決定架空孫立人時，曾對其有一綜合評價，認為「其性拖拉呆滯，好聽細言，私植派系，用人複雜，心無主旨，受人愚弄，間接已受共產包圍，環境險惡，對上陽奉陰違，有恃無恐，若再重用其掌握兵權，則後患難除」。〔註40〕

孫立人與「國防部參謀總長」周至柔也有矛盾。1953年11月底，在「國

〔註36〕陳誠：《陳誠回憶錄——建設臺灣》，第74、269頁。

〔註37〕左雙文：《退臺初期國民黨高層人事糾紛幾樁個案的再解讀——側重陳誠的角度》，《社會科學研究》2011年第2期，第152頁。

〔註38〕唐振楚編《總裁辦公室工作紀要》，中國國民黨中央委員會黨史委員會：《中國國民黨黨務發展史料——非常委員會及總裁辦公室資料彙編》，臺北，近代中國，1999，第286～288頁。

〔註39〕《蔣介石日記》（手稿），1950年5月12日。

〔註40〕《蔣介石日記》（手稿），1950年3月22日、4月17日、7月7日、7月28日、1954年雜錄6月31日。

防部」軍務會報中二人衝突。事後，孫被蔣介石訓誡，理由為「恃外凌上」，說這是「最卑劣之人格」，並舉二事為證，證明孫之「目中無人」，令孫向周至柔認錯解釋。〔註41〕孫之行為似乎時常被蔣與「恃外」二字相關聯，不管孫是否真是出於「有恃無恐」的動機。

由於人際關係不佳，「美國人撐腰」在某種程度上成了吳與孫在國民黨集團的「立身之本」，而這個「立身之本」其實並不牢靠。

在蔣看來，傲慢、固執是吳與孫的共同點。有美國支持本不是壞事，若他們能表現出對「領袖」的順服和忠心。而他們沒有。臺灣需要美國，而吳與孫其實也都有其過人之處。〔註42〕因此，蔣介石其實是給過吳與孫「反省改過」的機會，但他們並未變成蔣所希望的樣子。

據吳稱，蔣介石曾欲使吳國楨與蔣經國修好，讓黃伯度帶話給吳的岳父，若吳願與蔣經國合作，便能取代陳誠執掌「行政院」，同時兼管「省政府」。蔣介石並以 1 萬美金資助吳國楨大兒子赴美留學。但吳並未因此改變態度，依然將蔣經國手下非法抓到的人釋放。〔註43〕

組閣之時，吳國楨不接受蔣介石提出的「部長」人選，在蔣表示無法變更時，他仍堅持己見，令蔣十分不悅。1953、1954 年，情況更甚。1953 年蔣介石認為吳國楨驕矜，「無革命與領袖之信心在其腦中」。4 月，蔣準備更換吳時，吳未有妥協服軟之意。11 日，蔣介石決定批准吳國楨辭職，理由是吳國楨藉美聲援，有恃無恐，驕矜孤僻，「對余亦不在心目」。可見，吳對蔣的態度是蔣決計撤換吳的重要原因。蔣希望下屬對自己誠服，而吳沒有做到。加上藍欽對處理吳國楨之事的干涉，蔣認定吳是依恃美國、自抬身價。蔣希望他能悔悟，若能「痛改前非」，「則其才仍可用也」。直到 1954 年 2 月，蔣介石還有疏導、勸慰之言，自記「國楨言行漸近於威脅與越軌，態度仍應導之以理，使之覺悟復常，由曉峰（張其昀）代為勸慰之」。〔註44〕

〔註41〕《蔣介石日記》（手稿），1953 年 12 月 2 日。

〔註42〕陳誠對吳國楨雖有成見，亦承認吳「並非庸才」，在「行政院」會議中，其意見常受到重視。見《陳誠回憶錄──建設臺灣》，第 276 頁。

〔註43〕〔美〕裴斐（Nathaniel Peffer）、韋慕庭（Martin Wilbur）訪問整理，吳修垣譯《從上海市長到「臺灣省主席」（1946～1953 年）──吳國楨口述回憶》，第 154～158 頁。

〔註44〕《蔣介石日記》（手稿），1950 年 3 月 11 日，1953 年 4 月 11 日，1954 年 2 月 6 日。早在 1950 年 2 月 15 日，蔣介石便記曰，吳國楨「對余信所言雖勉強順從，但並非誠悅，人才最重要者為順理識體而不倚外自重也」。

　　蔣介石對於自由主義並非完全缺乏容忍。出於政治家的精明與迎合輿論的需要，蔣在一些方面也表現出了「領袖的大度」，譬如對胡適的態度。1950年代，蔣介石在日記中痛罵胡適與在公開場合下對胡的禮遇對比鮮明。有文章曾分析「強者」與「智者」如何懷揣不滿攜手共進的微妙關係。〔註45〕如果說蔣掩飾內心真實想法對胡適施以克制與忍讓，體現了他對學者的某種包容，那麼似乎不能簡單地說因為蔣介石的「心胸狹窄，不能見諒於吳國楨，使吳成了蔣氏父子權力重新組合下的犧牲品」。〔註46〕吳國楨本人不能做到胡適的「圓通」，也是造成蔣「小器」的原因之一。

　　同樣，孫立人的失勢也與性格有關。孫生性簡單，藍欽對他的評價是忠誠，但有些「欠謹慎與幼稚」。顧維鈞也有一致看法。關於孫案，顧維鈞認為孫並非出於「不忠」，而多半是不小心或「可能有幾分不自覺的放縱」。顧曾與孫談話，勸他說話時應稍加謹慎和注意，因為不是每個人都能理解和重視他的觀點和態度。但孫沒有改變，仍保持坦率。〔註47〕

　　孫立人不太會曲意迎合或掩飾觀點。在軍訓班講課時主張「軍隊國家化」，這與蔣的想法是不一致的。在高級軍事會議，孫公開指出上級遙控是軍事失敗的關鍵，聽者自然想到是指蔣越級指揮。〔註48〕在威權時代，孫立人是少有的敢於說真話的高官。而這些真言無疑是逆耳的。

　　孫立人西方式的率直與敢言，成就了他在美國友人心目中的良好形象，卻開罪了蔣氏親信。有研究者指出，蔣氏父子通過製造「郭廷亮匪諜案」、「屏東兵變案」，消除異己，同時也平息了自己的親信長期對孫的不滿情緒。〔註49〕

三、蔣介石在兩案期間的心態與應對

　　蔣介石在日記中多次提到對吳國楨與孫立人兩案的想法，有時自己需要

〔註45〕參見陳紅民、段智峰《差異何其大——臺灣時代蔣介石與胡適對彼此間交往的記錄》，《近代史研究》2011年第2期。
〔註46〕李松林著《晚年蔣介石》，第168頁。
〔註47〕中國社會科學院近代史研究所譯《顧維鈞回憶錄》，第12分冊，中華書局，1993，第574～575頁。
〔註48〕陳存恭訪問，萬麗鵑等紀錄《孫立人案相關人物訪問紀錄》，臺北，中研院近代史研究所，2007，第42頁。
〔註49〕汪泗淇、戴健、錢銘：《孫立人傳》，第274頁。所謂「匪」字為當時國民黨所慣用，此處引用為表述需要，不代表筆者立場。下文有個別無法迴避的類似情況，亦不一一說明。

陳列理由，反覆考量，足見兩案關涉重大。

（一）應對吳國楨案

1953 年 3 月，吳國楨提出病辭，蔣雖也有慰留，但隨後在日記中發洩情緒，寫道「吳國楨之不能誠矣，其玩弄手段至此，殊所不料。余以精誠待彼，而彼反以虛偽手段對余。」蔣認為吳驕矜虛詐，只圖個人利益，無視領袖，〔註 50〕明確表達了對吳的絕望之意。

4 月 4 日，蔣寫下美國新大使呈遞「國書」與決心撤換吳國楨、改組省政府之事。5 日，蔣開始追究吳此前拋售糧食之過。〔註 51〕拋售糧食事無疑為「省主席」吳國楨所首肯，在決心撤換吳的次日，蔣將此事所致惡果上升到與 1947 年宋子文私自動用改革幣制基金致使法幣崩潰一事相等的程度。並在 16 日的中常會指出，吳應對糧政失敗負其責任。4 月中旬新舊「省主席」交接，並未影響美國對臺態度，蔣介石對此很滿意，以為這一情況「或國楨所不料及也」。事實上，美國對臺援助非但未因吳國楨卸任而減少，反而還有增加。三個月後，美國兩院對臺軍援經費增加 20%，並另撥總計排水量達 5 萬噸之艦艇，「此屬難能可貴特殊之舉動」。〔註 52〕

1953 年 11 月 6 日，美國國家安全委員會提出 NSC146／2 號文件，指出保證臺灣安全並免於被共產主義滲透是美國遠東防禦的基本要素，建議繼續向臺灣提供援助。〔註 53〕據 11 月 2 日《蔣介石日記》，在此前後，副總統尼克松訪臺，而一些原本反蔣的美國報紙也忽然登載對蔣推崇之文章。這些無疑確定了蔣的判斷：去除身邊親美要員，不足以影響美國對臺政策。

面對吳在美興論攻勢，蔣認為「吳國楨公開反動必欲損毀政府之險惡言行已經暴露」，應「設法防止」，指出吳「辭職訛病之真因」是其在任期間因拋空公糧，無法維持軍民之食等因，並不是因為「政府」不民主而辭。〔註 54〕

〔註 50〕《蔣介石日記》（手稿），1953 年 3 月 7 日上星期反省錄，11 日。

〔註 51〕吳國楨卸任前，批准拋售臺灣存糧五萬噸，造成糧荒。蔣介石認為「今日之存糧無異大陸法幣之基金」，沒有事先請示，是為大錯。《蔣介石日記》（手稿），1953 年 4 月 5 日。

〔註 52〕《蔣介石日記》（手稿），1953 年 4 月 16 日，4 月 18 日上星期反省錄，8 月 1 日上星期反省錄。

〔註 53〕Statement of Policy by the National Security Council, Nov.6, 1953, *FRUS, 1952～1954, China and Japan*, Vol.XIV, Part 1, Washington: U.S. Government Printing Office, 1985, pp. 307～310.

〔註 54〕《蔣介石日記》（手稿），1954 年 2 月 19 日。

　　此時，「第一屆國民大會第二次代表會議」正在召開，吳國楨 2 月 27 日致大會函，痛陳臺灣之弊：一黨專政，軍隊之內有黨組織與政治部，特務橫行，人權無保障，言論不自由，思想控制，並提出六點措施。〔註 55〕在蔣介石看來，吳以蔣氏父子為指責對象，認蔣為操縱「國大」之獨裁集權者。「國民大會」主席團決定對該函「一面嚴詞痛斥，一面不予受理」。〔註 56〕

　　3 月初，蔣介石認為若不從速懲治吳國楨，將來第二第三之吳國楨必相繼續出。應立即以違法亂紀罪撤職查辦或准予辭職，至於任職期內之所有瀆職事實，應交付行政人員懲戒委員會依法處理，包括上海任內及交卸情況、操縱貿易有否混水摸魚等，一併徹查。〔註 57〕

　　為更有力還擊，蔣介石一面令「保密局」調查吳國楨拋售黃金弊案，一面令「立法院」從民間搜羅吳國楨貪污瀆職證據。吳以前任職所為有疑點處被置於放大鏡之下，不但「保密局」、「立法院」等政府機構進行對吳的調查，黨部內也進行著對吳的社會調查。〔註 58〕3 月 17 日，蔣發布「總統令」，要對吳在省政府任內「違法與瀆職情事」「依法徹查究辦」。實際上，在此之前，對吳的調查已經開始，且被調查的不只是吳在「臺灣省政府主席」任內之事。任顯群曾為吳國楨任內的「財政廳廳長」。1953 年吳國楨赴美後，任顯群也卸下公職。但因吳國楨事件牽連，遭情治單位跟監。「保密局局長」毛人鳳與任顯群談話，任表示願「製造」（日記所用之詞）吳國楨貪污案，將功贖罪。11 日，毛人鳳彙報談話結果，蔣認為不可，令三日內，任顯群與外匯部門將拋售黃金有關情事，從實呈報。同時，「立法院院長」張道藩將臺民對吳貪污證據交蔣介石呈閱。13 日，蔣介石召見吳任上海市長時的警察局長俞叔平查問吳在滬謊報卅萬口戶口配米之事。蔣斷定果有其事。15 日，蔣介石分別約見李壽雍、周宏濤、彭孟緝、毛人鳳等，詢問是否有重要證據發現，結果令蔣失望。17 日，中央常會通過開除吳國楨黨籍案，蔣介石「以用人不當，知人不明，深自引咎」。〔註 59〕

　　在發布公布查辦吳國楨的「總統令」之後，蔣介石召見「行政院秘書長」

〔註 55〕吳國楨手稿，黃卓群口述《吳國楨傳》下，臺北，自由時報，1995，第 551～553 頁。

〔註 56〕《蔣介石日記》（手稿），1954 年 3 月 8 日，11 日。

〔註 57〕《蔣介石日記》（手稿），1954 年 3 月 2 日。

〔註 58〕《黨員社會調查報告對吳國楨案綜合反映》，1954 年 3 月，胡佛檔案館藏，Zhong Guo Guo Ming Dang，7.4 reel 5。

〔註 59〕《蔣介石日記》（手稿），1954 年 3 月 11 日，13 日，15 日，17 日。

黃少谷與「國防部副參謀總長」彭孟緝，指示應將吳案作為重中之重，以此工作為「第一之第一」。宋美齡的外甥孔令傑當時在美國協助蔣家搞外交，他認為對吳國楨應忍耐，以免影響對美外交。他勸蔣不必太依賴吳的罪證，「外人對政府處治失意政客總認為政府依勢欺人，雖其有貪污不法之確證，亦多不注意也」。而同時，蔣對吳罪證的掌握也並不充分，雖經多方努力，吳在任時違法瀆職之事人證雖有，而物證甚少。〔註60〕

吳國楨在美國的言論引起多方關注，美國輿論對吳多持同情。原本對臺灣當局言論親善的霍華德京報以吳之談話為據，刊出「警告蔣總統」一文。由於吳國楨與美國朝野關係密切，此次以「前臺灣省主席」身份揭發蔣氏專制作為，抨擊臺灣不民主，其反宣傳影響頗大，蔣介石甚為惶恐，認為這是1944年以來共產黨反宣傳後「最猛烈之一次」，「如美政府對我政策不能堅定，則必重蹈過去失敗之覆轍」。〔註61〕在臺灣依賴美國援助謀得穩定發展與軍事安全的情勢下，吳國楨所為令蔣不安。

吳案發生後，美國政府出於戰略考慮，態度比較溫和，並未附和與指責。而周以德等歷來支持國民黨的親華派仍然站在臺灣當局一邊。這些令蔣介石在擔憂憤懣之餘感到些許欣慰。〔註62〕

1954年4月5日，蔣考慮了兩條方案：「犯而不校、示以寬大」；「依法起訴」吳之「違法瀆職」罪狀，使其宣傳無效。6日，經進一步考慮，蔣更傾向於「暫置不理」。因吳之宣傳已「漸失效用」，若此時起訴，反重新引起注意。而美國議會尚未通過本年對臺援助預算，此時行動恐影響議會決議；若待七月議會之後再行起訴，美友會有更多諒解。〔註63〕

而這時，吳已連續發表多封致蔣信函〔註64〕，蔣以為其「更陷於蝸角窮境」，「不如任其狂囈使美國迷信叛逆者自動悔悟」。9日，在召見謝冠生、林彬、黃少谷之後，蔣瞭解到吳案準備仍未充分，有力證據不足，決定暫不起訴。〔註65〕

〔註60〕《蔣介石日記》（手稿），1954年3月19日，20日，上星期反省錄。
〔註61〕《蔣介石日記》（手稿），1954年2月18日，3月25日。
〔註62〕《蔣介石日記》（手稿），1954年3月31日。
〔註63〕《蔣介石日記》（手稿），1954年4月5日，6日。
〔註64〕4月3日，吳國楨再上「總統」書，希望蔣經國離臺來美，在大陸未「恢復」前，不必返臺，以表明蔣介石無傳子之心。見陳誠《陳誠回憶錄——建設臺灣》，第275頁。
〔註65〕《蔣介石日記》（手稿），1954年4月7日，9日。

看到美國政府並未受到輿論過多影響而改變對臺政策，經過一段時間的喧囂輿論亦漸趨平靜，而吳開始表現出對自己不利的偏執，蔣決定對吳暫置不理，以免弄巧成拙。而搜集到的關於吳國楨違法瀆職情事可作為反擊手段，減弱其宣傳效應。但要待美援問題在美國議會決定之後，觀其變而再作回應。

（二）應對孫立人案

相較於對吳國楨高調輿論戰而言，蔣介石對孫立人的處理似乎比較寬容和低調，但用心頗為辛苦。

孫為軍事將領，蔣對他雖早有不滿，但不得不施以一定懷柔。1954 年初，蔣介石自記：「孫立人之傲慢無視態度於今為烈，因防其惱羞成怒，不顧一切之行動可慮，當慰勉之。」蔣認為孫與美國顧問過於親密，他們對蔣經國在軍中活動的抵制令蔣認為孫對自己不忠。孫立人不但握有軍權，還關涉美援問題，蔣不得不投鼠忌器。直到 6 月，蔣介石對孫立人及各主要人事之方針甚費心力，決定「再不能重外輕內，危害國家前途，故寧無軍援亦所不顧也」。〔註 66〕蔣決心架空孫立人，寧可以損失軍援為代價，孫立人被調任無實權的「總統府參軍長」。

1954 年 12 月，臺美共同防禦條約簽字。美國將協防的範圍劃定在臺澎地區，不準備協防金門、馬祖，這與蔣意相悖。

1955 年 1、2 月間，美國曾為使國民黨撤防大陳，而許諾以協防金門為條件。但後來背棄前約，蔣介石曾與之力爭，不得已妥協，撤退大陳。4 月，當美國政府要派太平洋艦隊司令雷德福與國務院負責遠東事務的助理國務卿饒伯森到臺灣時，蔣介石認為會要求撤退金馬，於是決定直告，金馬是「中國之靈魂」，臺灣海峽是「中國一線之命脈」，美國不能強求臺灣「出賣靈魂與命脈」。蔣為此與雷、勞的交涉令其痛苦不堪。〔註 67〕

不可否認，對於不少美國人來說，蔣介石並不是理想的盟友。1955 年 5 月，美國內部有人提議以吳國楨、孫立人或胡適取代蔣。蔣獲知，美國務院令其情報人員密查孫立人在軍隊中勢力如何，能否掌握陸軍；吳國楨在除臺

〔註 66〕《蔣介石日記》（手稿），1954 年 1 月 9 日、11 日、6 月 19 日上星期反省錄。
〔註 67〕《蔣介石日記》（手稿），1955 年 2 月 5 日上星期反省錄、4 月 20 日。4 月 30 日上月反省錄記道：「本周與勞勃生（饒伯森）等談話的鬥爭實自卅五年與「馬下兒」（馬歇爾）激戰以來最大一次之決鬥。」

灣人以外的中國人中有否擁護者。5 月 28 日，孫立人慾借閱兵發動兵諫的情報被送至蔣手中，蔣自記：「今以此案之發生究竟有否關係，並無證據，但國際環境之險惡已至相當程度，能不戒懼乎？」6 月 3 日，俞國華報告其在美國所悉美中央情報局準備大肆利用臺灣與國內外中立派與反動派對蔣個人作誣衊宣傳，以為其重建傀儡政府之張本。蔣認為，此與最近孫立人軍訓班之陰謀顯然有關，當然亦為勞氏以蔣不順從其放棄金馬建議之第一步行動。幾天後，孔令傑又報告說，美當局或將因臺灣不民主之指責，期以推翻蔣政權。接著，蔣獲悉，美國務卿杜勒斯致電藍欽，欲保薦孫為參謀總長。〔註68〕可以推斷，孫案與此間種種傳聞不無關係。蔣獲得美國方面對自己的不利消息，認為孫立人軍訓班與美國欲在臺灣改朝換代的想法有關，對自己造成了威脅。6 月 6 日對閱兵現場的搜查、「兵諫」風聲的放出以及隨後的一系列行動，皆與蔣在此時的戒備驚恐心理有關。

6 月 19 日，蔣介石擬見藍欽，詢問華盛頓所盛傳的美對臺政策改變之意，並提到孫部謀叛敗露時，欲逃往美「使館」，請求政治庇護之說。孫欲逃往美「使館」的消息增加了蔣的不安。歷代君王對於「叛逆者」皆具寧可信其有的傾向，何況此時華盛頓又有種種顛覆自己的傳聞。這種情況下，蔣對孫有了一份主觀的判定，認為孫並不清白。同時，蔣認為，即便孫不是在美國的指使之下發動此事，至少是「受美國之暗示久矣」。〔註69〕

同時，蔣又認為孫被共產黨「滲透」利用。6 月 28 日，蔣審閱郭廷亮等人供詞，斷定這一事件背後有共產黨因素。經一個月的調查，雖然所謂「共產黨滲透」的證據並不充分，郭廷亮也未明確承認與共產黨的關係，但蔣仍認定「此為一老共黨員潛伏在孫之左右無疑」。從李鴻、陳鳴人等「共產黨間諜」口供中，蔣介石推斷孫立人早已蓄意「通共」，有心庇護所謂「匪諜」。〔註70〕

關於對孫處置方式與尺度，蔣介石曾徵詢蔣經國、張群、俞大維等人意見。「國防部長」俞大維主張不加處分，僅以調職佯作信任。俞認為美國人不會相信臺灣當局對孫案的說法，若此案公開，徒貽共產黨與反對派以口實，使之以為國民黨軍隊內部為政工與派系之爭而動搖已呈不能控制之象。蔣介

〔註68〕《蔣介石日記》（手稿），1955 年 5 月 30 日上星期反省錄，5 月 28 日，6 月 3 日，8 日，10 日。

〔註69〕《蔣介石日記》（手稿），1955 年 6 月 19 日，30 日，5 月 30 日上月反省錄。

〔註70〕《蔣介石日記》（手稿），1955 年 6 月 28 日，7 月 9 日上星期反省錄，8 月 3 日。

石認為俞「消極已極」，「此次叛變陰謀能事前撲滅而並未發生，乃是確能控制一切陰謀之表示，何損威之有耶」？但俞的看法「亦有其見地」，此案處置應重加考慮，「終以不暴露公布為宜」，在尚未反攻大陸以前，「無論對內對外對敵對友不能不極端慎重免亂大謀，尤不可授美國政府以口實耳」。這是蔣介石對待吳國楨案與孫立人案不同之處。吳國楨在海外以言論攻擊蔣氏專制，因而蔣須高調反駁；而孫立人本人沒有對臺灣當局和蔣氏父子的輿論攻擊，相反，為免「美國及其反蔣派引以為獨裁之口實」，蔣介石需要對處理辦法「慎重研究」，低調進行。〔註71〕

7月5日，蔣認為應明告孫此案之經過供詞、內中反黨政口號之製造、郭廷亮與鄭子東父子之關係。準備「以不信孫會主謀此案之態度」，免予追究，但孫應告假反省悔過，不得再與「共產黨間諜」來往。孫可言行自由，不予拘束，但「對此案無論對任何人必須照此實情明告，不得另有託詞假言，否則自將公審」。9日，蔣又有這樣的考慮：令孫告假離職，待罪悔過，但不開除其參軍長原缺，派員代理；使其與戰略顧問委員會副主任委員顧祝同對調，使其與叛將（白崇禧）並列；仍令其閉門思過，不得任意說話，「待其悔過自新以後另候任用」；江雲錦自白書非至不得已時再令其參閱，暫不說破為宜，保留餘地。15日，蔣再次寫道，應讓孫告假，專心讀書修養。在此之前，蔣對孫的處置問題考慮得相對寬大，主要的懲戒措施是讓其告假反省，但還保留有一定職位。但16日，蔣的想法發生了變化，認為「應以公正事實為據，不能全以外人關係而置軍心與紀律於不顧」，於法於理，對孫至少應停職候查或候審，或免職查辦，「以息公憤，而維軍紀」。原因是：

> 甲、此案為共產黨早在國際上揚言臺灣之滲透程度比所傳者為更佳，是乃美政府在事前所獲得之情報，乙、此案人證與確據皆有事實，不得已時皆可公開，丙、此案主動乃為共產黨滲透顛覆而為我破獲徹底，並未為共產黨所算，孫不過是一被動盲從，故於政府之威信並無所損，丁、孫之美友以事實俱在，不能為其抱不平洗冤，或以此反對我政府，戊、此在美人心目中以有證據之事，而且為共產黨所主動，不能認我為法息斯得也，己、現在美國不能放棄臺灣，

〔註71〕《蔣介石日記》（手稿），1955年6月28日，30日上月反省錄，7月30日上星期反省錄。

不能因此停止援助。〔註72〕

雖然「對於利害與美國心理亦不能完全抹煞」，但蔣介石分析後認為，美國現在不能放棄臺灣，不能因此停止援助，而此事不致招致非議，且可平息孫之美友的反對之聲。故決定施以懲戒，而不是佯裝不信，僅使之告假反省。至此，蔣介石確定了「停職候查」的處置辦法，但決定不公開案情。21日，蔣介石以為對孫應仍以寬大之方針處之，可明告孫本人對本案內容並非出於本意。但此案重大，若未提前制止，「則國家一線之命脈完全被其斬絕」，故應「自請處分，負責引咎，乃予以停職反省以觀後效處之」，如其不服則即照原擬方案，應即以「停職聽候徹查」處之。〔註73〕

　　經幾番思考，蔣雖礙於美國關係，始終以較為寬大的原則考慮對孫的處置辦法，但也明確對孫應有懲戒措施，以安定內部，且這個寬大的尺度是有限的，並在幾番考慮後又有緊縮和有限調整。當時，美國對中共和蘇俄有一定妥協之意，中美也在醞釀大使級會談。6月間，蔣分析國際局勢，認為在俄共和平攻勢之下，美英必欲使蔣放棄金門以達彼等「苟安求和之期望」。「惟有在我者，才是可靠」。在處理孫案期間，蔣幾度有「惟有在我」的類似表述。9月8日，蔣介石考慮「如何轉移國人無外援不能反攻之心理」，認為應該特別宣傳西班牙與土耳其之經歷，使民眾不過分依賴美援。11日，與「外交部長」葉公超談話，勸誡其對美援不必過於奢望，「美國外交如兒戲冷暖無常，不足為奇，能否反攻，全在於自我也」。同時，「對聯合國會員藉（籍）問題亦不必過於重視，當於其如侮辱過甚，則隨時可以自動退出也，並可明示英美以此意」。雖然在共和黨剛剛獲得大選勝利和上臺之初，蔣介石曾如釋重負，以為幾年來所受屈辱終於可以卸下，但隨著形勢發展，蔣看到「美國對華政策其內容與前無異，而且其培植第三勢力與對朱毛為狄託之幻夢至今更烈矣」，隨而產生「若不自強，何以復國」之念。〔註74〕兩案期間，蔣介石不但有對「美國不會放棄臺灣」這一判斷更清楚的認識，也有「惟有在我」這一心理的日益明確，這是蔣敢於拿掉吳與孫的心理基礎。

〔註72〕《蔣介石日記》（手稿），1955年7月16日。「共產黨」一詞為筆者所改，原文用的是污蔑性詞語。

〔註73〕《蔣介石日記》（手稿），1955年7月5日、9日、15日、16日上星期反省錄、16日、16日上星期反省錄、21日。

〔註74〕《蔣介石日記》（手稿），1955年6月12日，9月8日，11日，1953年4月18日上星期反省錄。

　　為使孫立人伏罪，國民黨高官輪番上陣。在陳誠與之談話未果之後，葉公超、張群相繼明告其不可強辯，應自請處分之意。7月28日，蔣接到孫立人報告，請求辭職候查，以求保全，但並不承認自己「包藏匪諜，圖謀不軌」。蔣認為他「既無丈夫氣，亦無軍人氣」，「實為張學良之不如」。〔註75〕

　　由於孫不肯承認包庇「通共」之人，8月2日，蔣介石準備監視孫，並將其侍從陳良壎逮捕歸案。3日，陳良壎親筆自白書證明王善從所供孫在去秋派其二人到蔣後草廬住所偵察地形，設計包圍之企圖是實。蔣決定將此原件交孫審閱後再定最後處置辦法。在黃伯度與孫立人談話後，孫承認郭廷亮及其軍訓班致成今日惡果之過，但仍不承認其主動謀亂之大罪。只是並不如過去之強辯，只求保全赦免。蔣認為至此可告一段落，即照原定方針以停職（候處）徹查為第一步。〔註76〕

　　5日，孫立人呈遞自認罪嫌重大，請求保全與辭職候處、閉門思過之辭呈。美顧問因此事為臺灣當局內政，表示不願過問。蔣本人仍顧慮重重：

> 甲、吳逆國楨對孫案免職查辦時必在美作激烈反宣傳，英國亦必助其宣傳以引起美國輿論對我不利之新潮，乙、孫之美友如麥唐納及若干議員記者亦必懷疑對我攻訐，丙、政府亦必乘機大事宣傳，丁、對內部不致有何影響，戊、今孫既自呈其悔罪書，對此事發表不妨從緩……己、應令孫自動宣布之辦法，庚、此案應在八月內公布，不可在聯合國大會時或在美國會明年召集時發表也。〔註77〕

　　20日，「駐美大使」顧維鈞與雷德福談話，試探美方態度。雷說他十分敬重孫，絲毫不懷疑他的忠誠，建議調查委員會不要將調查侷限於孫對於屏東事件可能的動機，而是調查該事件深層的原因以及對軍隊的影響。〔註78〕23日，美國駐臺北「大使」給美國國務院的電文指出，孫立人一直以來被美國認可，如果在此事件上放棄孫，會被許多人視為對朋友的不忠。孫始終與美合作，為軍援項目出力，在美國人看來，對他的指控幾乎是難以置信

〔註75〕《蔣介石日記》（手稿），1955年7月26日，30日上星期反省錄。

〔註76〕《蔣介石日記》（手稿），1955年8月2日，4日。

〔註77〕《蔣介石日記》（手稿），1955年8月6日。

〔註78〕Telegram from the Acting Secretary of State to the Embassy in the Republic of China, Aug. 27, 1955, *FRUS*, 1955～1957, China, Vol. III, Washington: U.S. Government Printing Office, 1986, p.70.

的。〔註79〕雖然美國行政助理國務卿亨德森（Loy W. Henderson）表示美國在此事件上面不持官方立場〔註80〕，但不難看出，美國官員大多信任、尊敬孫立人，不相信臺灣當局對他的指控。這也是蔣在孫案問題上頗費思量的一個原因。

吳國楨趁勢進行反宣傳和英國可能給予的奧援以及由此可能造成的美國輿論的不利傾向是蔣尤為擔心之點。吳國楨隔海高調對抗是蔣無力回轉的，而在孫案方面蔣的態度決定事態發展，因而蔣慎之又慎，「準備最為周到」。不僅謹慎考慮處理方法，且幾次親自修正孫案新聞稿，以求穩妥。〔註81〕

顧維鈞、蔣廷黻等在美國從事外交的官員提議組織孫案調查委員會，8月15日，張群、黃少谷、葉公超等人與蔣介石交談，認為不可。因無此先例，且破壞軍法系統。而蔣以為「總統府參軍長」涉嫌此案，責任關係重大，可特別組織調查會，由王寵惠等法律權威參加，可減少國際誤解，故准予設立調查會。〔註82〕

孫案調查委員會成立後，意見紛歧，工作不得要領。蔣對其加以指示，要求報告應求簡明迅速，不必過求深入，但應作精詳之另一準備，以備不得已時公布其重要罪證之一部分。〔註83〕

孫立人免職令發布後，臺灣當局通知所有新聞媒體暫不發表任何有關報導〔註84〕，並隨即派人赴美國解釋和尋求諒解。沈昌煥帶著郭廷亮和其他五名部下的供詞，還有一組在憲兵隊秘密受審時的供詞，以及孫立人親筆辭呈的複印件前往美國。孫在呈文中承認兩點：他未能察覺郭的共黨間諜活動；他未能有效監督部下的動向和活動。顧維鈞、沈昌煥等人積極活動，盡最大

〔註79〕Notes of Telegram from the Acting Secretary of State to the Embassy in the Republic of China, Aug. 27, 1955, *FRUS*, 1955～1957, China, Vol. III, Washington: U.S. Government Printing Office, 1986, p.69.

〔註80〕Telegram from the Acting Secretary of State to the Embassy in the Republic of China, Aug. 27, 1955, *FRUS*, 1955～1957, China, Vol. III, Washington: U.S. Government Printing Office, 1986, p.70.

〔註81〕《蔣介石日記》（手稿），1955 年 8 月 20 日上星期反省錄、17 日、19 日。

〔註82〕《蔣介石日記》（手稿），1955 年 8 月 15 日。調查委員會由陳誠、王寵惠、許世英、張群、何應欽、王雲五、黃少谷、俞大維、吳忠信九人組成，陳誠任主任。

〔註83〕《蔣介石日記》（手稿），1955 年 9 月 5 日。

〔註84〕中央宣傳指導小組第二十六次會議紀錄，胡佛檔案館藏，Zhong Guo Guo Ming Dang，7.3，Reel 7。

努力將事件的影響減少到最低限度。〔註85〕

　　經一番努力，免職令未引起美國輿論激烈反應，這讓蔣介石放鬆了一些審慎思慮的神經。在調查會審問得不到滿意結果時，蔣開始露出不耐煩情緒。9月18日，蔣認為孫不會承認自己對此案負有知情不報之責任，並將其歸因於依恃美國、有恃無恐心理。這樣的推斷無形中激怒了蔣，為使孫有「悔悟」表示，決定指示調查會審問的方式與態度應有改正，不可再照原定以友誼關係為主的辦法進行。當晚十二時醒後，蔣為孫立人「狡愚無知之言行」「輾轉苦思」，決定調查會傳審時，只令憲兵正式護送。看各犯供詞時，亦應改派軍法局長正式監視，而不再派人以非正式之私人關係陪送，使其感覺情勢嚴重。如其再不悔改認罪，即將轉入軍法途徑，不留餘地。又於深夜電張群照此進行。9月21日，蔣約見張群、陳誠與黃少谷，詳詢審問孫立人情形。得知孫雖未狡賴強辯，亦未否認六犯口供，但自辯其用心與作為皆出於忠貞而不承認有意叛變。調查委員會以為孫知情不報之罪已可成立，無須再加追問。但蔣以為其供詞所答非所問，不能澄清真相。如果發表，則大眾必以為其真出於忠貞，會使輿論對其同情，而對自己不利。因此令調查繼續進行，對孫每一答詞應須有事實之證明。徹底澄清無疑會在宣傳中掌握主動，「至處治寬嚴則另一問題」。但事實上，調查並不能做到每一答詞都有事實證明。10月初，調查委員會提交報告書，蔣認為對孫主謀叛亂部分未能徹底查明，有避重就輕、為孫脫罪之意，但又認為此案惟有如此，無法繼續深究。對於具體處置和發布命令的辦法，蔣介石又費了一番斟酌：如其處置太輕，一般將領未能心服；如依法懲治，則應免官判刑，國際輿論又會掀起軒然大波。思量之下，蔣決定轉告孫應將其報效誠意詳述無遺，徹底反省往日詆謗「政府」與「領袖」之言論，以及關於政工黨務對美國顧問「自失體統之言行」，並檢舉平時對其策劃鼓惑之可疑「共產黨間諜」，以便減免其罪情。〔註86〕

　　接著，孫案調查報告書與處理辦法同時發表。蔣介石將此事設計為：孫立人因郭廷亮事件而自請查處，「總統」念在孫立人「久歷戎行，於抗戰有功准予自新，不再追究，交由國防部察考，以觀後效」。〔註87〕此處理辦法之重

〔註85〕《顧維鈞回憶錄》，第573頁。
〔註86〕《蔣介石日記》（手稿），1955年9月18日、19日、21日、24日上星期反省錄、10月4日、7日、12日、20日。
〔註87〕《宣傳通報》第144號，胡佛檔案館藏，Zhong Guo Guo Ming Dang，7.3，Reel 7。

點在最後二語，目的是限制孫出國。蔣自認對孫立人已算「犯而不校」，中外輿論會認為寬大，無所異議；且其對此事已煞費苦心，再無其他辦法。〔註88〕

學界一般認為由於孫立人屢立戰功，幫助蔣渡過難關，蔣才對孫「犯而不校」，僅施以軟禁。但筆者認為，蔣介石之「念舊」並不是對孫寬大的主要原因，蔣在整個事件的處理過程中，並未提及孫昔日戰功。他所顧慮的主要是美國輿論及其可能影響到的美國對臺政策，而非處理「有功之臣」可能引發的後果。而且，蔣介石亦認為「對孫個人之精神上處治比之較軍法從事更為難堪」，此種處理辦法，貌似寬大，實則並不寬大。

四、餘論

吳國楨與孫立人在國民黨退臺之際，因被美國看好而居要位。但他們的某些理念與當政者不同，反與美國一致。這令蔣介石不安，不但將許多事情冠以「恃外自重」之名，更猜疑美國對他們的「不忠」有所暗示。吳與孫有美國教育背景，其言行表現出與旁人的不同之處。但「驕矜」、「恃外」、「心目無領袖」、「不知悔改」，其實在一定程度上是蔣的臆斷。蔣腦中似有一思維定式，對吳與孫的某些推測帶有成見。即便他們有「悔悟」表現，也不被認可。〔註89〕從案前種種表現看，二人被排除在權力核心之外，並非偶然，亦不意外。

在具體表現和處理方式上，兩案有所不同。對於遠在海外、鞭長莫及的吳國楨，多是輿論戰，因而重在對有利證據的建立，亦即吳違法亂紀罪證的搜集方面。蔣本欲指控吳國楨乃因違法瀆職而辭職，以反擊吳對蔣氏不民主的宣傳，但因證據不足，而經過一段時間後輿論漸息，決定不起訴。對於在自己控制之下的孫立人，蔣則顯得更為小心，恐處置不當引起國際輿論的關注和美國的不利反應，因而反覆考慮，在不斷的思量中處理尺度和具體方式也幾經調整。為求穩妥，在軍法系統中雖無先例卻也特設調查會，並在削其職權後又為其開脫，以貌似寬大的方式施以軟禁。

退臺後，蔣介石要建立的是威權體制。若林正丈認為，孫立人、吳國楨的失勢，宣示了蔣介石強人威權體制在臺灣逐步建立。〔註90〕其實此種威權

〔註88〕《蔣介石日記》（手稿），1955 年 10 月 22 日上星期反省錄。

〔註89〕蔣曾記：「晚接國楨手書表示悔悟，但其本質乃為一個官僚與政客之模型，不能望其改為革命黨徒也。」《蔣介石日記》（手稿），1953 年 4 月 12 日。

〔註90〕若林正丈著，洪金珠、許佩賢譯《臺灣──分裂國家與民主化》，臺北：月旦出版社，1994，第 106 頁。

在 50 年代初國民黨的改造中即已出現〔註91〕，而吳與孫的去職意味著時機成熟之際威權的強化。1952 年共和黨入主白宮，艾森豪威爾改變了杜魯門時期對臺灣保持「一臂之遙」的政策，拉近與臺關係，有意以條約形式加固盟友關係。這就意味著吳、孫不再是爭取美援的必要條件。即便沒有他們，共和黨也會持續、甚而擴展美援。隨著美國對臺態度日益明朗，美援大局穩定，吳與孫的自由民主理念終不能為當政者繼續包容。

1953～1955 年，雖然臺美關係更為鞏固，但蔣與美之間某些矛盾在暗中激化，焦點之一即在共同防禦的範圍是否包括金門、馬祖。美國不主張協防金馬，而蔣介石決心堅守。此外，美國阻止蔣反攻大陸，雖解除臺灣中立化禁令，實則限制更嚴；美國與中共開始官方會談，並曾為朝鮮戰爭停火而在聯合國代表權問題上有動搖表現⋯⋯如此種種，使蔣介石對美不滿之意頻頻流露。吳與孫兩案，不但是蔣介石清除異己的行動，也是美蔣矛盾的體現，是蔣介石對美國底線的試探。之所以敢於試探，乃因臺灣政經已有一定基礎，「不致如過去隨時可任人宰割」。〔註92〕這是蔣敢於有限度忤逆美國意願的根本原因。

另一方面，拿掉美國最為看好的兩位高官畢竟關涉重大，蔣介石在此期間每行一步都要小心觀察媒體反應，仔細思量下一步如何進行才能盡可能減少輿論攻擊，盡可能使自己看似更為有理。之所以步步為營，是要避免掀起輿論風波，進而影響美國對臺政策。自國民黨敗於中共，「中華民國」在國際上的地位已失去法理基礎。蔣不但需要美國協防臺灣，需要美援發展軍事和經濟，更需要美國幫忙維持臺灣當局在聯合國的地位。因此從打算免職開始，追究任職過失，搜集「罪證」，準備足夠材料以備需要時公布，這些都是蔣介石有意關注的細節；而處置尺度和程序步驟如何方顯妥當，也是令蔣煞費心思之事。蔣對兩人及兩案記述之多，在其幾十年日記中並不多見，足見蔣對此之重視程度。

〔註91〕 參看馮琳《中國國民黨在臺改造研究 1950～1952》，第九章，鳳凰出版社，2013。
〔註92〕 《蔣介石日記》（手稿），1955 年 9 月 30 日上月反省錄。